**고전을 읽으면
반드시 이로움이 있다**

고전을 펼치면
반드시 이로움이 있다

(고전의 쓸모 2)

홍성준 지음

조선이 사랑한
42권의 책

시대의 지식과
역사를 담다

册

시
여
비

들어가며

지난번 『고전의 쓸모』 I에 이어, 이번 『고전을 읽으면 반드시 이로움이 있다』에서는 조선의 선비들이 남긴 고전을 통해 그들이 지향한 학문과 수양의 세계를 소개하고자 한다. 그런데 여기서 선비란 누구를 말하는 것일까? 또한 그들의 학문과 수양의 세계라는 것은 어떤 것일까? 이것부터 정리해보자. 이제 제시할 두 가지 사례를 통해 정리해보고자 한다.

1910년. 500년을 이어져 내려온 조선이 일제의 침략으로 망할 때, 매천(梅泉) 황현(黃玹, 1855~1910년)은 자결했다. 4편의 절명시와 이런 유서를 남겼다.

"나는 조정에 벼슬하지 않았으므로 사직을 위해 죽어야 할 의리는 없다. 나라가 오백 년간 사대부를 길렀으니, 이제 망국의 날을 맞아 죽는 선비 한 명이 없다면 그 또한 애통한 노릇 아니겠는가? 나는 위로 황천에서 받은 올바른 마음씨를 저버린 적이 없고 아래로는 평생 읽던 좋은 글을 저버리지 아니하려 한다. 길이 잠들려 하니 통쾌하지 아니한가. 너희들은 내가 죽는 것을 지나치게 슬퍼하지 말라."

이 고귀한 황현의 죽음으로 그가 조선의 마지막 선비이며 높은 절개를 지녔다고 말한다. 그런데 이 글에서 주목할 것은 사대부와 선비란 단어다. 이 둘은 같을까? 다를까? 그리고 둘 다 하늘로부터 받은 올바른 마음을 지니고 평생 좋은 글을 읽는 사람인가?

또 다른 것을 보자. 오래전 조선 초 세종(世宗, 재위, 1418~1450년) 시절의 한글 창제를 다룬 드라마 〈뿌리 깊은 나무〉가 크게 인기를 끈 적이 있다. 거기서 세종과 이순지(李純之, ?~1465년)가 주고받는 대사의 일부다.

이순지 : 삼강행실도(三綱行實圖)를 그림으로 그려 배포해도 죄를 저지르는 사람이 있습니다. 사람의 선악은 그 사람의 자질에 달려있는 것이지….

세종(이도) : (화를 내며) 네놈이 선비냐? 네놈이 유학자냐? 유학의 근본은 끊임없는 수양과 학문으로 인간 본성(선한 본성, 性善)에 도달할 수 있다는 것이다! 사람의 자질이 날 때부터 정해진 것이라면, 유학에서 어찌 교화를 임금의 책무로 말한단 말이냐?

세종의 대사는 유학(특히, 신유학·성리학)에 대한 가장 짧은 정의라고 생각한다. 그런데 여기서 선비와 함께 유학자란 단어가 같이 쓰였다. 그러면 선비가 곧 유학자인가?

흔히들 조선은 선비의 나라라고 한다. 그런데 선비란 말은 그 이전에도 있었지만, 그 유래와 정의는 정확히 말할 수 없다. 고대 중국의 사(士)와도 조금 다른 듯하고, 오직 조정에 출사(出仕, 벼슬에 나감)한 지배계급인 사대부(士大夫)를 선비라고 말할 수도 없다. 다만 조선 시대의 선비란 성리학이라는 학문을 바탕으로, 깊은 사회적 책임과 높은 절개로 처신하는 사람이라고 볼 수 있다. 더 나아가 선비는 어떤 계급적 신분이 아니라고 생각한다. 즉 (전)현직 관료인 양반(兩班, 문신과 무신) 사대부를 포함해서, 출사 여부와 관계없이 중인(中人)이든, 여성이든, 끊임없는 학문과 수양을 하는 사람이라면 그 누구라도 선비라고 생각하는 것이 타당하다.

선비가 주인공인 조선은 유교 국가, 성리학(性理學)의 나라였다. 이 성리학은 중국의 송(宋)나라 때 형성된 학문과 사상이다. 그 이전의 유학과 달라서 신유학이라고 한다. 또한 남송(南宋)의 주자(朱子, 1130~1200년)가 집대성하였고, 이후 주자의 학문을 정통으로 해서 계승되었기 때문에 흔히들 '주자학'이라고도 한다. 그런데 이 주자학을 '도학(道學)'이라고도 많이 부르고, 주자학자라는 말보다 '도학자'라고 더 많이 불렀다. 이 주자학을 아주 간단하게 말하면, 하늘이 내려 준 순정 무결한 인간의 본성(性)을 규명하고, 끊임없는 수양(修養)을 하며, 학문을 익혀 궁극적으로 성인(聖人)에 도달하는 것을 지향한다. 단지 유교 경전을 공부해서 출세하고 제왕의 곁에서 정치권력을 행사하는 것이 주된 목적이 아니다. 자기 자신의 완성을 위한 학문, 즉 위기지학(爲己之學)이다. 어쩌면 이 위기지학이야말로 학문에 대한 만고불변의 정의라고 말할 수 있다.

좀 더 구체적으로 보면, 이 도학은 여러 내용으로 구성되어 있다. 사서삼경(四書三經) 등 유교 경전을 연구하는 분야를 경학(經學), 이단과 정통을 명확히 밝히는 도통론(道統論), 인간 본성을 규명하고 수양하는 방법론이라 할 수 있는 심성정론(心性情論) 등이 있다. 또, 올바른 사회적 관계를 고민하는 의리론(義理論), 올바른 처신을 고민하는 출처론(出處論), 주변 사물에 대한 인식과 실천의 문제를 다루는 격물치지론(格物致知論), 가족과 사회, 국가의 제도와 의식(儀式)을 연구하는 예론(禮論), 국가와 세계를 경영하는 경세론(經世論) 등등 많은 분야로 구성된다. 그래서 이 성리학을 이렇게 단 몇 줄의 글이나 몇 권의 책으로 다 이해하고 설명할 수 없다. 너무도 방대하고, 심오한 학문과 사상의 세계이다.

이 성리학-주자학은 조선 이전 고려 후기에 원(元) 나라에서 우리에게 왔다. 이 과정을 보면, 큰 난관이 하나 있었다. 성리학자들, 특히 주자는 지독한 중화주의자였다. 송과 그 후예인 남송은 북방의 기마민족에 끊임없는 핍박 속에 시달렸다. 그 결과 매우 배타적인 사회 분위기가 팽배했고, 그 영향을 당시 성리학자들이 받는 것은 당연한 현상이었다. 그 결과 오로지 한족(漢族)만이 중국을 다스려야 하고, 야만적인 문화를 가진 북방 유목민족의 지배는 부당하다고 생각했다. 심지어 '오랑캐(북방 유목민족)는 인간과 짐승 사이의 괴물'과 같은 존재라는 인종차별 의식을 드러내기도 했다. 그렇다면 동방의 오랑캐에 불과한 고려가 성리학을 수용하는 것은 처음부터 곤란한 일이었다.

그러나 이 문제를 깔끔하게 해결한 성리학자가 있었다. 노재(魯齋) 허형(許衡, 1209~1281년)이다. 산서성(山西省) 출신의 한족 성리학자인데, 몽골족의 원나라 세조(世祖, 재위 1260~1294년) 쿠빌라이 때에 출사(出仕, 벼슬에 나감)해 집현대학사(集賢大學士) 겸 관국자좨주(官國子祭酒, 國子學이라는 국립대학의 총장)를 지냈다. 그리고 성리학을 계승 발전시켰다. 바로 이 점이 남송의 성리학자들과 달랐다. 당시 몽골의 원나라에 출사한 허형 같은 중국 북쪽의 한족 성리학자들이 꽤 있었다. 그들에게 맹자(孟子)가 제창한 왕도정치의 이상을 수용하는 제왕이라면, 그가 한족이든 오랑캐든, 혈통은 전혀 문제가 되지 않았다.

이때 원의 수도 대도(大都, 현재 베이징)에는 고려의 충선왕(忠宣王, 재위 1298년, 1308~1313년)이 세운 만권당(萬卷堂)이 있었다. 여기서 학문과 예술의 국제적 교류가 많이 있었는데, 고려의 유학자와 원의 성리학자도 그런 과정에서 만났다. 그중 안향(安珦, 1243~1306년)이 이 성리학에 눈을 떠 국내로 최초 도입하였다. 이후 본격적으로 고려 성리학의 시조로 평가받을 사람은 목은(牧隱) 이색(李穡, 1328~1396년)이다. 죽부인전(竹夫人傳)이란 작품으로 유명한 이곡(李穀, 1298~1351년)의 아들이다. 이곡은 원나라에서 과거 시험에 합격해 원의 관직 생활을 하다가 귀국했다. 1337년 원나라에 공녀(貢女)를 바치는 제도를 폐지시킨 상소, "고려의 어린 소녀들을 빼앗지 마십시오!"(代言官請罷取童女書)로 유명하다. 이 간절한 상소로 무도한 원(북원)의 황제 순제(順帝, 재위 1333~1368년)가 공녀제도를 폐지했다고 한다. 글의 힘은 참으로 위대하다는 것을 증명한 사건이다. 그 이곡의 아들이 이색인데, 혈통뿐 아니라 재능도 그렇다. 이색도 고려와 원에서 모두 과거에 우수한 성적으로 합격하였다. 그때 원의 최고 학자이자 과거 시험관이었던 규재(圭齋) 구양현(歐陽玄, 1273~1357년)이 이색에게 '자신의 의발(衣鉢)을 해외에 전하라'는 격려의 말을 하였다. 불교의 조사(祖師)가 하는 말 같지만, 이 사건으로 원의 성리학 도맥(道脈) 한 줄기는 고려의 이색으로 이어졌다고 평가를 받는다.

이후 귀국해 공민왕(恭愍王, 1351~1374년)의 개혁정치를 적극적으로 보좌하였고, 새롭게 중앙 정치 무대에 진출한 신진사대부(新進士大夫)의 수장 역할을 하였다. 그가 힘쓴 분야는 피폐해진 민생을 구제하기 위한 농업 장려와 다시 중흥된 성균관(成均館)을 통해 시대를 바꿀 성리학자들을 양성한 것이다. 이색의 제자 또는 후배로서 같이 활약한 사람이 포은(圃隱) 정몽주(鄭夢周, 1337~1392년)와 삼봉(三峯) 정도전(鄭道傳, 1342~1398년)이다. 그런데 정도전 등은 개혁을 넘어 역성혁명(易姓革命)으로 나갔고, 결국 1392년 조선은 창업되었다. 이색은 이 조선 창업에는 동의하지 않았지만, 그가 꿈꾼 성리학의 나라는 조선이며 무려 500년을 이어 나갔다.

이번 책에서도 수많은 조선 선비들의 책을 소개하였다. 다만 목차는 시대순이 아니라 주제별로 나누었다. 그 조선 시대처럼, 주자의 대학장구(大學章句)에 나오는 팔조목(八條目, 格物-致知-誠意-正心-修身-齊家-治國-平天下)을 흉내 내어 내 임의로 분류하였다. 다음 책에서는 좀 더 흥미롭고 색다른 가치와 감동을 지닌 책이라고 판단한 것들은 외전(外傳)을 소개할 예정이다. 특히 전쟁과 외교에 관련된 책들은 최근 미·중 패권전쟁, 러시아의 우크라이나 침략 등으로 불안한 국제정세와 신냉전 시대의 개막을 보면서, 과거 비슷한 시기를 살았던 조선 선비들의 고민과 해법을 소개하기 위함이다.

책의 저자는 물론 중요 인물은 호와 업적, 간단한 (대체로 그 시대) 평가, 생몰 연대를 표시했다. 왕은 묘호와 재위 기간과 날짜를 특정한 경우는 원전의 음력으로 표기했다. 당시 저자들이 자신들의 책을 통하여 전하고자 한 것을 직접 읽고 확인하자 나름의 각고 노력을 했다. 사실 조선 시대를 쓰려하니 시작부터 두려웠다. 조선에 대해 너무도 심한 편견과 오해가 현재를 사는 우리(사이)에게 있다고 생각하기 때문이다. 그것은 첫째, 문치주의(文治主義)가 곧 문약(文弱)이라는 무지와 오해. 둘째, 사대(事大)와 쇄국(鎖國) 문제에 대한 무지와 왜곡. 셋째, 민생과 괴리된 당쟁(黨爭)이란 오해와 왜곡이 있다. 거기에 더해서 일제의 식민사관과 서유럽 경험을 기준으로 만든 역사발전론(스탈린의 역사발전 5단계론도 포함), 방송드라마와 영화 등등. 너무도 많은 것들이 현재 우리의 눈을 가리고 있다고 생각한다. 사실 조선은 비록 가까운 과거이지만, 전혀 다른 세상이며, 도저히 모를 생각과 말을 하던 사람들이 살았다. 비록 혈통이 이어졌다고 하지만 그들은 마치 외계인과도 같다.

결국, 시작은 그 시대 사람의 입장에서 서서, 그들의 사고로, 그들이 남긴 글을 직접 읽고 이해하는 것이다. 섣부른 비판이 먼저 나올 수는 없다. 오늘날의 관점으로 과거 역사를 난도질하여 재편집한 것을 역사라고 할 수 없다. 그래서 내가 들은 조선 선비들의 진짜 목소리를 들려주려 노력했다. 가능하면 그 시대의 사람들이 쓰는 용어와 입장으로 내용을 정리했고, 현재의 관점과 가치 부여는 명확히 구분해 쓰려고 하였다. 만약 부족하거나 동의가 어렵다면, 소개한 책의 원전을 직접 읽고 확인하기 바란다.

끝으로 이미 절판되어 고액으로도 사기 힘든 책들을 구해준 지건용 후배님에게 감사의 인사를 하고자 한다.

11

목차

"산학은 비록 술수(術數)라 하겠지만 국가의 긴요한 사무이므로,

역대로 내려오면서 모두 폐하지 않았다."

산학(算學)

"국가는 백성을 근본으로 삼고 백성은 먹는 것을 하늘처럼 여긴다."

농학(農學)

"몸을 다스리는 법도로 백성을 구제하라!"

의학(醫學)

"문무(文武) 두 과거(科擧)는 한 가지만 취하고 한 가지는 버릴 수 없다!"

무학(武學)

'마음은 제자리를 벗어나지 않고 항상 깨어있어야 한다.'

2장 수신(修身)

'왕이 재물을 모으면 백성이 흩어지고, 재물을 나누면 백성이 모여든다.'

3장 치인(治人)

1장

'사물의 도리를 끝까지 궁구(窮究)하여

나의 앎에 미진함이 없도록 한다.'

격물(格物)

격물, 격물치지(格物致知)는 인간 세상의 모든 것(事事物物)에 대한 깊은 연구와 그것이 지닌 진리를 파악한다는 의미다. 당시 용어로는 궁리진성(窮理盡性)이다. 그런데 여기서는 모든 분야가 아닌 조선이 국가 경영에 필요한 학문이라고 인정한 분야, 즉 관학(官學) 분야를 다루고자 한다. 아마도 이 외의 것은 비과학적이고 미신이라고 조선의 사대부들은 여겼던 것 같다. 공자(孔子)께서도 『논어(論語)』 「술이(述而)」편에서 괴이한 것, 초능력, 혼란스러운 것, 귀신은 말하지 않았다고 하지 않나!(子不語怪力亂神)

조선 초 국립대학인 성균관(成均館)은 고려 시대 이래로 "10학(十學)"이라는 열 개 학과를 설치해 국가가 필요한 인재를 길렀다. 10학은 유학(儒學)·무학(武學)·역학(譯學, 통역과 번역)·의학(醫學, 한의학)·음양학(陰陽學, 천문, 역수, 풍수지리)·산학(算學, 수학)·율학(律學, 형법)·화학(畵學, 회화)·도학(道學, 도교)·악학(樂學, 음악)을 말한다. 하지만 차츰 양반(兩班)과 중인(中人)이 신분을 분화하고, 유학과 무학을 제외한 나머지 8학은 중인과 그 이하 신분이 배우는 "잡학(雜學)"으로 분류되었다. 이후 성균관은 유학 교육을 담당했고, 무학은 훈련원(訓鍊院)에서 교육했다. 조선이 고려와 크게 다른 점 중에는 무학 연구와 교육을 중시하였고, 무과를 통해 우수한 장교를 선발했다는 것이다. 이 부분은 뒤에서 다시 상술할 것이다. 잡학은 성균관이 아닌 해당 관청이 각각 학생을 받아 교육했다. 잡학을 배운 사람은 잡과(雜科)라는 별도의 시험을 통해 국가에 임용되었다. 이를 취재(取才)라고 한다. 잡과도 다른 문과(文科)나 무과(武科)처럼, 해당 관청이 중심이 되어 3년마다 정규적인 식년시(式年試)와 특별한 기념을 위한 증

광시(增廣試)를 실시했다. 그 과정은 초시(初試)와 복시(覆試) 두 차례였다. 다만 문과와 무과처럼 왕이 직접 시험관을 하는 전시(展試, 3차 시험)는 규정이 없다.

『경국대전(經國大典)』 등의 규정에 따르면, 역과(譯科), 의과(醫科), 음양과(陰陽科), 율과(律科)의 잡과를 시행해 그 분야 인재를 뽑아 실무직 관리로 임명했다. 역학 교육과 역과 실시는 예조(禮曹) 산하의 사역원(司譯院), 의학과 의과는 전의감(典醫監), 음양학과 음양과는 예조 산하의 관상감(觀象監), 율학과 율과는 형조(刑曹) 산하의 고율사(考律司)가 담당했다. 다른 잡학은 별도의 잡과 시험 없이 해당 관청에서 학생을 육성, 임용했다. 산학은 호조(戶曹)의 산학청(算學廳)이, 화학은 예조의 도화서(圖畫署)가, 악학은 장악원(掌樂院)이, 도교는 소격서(昭格署)가 담당했다. 잡과는 워낙 소수 정예 전문가를 채용하였기에 나중에는 특정 가문이 특정 분야를 독점하기도 했다. 그런데 이상은 하급 실무직 관리를 뽑는 취재이다. 이와 달리, 상급 실무직 관리를 뽑는 취재는 이조(吏曹)에서 시행하였다. 이를 "이조취재"라고 한다. 해당자는 수령(守令), 외교관(外敎官), 역승(驛丞), 도승(渡丞), 서제(書題), 음자제(蔭子弟), 녹사(錄事), 도류(道流), 서리(書吏)이다. 이 부분은 뒤에서 『경국대전』 소개할 때 다시 다룰 것이다.

일반 선비가 잡학 분야를 전혀 도외시한 것은 아니었다. 수많은 선비가 잡학을 공부해 대단한 저작물을 남기기도 했고, 국정을 운영하는 왕과 사대부들도 공부해야 했다. 만약 누군가 성리학 경전 공부에만 매몰되었다면, 당시 조선에서는 부유(腐儒, 썩은 선비), 우유(迂儒, 멍청한 선비)라고 비웃음을 당했을 것이다. 조선은 두루두루 공부하여 식견이 풍부한 선비(通儒)를 높이 평가했다. 이제 당시 조선에서 이 분야 최고의 책이라는 평가를 받았던 몇 권을 소개한다.

『노걸대(老乞大)』

[漢] 큰 형아, 네 어드러로셔부터 온다.(大哥、你從那裏來。)

[高] 내 高麗王京으로셔브터 오라.(我從高麗王京來。)

[漢] 이제 어드러 가는다.(如今那裏去?)

[高] 내 北京으로 향ᄒᆞ야 가노라.(我往北京去。)

『노걸대』는 조선 시대 대표적인 중국어 교재다. 고려 상인이 북경(北京)으로 가는 길에 중국 상인을 만나 함께 여행하며 가져간 상품은 팔고, 현지 상품은 사서 귀국한다는 이야기로 전개된다. 전체 내용은 106개의 상황을 설정해 대화체로 쓰여있다. 전형적인 회화책이다.

조선에 대한 여러 편견 중 하나는 '철저한' 쇄국(鎖國)이다. 그러나 외교관(외국어 통역관)을 양성하는 교육기관인 사역원(司譯院)을 고려 후기부

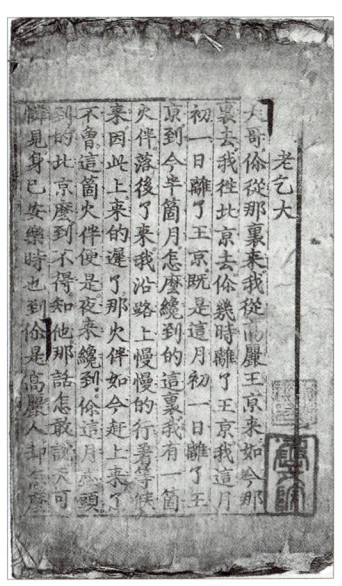

『노걸대』 (출처 : 한국민족문화대백과사전)

터 조선 내내 700년간 계속해서 유지했다. 이런 나라는 단언컨대 지구상에 조선 외에는 없을 것이다. 즉 조선은 급변하는 국제정세에 늘 예민해 이를 대비하기 위해 통역관, 외교 전문가를 양성했다는 말이다. 사역원은 체계적인 교수진을 배치해 "역관(譯官, 전문적인 통역관)"을 양성하였고, 잡과 취재시험(取才)을 시행해 합격한 자에게 역관 자격을 부여했다. 중앙에서 역관은 외국 사신 접대나 해외파견 사신단 수행을 했다. 그뿐 아니라 국경 지역과 전국 각지에도 역관을 두고 다양한 업무(정식 입국한 외국 사신과 상인에 대한 통관 업무, 표류해 온 해상 난민에 대한 심문, 적군 포로 심문 등)에 종사하게 했다. 조선 중기 왜란(倭亂)과 호란(胡亂) 이후 역관의 업무 분야는 더욱 많아진다.

사역원은 네 개의 단과대학(四學)을 두었다. 사학은 한어(漢語, 당시 중국어)를 배우는 한학(漢學), 몽골어(蒙語)를 배우는 몽학(蒙學), 일본어(倭語)를 배우는 왜학(倭學), 여진족어를 배우는 여진학(女眞學)이라 했다. 현종(顯宗, 재위 1659~1674년) 때부터 여진학을 청학(淸學)으로 개정했다. 모두 조선이 주로 상대했던 나라들이다. 경국대전에 따르면, 한학을 전공한 총책임자인 도제조(都提調) 이하 실질적인 교육을 담당하였던 인원은 교수(敎授)와 훈도(訓導)를 포함해 총 32명이었다. 교과목을 보면 주로 해당 국가의 유아용 교재부터 유교 경전이나 군사학(여진학) 그리고 위인전(몽학)을 배웠다. 또한 한학과 왜학에서는 공사문서의 서식까지 다양하게 배우고 시험도 보았다. 즉 단순히 언어만 가르친 것이 아니라 해당 국가와 사회, 문화, 나아가 군사적 정보에 능통한 인재를 양성했다는 것을 알 수 있다. 그리고 마지막 시험인 복시에서 한학 13명, 몽학 2명, 왜학 2명, 여진학 2명을 최종으로 선발하였다. 이들은 단순한 통역관이 아니라 이론과 실무를 갖춘 전문 외교관이었다.

이들이 중국과 일본으로 다니며 활약한 내용을 담은 책이 있다. 그 책은 조선 시대의 모든 외교 관계 사항을 정리한 것이다. 조선의 외교사라고 할 수 있다. 그 책이 바로 『통문관지(通文館志)』이다. 통문관은 사역원의 전신, 고려시대의 명칭이다. 분량은 12권 6책이다. 역관 우봉(牛峰) 김지남(金指南, 1654~?)과 소암(蘇巖) 김경문(金慶門, ?~?) 부자가 숙종(肅宗, 재위 1674~1720년) 때 편찬한 것이다. 이것이 초간본이다. 김지남은 1682년 일본 사행 후 『동사일록(東槎日錄)』을 남겼고, 1712년 백두산정계비(白頭山定界碑)를 세울 때 조선을 대표해 활약하며 청(淸)과의 국경 경계를 확정했다. 원래 그는 수석 통역관이었고, 조선의 대표는 따로 있었다. 그런데 청나라 대표 오라총관(烏喇摠管) 목극등(穆克登, 1664~1735년)이 조선 대표가 나이가 많아 등산이 어렵다고 주장하며 동반을 거부하였다. 그러자 수석 통역관이었던 그가 대신 나선 것이다. 조선 대표 없이 국경이 확정될 수는 없는 법이니, 그가 나서야 했었다. 그런데 원래 조선의 대표보다 김지남의 나이가 더 많았다고 한다. 김지남이 이 당시를 기록해 『북정록(北征錄)』을 남겼다. 또한 새로운 화약제조 기술을 연구하여 1698년 한글로 쓴 『신전자초방(新傳煮硝方)』도 남겼다. 화약 개량을 위해 김지남이 스스로 화약을 연구해서 쓴 것이다. 조선 땅에서는 화약의 주원료인 염초(焰硝, 질산칼륨)가 전혀 생산되지 않는다. 또한 전략 물자이기에 주변국들도 수출을 금지해 들여올 수도 없었다. 당시 염초 확보 방법은 단지 오래된 집 아궁이, 구들장 밑, 화장실 바닥 같은 곳에서 자연적으로 생성된 염초를 원시적인 방법으로 채취하는 것뿐이다. 하지만 날로 화약의 수요가 늘어나면서 새로운 염초 생산 방법을 찾아야만 했다. 이처럼 사활이 걸린 국가적 중대사를 김지남이 해낸 것이다. 그는 조선 역사에서 큰 공적을 남긴 역관, 외교관이었다. 『통문관지』는 정조(正祖, 재위 1776~1800년) 때와 고종(高宗, 1863~1907년) 때에도 증보판이 나왔다.

『노걸대』는 『박통사(朴通事)』와 더불어 대표적인 당시 중국어 회화책이다. 이 둘을 통칭해서 "노박"이라고 부르기도 한다. 계속해서 당시 중국어라는 말을 강조하는 것은 이전 중국어와 다르기 때문이다. 당시에는 한아어(漢兒語)라고 했다. 원래 중국어는 황하(黃河) 중류의 낙양(洛陽) 지역 아언(雅言)과 장안(長安)-관중(關中)의 통어(通語)였다. 우리가 아는 유교 경전과 한당(漢唐)시대 고문(古文)의 발음이 원래 중국어. 그런데 지금의 북경(北京)이 천하의 중심지가 된 원(元)나라 때부터 새롭게 이 지역에서 한아어가 발생한 것이다. 기존의 중국어와 몽고, 거란 등 북방 민족의 언어가 합성되면서 생성된 것이다. 그래서 고려 후기(元代) 국가가 주도적으로 당시 새로운 한아어 통역관 양성이 필요해서 만든 것이 사역원(당시는 통문관)이다. 한편, 조선에서는 이 새로운 한아어의 발음을 한글 표기가 가능해졌다. 그것들을 위해 편찬한 책이 『동국정운(東國正韻)』이다. 원래 노걸대는 고려 말기에 만든 것으로 추정되는데, 조선 세종(世宗, 재위 1418~1450년) 때부터 우리가 지금 보는 한글 언해본으로 나왔다.

한글 언해본 관련해서, 최세진(崔世珍, 1468~1542년)이란 역관의 활약을 말하지 않을 수 없다. 그는 당대 최고의 어문학자, 운서(韻書, 한자의 운을 정리한 책) 등의 전문가로 꼽히는데, 『사성통해(四聲通解)』, 『이문집람(吏文輯覽)』, 『효경언해(孝經諺解)』, 『노걸대언해(老乞大諺解)』 등을 남겼다. 그리고 한글 발전에도 큰 공로가 있는데, 어린이 한자 학습교재 『훈몽자회(訓蒙字會)』를 저술하였다. 이 책에서 처음으로 한글 자모의 순서를 정리하였고 명칭도 그가 정하였다.

1368년 원이 몰락하고 명(明)나라가 들어선 후 중국의 중심지는 양자강(揚子江) 옆의 남경(南京)이 된다. 그런데 영락제(永樂帝)가 "정난의 변(靖難之變, 1399~1402년)"을 일으켜 조카 건문제(建文帝)를 죽이고 다시 북경으로 천도하였다. 즉 북경이 다시 중국대륙과 동아시아 정치의 중심 무대가 된 것이다. 이후 여진족의 청(淸, 건국은 1616년)이 1644년 명의 북경을 점령해 1911년까지 268년 동안 중국을 지배했다. 그런 국제정세와 중국어 변화가 있을 때마다 조선의 중국어 교재도 당연히 새로운 개정판이 나왔다. 한편, 1703년 편찬된 청학-여진어 교재인 『청어노걸대(淸語老乞大)』는 병자호란(丙子胡亂, 1636년) 때 피로인(被擄人, 주로 군인 포로가 아닌 민간인 납치를 의미)

으로 끌려갔던 사람들이 귀환하여 만든 책이다. 그만큼 외국어 교육은 생존의 절박한 문제였다. 그때도 지금처럼 대중외교는 생존과 국익이 걸린 중차대한 문제였다.

한아이문(漢兒吏文, 일반적으로 한이문)에 대한 이해도 필요하다. 원대 이후 사법, 행정 문서에서 쓰이던 문체다.(또는 漢文吏讀體) 우리가 학창시절 한문 수업 등에서 배운 고문(古文)이 아니다. 또한 이 한이문은 조선에서 행정 등의 분야에서 쓴 이문이나, 고유의 이두와도 다르다. 조선에게 한이문은 중국과 사대외교에서 꼭 필요한 문서 작성법 정도로 이해하면 된다. 그래서 별도로 사역원에서 한이문을 교육하고 취재시험도 실시하였다.

몽학은『왕가한(王可汗)』,『수성사감(守成事監)』등이, 여진학은『천자(千字)』,『천병서(天兵書)』,『소아론(小兒論)』등이 교재로 쓰였다. 원나라가 망하고 중국대륙에서 쫓겨났지만, 몽학이 조선에 계속 필요했다. 이유는 명이 중국 본토를 장악했지만, 북원(北元)과 그 후계 세력은 몽골 지역을 장악하고 계속해 명과 대립하였기 때문이다. 가령, 1449년 "토목의 변(土木之變)"으로 명의 황제 정통제(正統帝, 1435~1449/1457~1464년)가 몽골의 포로로 잡히고 수도 북경이 몽골에 포위되는 사상 초유의 사태도 있었다. 조선은 이런 사건, 급변하는 국제정세에 능동적으로 대처해야 했다. 이후 몽골은 청이 건국될 때부터 주요 참여 세력이었다. 몽골은 청의 주력부대이며 귀족집단인 팔기군(八旗軍)의 주요 성원이었다. 또한 코르친(科爾沁) 부족 등의 경우, 그 유명한 청의 효장태후(孝莊太后, 1613~1688년)를 포함해 황후(皇后)를 계속해 배출하기도 했다. 몽골 부족의 왕들은 청의 건국 때부터 동참하였고, 이후에도 제후왕(諸侯王)과 귀족의 지위를 청에서 유지했다. 상황이 이런데 조선이 몽학을 손에서 놓을 이유는 없었다고 보인다. 지금도 서울 송파에 있는 병자호란 때 세운 삼전도비(三田渡碑)를 보면, 여진어, 한문 그리고 몽골어로 쓰여있다. 이 세 가지 말과 글자가 지금의 영어처럼 국제 공용어였다는 것을 이 비석이 증명하는 것이기도 하다.

왜학 교재로 『이로파(伊路波)』도 유명하다. 내용 중에는 중세 일본의 서간문 형식을 배우는 부분(候文体, 소로분타이)이 있다. 왜학 역관이 일본과 주고받는 서계(書契)에 필요하기 때문이다. 하지만 왜학 역관이 되는 것을 꺼리기도 했다. 왜구(倭寇) 침략과 임진왜란(壬辰倭亂, 1592~1598년) 같은 교전 상황에서, 창검과 총구가 번뜩이는 살벌한 적진 속에 (어떤 때는 거의 단독으로) 들어가 조선의 서계를 전달하고, 협상해 답서를 받아오는 위험한 임무가 많았기 때문이다.

조선 후기에는 『첩해신어(捷解新語)』란 왜학 교재가 유명하다. 이 교재 편찬도 임진왜란 때 피로인으로 끌려갔다가 생환한 사람들의 경험이 있다. 진주 출신 강우성(康遇聖, 1581~?)이 일본에 끌려갔다가 10년 만에 귀환하였다. 그리고 광해군(光海君) 원년(1609년) 역과에 급제해 동래 부산포에서 왜학훈도(倭學訓導)로 근무했다. 이후 세 차례 통신사(通信使)를 수행하였다. 그리고 그의 피눈물 나는 피로인 경험이 녹아 있는 왜학 교재가 『첩해신어』다.

마지막으로 『노걸대』 등 사역원의 외국어 교재는 오늘날 국제적으로 언어학계의 주목받는 책인 것도 중요한 가치다. 출판 당시의 중국어, 일본어, 몽골어, 그리고 지금은 사멸위기에 있다는 여진어를 이해하고 연구하기 위해 필수적인 책들이다.

"제왕의 정치는 역법(曆法)과 천문(天文)으로 때를 맞추는 것보다 더 큰 것이 없으니"
역법과 천문학(天文學)

조선은 관상감(觀象監)을 두어 천문학, 지리학(地理學), 명과학(命課學)이란 3가지 학문을 관장하였다. 여기서 천문학이란 오늘날의 천문학과 점성술(占星術) 같은 것이 혼합된 것이고, 지리학은 오늘날 말하는 지리학과 땅의 형세를 보고 길흉을 점치는 풍수(風水)가 뒤섞인 것이고, 명과학은 오늘날 흔히 말하는 사주명리학(四柱命理學)과 같다. 이들 학문을 통해 정확한 역법(曆法, 달력)을 만들어 전국에 배포하고, 왕릉과 궁궐 등의 좋은 위치를 잡고, 국가 행사일의 택일, 작명 등을 하였다. 이러한 전통은 삼국시대부터 내려온 것이다.

여기서 천문학이 특히 강조되었다. 그 이유는 '수시제정(授時齊政)은 성인지사(聖人之事)'라는 『서경(書經)』의 「요전(堯典)」 이래로 형성된 동아시아 전통관념 때문이다. 하늘의 천체현상을 관찰하여 정확한 시간을 측정하고 달력을 만들어 백성에게 배포하는 것이 제왕의 첫 번째 임무라고 생각했다.

그래서 관련 전문가들을 국가고시인 잡과 취재를 통해 선발했다. 잡과의 응시 과목을 보면, 천문학에서는 『보천가(步天歌, 28宿의 별자리를 정리한 가사)』를 외우고, 세종 때 유명한 천문학자이자 문신인 정흠지(鄭欽之, 1378~1439년) 등이 만든 역서인 『칠정산(七政算)』과 일식·월식을 계산하는 『교식추보가령(交食推步假令)』에서 문제를 출제했다. 지리학은 『청오경(靑烏經)』 같은 풍수지리서들을 보지 않고 답하거나 강의하는 배강(背講)을 하도록 했다. 명과학도 『원천강(袁天綱)』 같은 명과학서들을 배강을 하도록 했다. 여기에 모든 잡과 취재의 공통과목인 『경국대전』을 책을 펴놓고 강의토록 했다. 이렇게 인재를 뽑은 관상감은 영사(領事)인 영의정(領議政)과 행정관료들, 실무 총책임자인 제조(提調)와 세 분야의 교수(敎授)와 훈도(訓導)들, 직장(直長), 봉사(奉事), 훈도(訓導), 산원(散員) 등으로 구성되었다. 또한 천문관측기구인 간의대(簡儀臺)를 만들었고, 흠경각(欽敬閣, 천문기기를 설치한 건물)을 지었고, 조선의 밤하늘을 돌에 새긴 "천상열차분야지도(天象列次分野之圖刻石)" 같은 석각(石刻)의 천문도(天文圖)를 세웠다.

『칠정산내편(七政算內篇)』

『칠정산』은 1442년 편찬한 역법서다. 역법이란 천체 운행을 관측해 계절의 절기(節氣)와 시간을 정한 것이다. 그냥 오늘날 달력 같은 것이라 이해해도 큰 무리가 없다. 그런데 기존의 역법서 말고 『칠정산』을 세종 때 새롭게 만든 이유가 있었다. 그전에는 원나라 수시력(授時曆)과 그것을 계승한 명나라 대통력(大統曆)이란 역법서를 조선에서도 통용했다. 그러나 이들 역법서는 기본적으로 북경을 중심으로 천체를 관측해 만든 역법이기 때문에, 조선의 절기, 시간과 꼭 맞지 않았다. 이에 한양, 백두산, 한라산, 강화도 마니산 등에서 새롭게 천체를 관측하였고, 집현전(集賢殿, 세종 때 학문 자문과 연구기관)에서 10여 년을 연구하여 만든 책이 『칠정산』이다. 이 과정에서 간의(簡儀) 등 관측기구를 새롭게 제작하였다. 그 관측 결과의 정확성은 오늘날에도 인정받고 있다. 이미 많이 알려진 이야기 하나를 소개하면, 『칠정산내편』에서는 1년을 365.2425일, 1달을 29.530593일로 정하였다. 이는 현재의 기준으로 소수점 여섯 자리까지 일치하는 계산이라고 한다.

『칠정산』 제목의 의미는 칠요(七曜), 즉 태양, 달, 5개 행성(수성, 금성, 화성, 목성, 토성)의 위치와 운행을 계산했다는 것이다. 태양력의 특징을 가지고 있었다. 더욱이 『칠정산』으로 일식과 월식을 예측하게 되었다. 이후 『칠정산내편』을 1444년에, 다시 아라비아의 회회력(回回曆)을 흡수하여 『칠정산외편(七政算外篇)』을 편찬했다. 조선이 독자적인 역법을 갖춘 것에 대해

명나라의 압력을 받았다는 이야기는
드라마와 영화의 상상력이다. 역사 기
록에는 그런 말은 없다. 오히려 과거 일
본 제국주의의 통감부(統監府)가 한국
에 강제한 "동경표준시"를 21세기 한
국에서도 별다른 거부감 없이 쓰고 있
는 것이 더 문제다. 독자적인 역법을
만들던 조선의 과학 정신이 오늘날에
이르러 더 퇴화한 것이다.

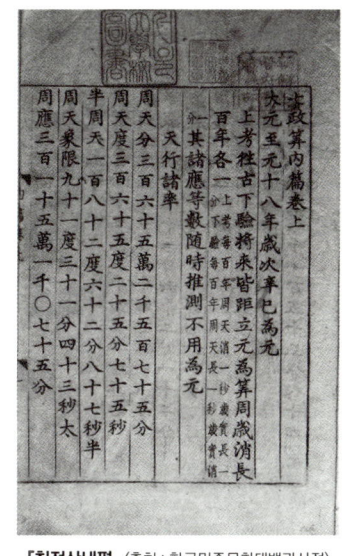

『**칠정산내편**』 (출처 : 한국민족문화대백과사전)

이제 『칠정산내편』의 내용을 보자.
전체적으로 상·중·하 3권으로 되어있
다. 상권에서 서문을 보면, 정흠지, 정초(鄭招, ?~1434년), 학역재(學易齋) 정인
지(鄭麟趾, 1396~1478년) 등이 명나라의 『태음태양통궤(太陰太陽通軌, 수시력의 수
정본)』를 참고해서 『칠정산내편』을 만들었다고 하였다. 그리고 이순지(李純
之)와 무송헌(撫松軒) 김담(金淡, 1416~1464년) 등이 『칠정산외편』을 편찬했음
을 밝히고 있다.

이어서 「역원(曆元)과 제율(諸率)」을 정하고 있다. 역원이란 역산(曆算)의
기준으로 삼는 해(연도)로써, 원나라 세조(世祖) 때인 1281년을 기준으로
삼았다. 태양이 황도(黃道)를 따라 한 바퀴 도는 데 걸리는 시간을 주천(周
天)으로, 1년의 길이가 얼마나 되는지를 태양이 동지점으로부터 이듬해
의 동지점에 이르기까지 걸리는 시간을 세실(歲實)로 정한다. 그리고 1280

년 세전(歲前) 동지점이 여러 천문 주기의 기점(起點)으로부터 얼마나 떨어져 있는지를 나타내는 것을 제응(諸應)이라고 한다. 이런 기준으로 관측, 계산한 것을 정리하였는데, 이것이 제율이다. 여기에 다시 일식과 월식의 주기를 계산하여 정리하였다.

다음 1장 「역일(曆日)」부터 중권은 모두 해와 달을 동지와 하지, 매일 낮과 밤에 관측하고 계산한 내용이다. 하권은 일식과 월식, 5개 행성 등을 관측, 계산한 것이다.

여기서 당시 화성에 대한 기록 한 가지를 보자. "화성은 약 2년에 1주천하며, 천궐을 범하기도 하고 자미에 들어가기도 한다.(火星 約二年一周天, 或犯天闕或入紫微)" 그리고 구체적인 운행 관측 기록과 계산, 해설이 이어진다. '주율(周率) 779만 9,290분, 주일(周日) 779일 92분 90초, 역률(曆率) 686만 9,580분 43초, 도율(度率) 1만 8,807분반, 합응(合應) 56만 7,545분, 역응(曆應) 547만 2,938분' 같은 것이 당시 관측 기록이다.

당시 용어는 매우 어렵지만, 그 의미를 간략히 살펴보면 이렇다. 주율은 행성이 태양과 일직선이 되는 위치를 분(分, 하루의 1만분의 1) 단위로 나타낸 것이고, 주일은 일분초(日分秒 1일=100분, 1분=100초) 단위로 나타낸 것이다. 역율은 항성주기(恒星週期, 하늘을 한 바퀴 도는 데 걸리는 시간)를 분초(分秒)의 단위로 나타낸 것이고, 도율은 행성이 하늘을 1도 운행하는 데 걸리는 평균시간을 분(分) 단위로 나타낸 것이다. 합응은 행성이 역원동지(曆元冬至) 직전의 합(合)을 지난 순간부터 역원동지까지 걸린 시간을 일분초(日分秒)로 표현한 것이고, 역응은 역원동지 직전의 영력(盈曆) 시작점을 지난 순간부터 역원동지까지의 일분초를 말한다.

이어서 제단(諸段) 입성(立成)과 영축(盈縮) 입성의 관측과 계산으로 되어있다. 제단 입성이란 행성의 회합주기를 여러 단(段)으로 세분하여 행성이 출현하는 방향과 이동하는 방향을 시간으로 측정하는 것이다. 여기서 영력(盈曆)과 축력(縮曆)이란 용어를 이해할 필요가 있다. 고대의 역법은 태양이 하루에 1도씩 움직인다고 여겼고, 황도를 따라 한 바퀴 도는 것을 1주천으로 삼았다. 그러나 태양은 실제 운행에서 빨라지거나 느려지는 현상 즉, 일행영축(日行盈縮)의 현상을 발견하게 되었고 실제 위치도 관측하게 되었다. 동지에서 하지까지는 실제 태양(眞太陽)이 평균태양(등속으로 움직이는 가상의 천체)을 앞서 운행하다가 하지에 와서 일치하고, 하지에서 동지까지는 평균태양이 실제 태양을 앞서다가 동지에 와서 일치한다. 실제 태양이 평균태양보다 앞서는 구간을 영력, 평균태양이 실제 태양을 앞서는 구간을 축력이라 하며, 합쳐서 영축력(盈縮曆)이라고 한다.

『성경(星鏡)』

『성경』은 '별을 비추는 거울'이라는 제목이 암시하듯, 밤하늘의 별을 분류하고 그 거리와 위치 등을 설명하는 조선 시대 천문학책이다. 철종(哲宗, 재위 1849~1863년) 때부터 고종 초기까지 관상감 제조(提調, 책임자)로 활동한 육일재(六一齋) 남병길(南秉吉, 1820~1869년)이 1861년에 썼다. 그의 형인 규재(圭齋) 남병철(南秉哲, 1817~1863년)과 함께, 형제는 조선 후기 최고의 역학자(曆學者), 산학자(算學者) 중 하나라고 한다. 『성경』은 서문과 상·하편으로 구성되어 있다. 전체적으로 보면, 항성(恒星) 1,449개를 설명하고 있다. 항성은 말 그대로 항상 같은 위치에서 스스로 빛을 발하는 별이다. 그리고 항성 주위를 돌며, 항성의 빛을 받아 빛나는 별은 행성(行星)이라 한다.

먼저 이 항성의 세계부터 살펴보자. 이 1,449개의 항성은 삼원(三垣)과 이십팔수(二十八宿)로 크게 나뉜다. 삼원은 눈으로 보이는 둥근 하늘, 즉 천구(天球)의 북쪽 끝인 북극(北極)과 그 주위 영역을 의미하는데, 자미원(紫微垣), 태미원(太微垣), 천시원(天市垣)으로 다시 나뉜다. 이십팔수는 천구(天球)에서 관측되는 별들을 말한다. 이것을 방향에 따라 동방칠수(東方七宿), 북방칠수(北方七宿), 서방칠수(西方七宿), 남방칠수(南方七宿)로 다시 나누어 구분한다. 이를 창룡칠수(蒼龍七宿), 현무칠수(玄武七宿), 백호칠수(白虎七宿), 주조칠수(朱鳥七宿)로 부른다면, 도교나 무속신앙의 세계에 가까울 것이다. 이렇게 구분된 각 방향에 7개의 별이 각각 속해 있다. 동방칠수에는 각수(角宿), 항수(亢宿), 저수(氐宿), 방수(房宿), 심수(心宿), 미수(尾宿), 기수

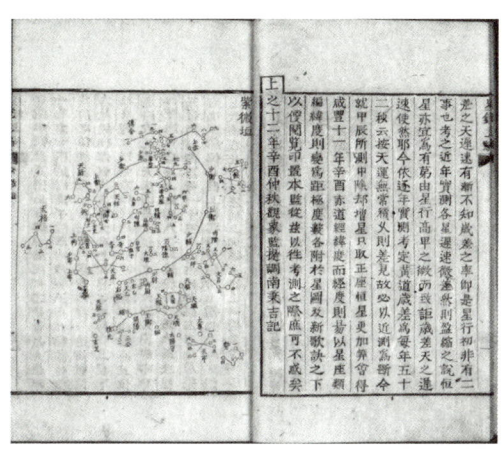

「성경」 (출처 : 한국민족문화대백과사전)

(箕宿)가 있다. 북방칠수에는 두수(斗宿), 우수(牛宿), 여수(女宿), 허수(虛宿), 위수(危宿), 실수(室宿), 벽수(壁宿)가 있다. 서방칠수에는 규수(奎宿), 누수(婁宿), 위수(胃宿) 묘수(昴宿), 필수(畢宿), 자수(觜宿), 삼수(參宿宿)가 있다. 남방칠수에는 정수(井宿), 귀수(鬼宿), 유수(柳宿), 성수(星宿), 장수(張宿), 익수(翼宿), 진수(軫宿)가 있다.

　유럽의 별자리 이름에 익숙한 현대의 우리에게는 삼원과 이십팔수의 세계는 아주 낯설게 느껴질 것이다. 조선은 물론 동아시아가 밤하늘의 별을 이렇게 구분하고, 이런 이름으로 부른 것은 2,000년이 넘는다. 이 별들을 기록한 최초의 책은 진(秦)나라 여불위(呂不韋, 기원전 ?~기원전 235년)의 『여씨춘추(呂氏春秋)』 「유시람(有始覽)」이다. 이후 한(漢)나라 사마천(司馬遷, 기원전. 145?~기원전91?)의 『사기(史記)』 「천관서(天官書)」에도 실린다. 그러나 천문학은 이보다 전부터 시작되었다고 본다. 그 이유는 시간과 달력은 국가를 통치하기 위해 꼭 필요한 수단이기 때문이다. 그리고 달력, 즉 역서(曆書, 또는 冊曆) 제작에서 반드시 선행되어야 하는 것이 정확한 천문 관측이다. 그것은 조선도 마찬가지였다. 조선 후기 남병길도 천문 관측이 직업이었다. 다만 당시는 다른 조건이 더 있었다. 그것은 이미 유럽에서 들어온 천문학과 역법이다.

조선 후기, 아니 동아시아 전체가 유럽의 천문학이 도입되면서 이전과는 다른 새로운 방식으로 관측했고, 새로운 역서를 만들기 시작한다. 그 시작은 명·청 교체기 때부터이다. 구체적으로 보면, 1622년 독일인이며 예수회 소속 신부인 아담 샬(Adam Schall von Bell, 1591~1666년)이 명나라 북경에 입성한다. 천문학에 뛰어나 흠천감(欽天監, 조선의 관상감과 같음)의 책임자로 활동한다. 당시 선교사들은 기독교 포교 수단으로 명의 사대부들이 관심을 보인 천문학과 같은 유럽의 학문을 이용했다. 아담 샬의 활동은 명이 망하고, 청이 지배가 시작되는 때까지도 계속되었다. 그 후 전통적인 역법 위에 유럽의 천문학적 원리를 더해서 새로운 역법서를 만들었다. 그것이 『시헌력(時憲曆)』이다. 이 시헌력은 1653년 효종(孝宗, 재위 1649~1659년) 4년 조선에도 도입되어 1910년까지 사용되었다. 아담 샬의 중국식 이름이 탕약망(湯若望)이라서, 그의 시헌력에서 구사한 그의 천문학 원리를 당시 "탕법(湯法)"이라고 했다. 이후 또 다른 유럽의 천문학 지식이 동아시아와 조선에 들어온다. 아담 샬과 같은 독일인이며 예수회 소속 신부인 쾨글러(Ignatius Koegler 1680~1746년)가 1715년 청나라에 입국한다. 1717년부터 강희제(康熙帝, 재위 1661~1722년)에게 발탁, 흠천감 책임자가 되어 천문 관측에 종사했다. 그리고 새로운 역법서를 만들었다. 이 쾨글러와 청의 천문학자들은 이전보다 더 많은 별을 관찰하는 등 새로운 천문학 성과를 담아 『흠정의상고성(欽定儀象考成)』를 편찬한다. 한편, 쾨글러의 중국식 이름이 대진현(戴進賢)이라서, 그의 천문학 성과를 당시 "대법(戴法)"이라고 했다. 바로 이 탕법과 대법의 성과를 연구·검증하며 만든 천문학서가 남병길의 『성경』이다.

『성경』에는 삼원과 이십팔수의 개별 성수(星數, 별자리)를 그림으로 나타낸 성도(星圖), 개별 성수의 위치, 형식, 특징을 칠언시(七言詩)로 표현한 가결(歌訣), 각 별자리에 항성의 좌표를 측정해 실었다. 그 방법은 적경(赤經, 천구天球 위의 한 정점을 지나는 경선經線과 춘분점을 지나는 경선이 이루는 각도로 0도에서 90도 사이)을 당시의 궁(宮), 도(度), 분(分), 초(秒)의 단위로 나타낸 좌푯값과 적위(赤緯, 적도 좌표에서의 위도. 적도의 북쪽이나 남쪽으로 잰 각거리로 +90에서 -90 사이)의 여각(餘角)인 거극(去極)의 도, 분, 초 좌푯값을 모두 기록했다. 그리고 각 항성의 밝기에 따라서 6개 등급으로 나눈 성등(星等)을 정리했다. 그렇게 나누면, 1등성이 15좌(座, 별자리) 16성, 2등성이 39좌 51성, 3등성이 104좌 159성, 4등성이 175좌 349성, 5등성이 185좌 399성, 6등성이 146좌 343성이다. 모두 277좌(座) 1,369개의 별이다. 이외에 신궁(神宮)과 적시(積尸)의 2개 성운이 더 있다. 그리고 남반구에서만 관측되는 별인 근남극성(近南極星), 천문 관측기기인 적도의(赤道儀)를 축소한 그림과 적도의를 사용하여 북극으로부터 떨어진 도수(距北極度數)를 측정하는 방법 등이 실려 있다. 이 적도의는 조선 후기의 서양식 천문 관측기기로 행성과 별의 위치를 적도좌표계로 측정한다. 원리는 천체망원경을 적경과 적위의 두 방향으로 움직일 수 있는 축의 주위를 회전할 수 있도록 설치하는 것이다.

그렇다면 이 어려운 책 『성경』을 남병길은 왜 썼을까? 그가 쓴 서문을 보자. 앞부분은 동아시아 전통 천문학이 발달해온 궤적을 짧게 정리하고 있다. 종래로부터 중요한 항성과 그 의미, 실제 천문 관측역사 등이다. 이어서 유럽식 천문학 도입에 대해서도 언급한다. 하지만 주요한 맥락은 앞선 시대의 관측이 지닌 오류를 계속 찾아내고 극복해야만 천문학이 발달한다는 것이다. 서문의 마지막 부분에서 다음과 같이 주장한다.

"천체의 운행은 일정하지 않아서 오래 쌓이면 오차가 생기기 때문에, 반드시 최근에 관측한 것을 가지고서 판단하여야 한다. 이제 갑진년(1844년), 즉 청나라 도광제(道光帝, 재위 1820~1850년) 24년-조선 헌종(憲宗, 재위 1834~1849년) 10년에 측정한 것을 가져다 놓고, 거기에서 별을 늘린 것은 제외하고 정좌(正座)의 항성만을 더하여 계산하였다. 그리고 신유년(1861년) 함풍제(咸豐帝, 재위, 1850~1861년) 11년-조선 철종(哲宗, 재위 1849~1863년) 12년의 적도경위도(赤道經緯度)를 얻어냈다. 경도는 간편하게 성좌(星座)의 유편(類編)을 이용하였고 위도는 거극도수(距極度數)로 변환하여 각각 성도(星圖)와 『신법보천가(新法步天歌)』의 뒤에 덧붙여 편리하게 살펴볼 수 있게 하였다. 인쇄하여 관상감에 소장해둔다. 이제부터 앞으로는 살피고 측정할 때에

미혹되지 않을 수 있기를 바란다."

『성경』 발간 시점과 거론한 천문 관측 시점을 보면, 최근 실제로 관측
한 자료를 가지고 연구했다는 것을 강조하는 것이 분명하다. 그것은 과거
의 자료로 연구하면 결과는 오류가 된다는 의미일 것이다. 자연과학자라
면 마땅히 지녀야 할 태도라고 생각한다. '실천은 진리를 검증하는 유일
한 기준'이라는 말은 언제나 옳다.

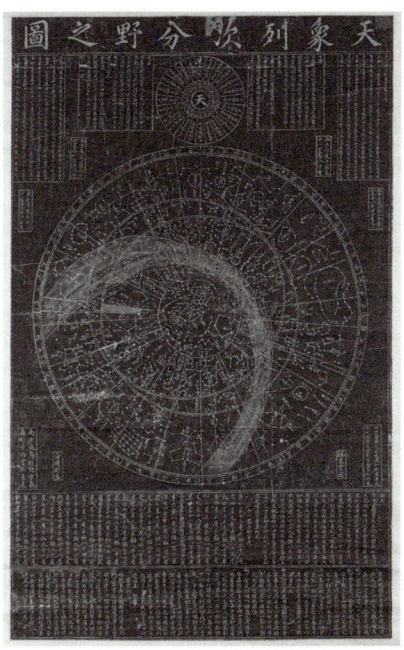

천상열차분야지도(天象列次分野之圖)는 조선 초기부터
석각본, 목판본, 필사본 등으로 제작·보급된 한국의 전천
천문도(全天天文圖)이다. (출처 : 위키피디아)

『신법보천가(新法步天歌)』

앞서 소개한 『성경』의 저자가 반드시 자신의 저서와 함께 읽으라고 한 책이 『신법보천가』이다. 그런데 『성경』은 1861년 나왔고, 『신법보천가』는 그 이듬해 1862년 출간된다. 어떻게 된 일일까? 그것은 두 명의 저자 한 직장의 동료이고 아주 친밀한 사이였기 때문에, 내년에 출간될 책의 내용을 미리 잘 알아 『성경』의 저자 남병길이 서문에 그런 글을 남긴 것은 아닐까 생각한다.

『신법보천가』는 관상감(觀象監) 관원이었던 이준양(李俊養, 1817~1886년?)이 쓴 책이다. 이준양은 역관 가문 출신으로 1840년 잡과를 통해 관상감의 관원이 되었다. 이준양은 당시 남병길 1853년 편찬한 『중성신표(中星新表)』의 교정을 보았고, 1855년 남병길이 쓴 산학(算學, 수학)책 『무이해(無異解)』의 발문(跋文)도 썼다. 『중성신표』는 해가 뜨고 질 때 나타나는 성좌를 수록한 천문서다. 여기서 중성은 해가 뜨고 질 때 정남(正南)에서 보이는 별이다. 『무이해』는 유럽에서 전래가 된 대수방정식의 차근법(借根法)과 전래의 계산법인 천원술(天元術)의 관계를 규명하는 연구 논문서이다. 『신법보천가』 편찬에는 당시 관상감 관원이며, 역법 전문가였던 최덕연(崔悳淵, 1837~?)과 이진모(李晉謨, 1818~?)도 참여했다. 아마도 『신법보천가』 편찬은 당시 관상감의 중요 사업이었던 같다. 이제 내용을 보자.

그런데 『신법보천가』 이전의 〈보천가(步天歌)〉부터 알 필요가 있다. 보천가는 하늘의 별자리인 천체를 관측하고 계산(推步)하는 노래라는 의미다.

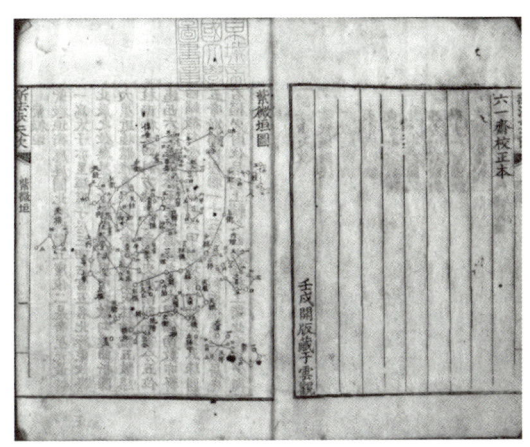

「신법보천가」 (출처 : 한국민족문화대백과사전)

더 정확히는 앞서 소개한 삼원과 이십팔수의 위치와 모양을 외우기 쉽게 짧은 노래 형식(7언시)으로 만든 것이다. 전체 분량은 7권이나 된다. 저자는 수(隋)나라의 단원자(丹元子) 또는 당(唐)나라의 왕희명(王希明)이라고 하는데, 언제 만들었는지 정확히 알 수는 없다. 다만 남송(南宋)의 정초(鄭樵, 1104~1160년)가 쓴 역사서 『통지(通志)』「천문략(天文略)」에 최초로 수록되어 있다는 점은 분명하다. 그런데 보천가는 별점을 치는 점성가들도 이용하는 책이기도 하다. 이후 여러 왕조에서 새로운 과학적 성과들을 내용에 보강하며 발전했다.

한국사에서 보천가가 처음 전래된 때는 고려 시대로 추정한다. 이후 조선에서는 관상감의 잡과 취재(取才)에 필수 시험 과목이 되었다. 그 때문에 천문학을 공부하는 사람이라면 반드시 외워야 했다. 그리고 세종 때 이순지가 보천가를 연구하여 『천문유초(天文類抄)』를 썼다. 하지만 이 책의 내용은 점성술적인 의미로 천문을 해석한 것이라고 평가받고 있다. 이후 정조 때인 1792년 관상감의 김영(金泳, 1749~1817년)이 새롭게 연구한 보천가를 내놓았다. 여기에는 벨기에 출신 예수회 선교사 페르비스트(Ferdinand Verbiest, 중국명 南懷仁 1623~1688년)가 새로 측정한 별들의 좌푯값을 반영한 『신제영대의상지(新制靈臺儀象志)』의 성표(星表, 항성목록)를 사용하였다. 그리고 이어서 이준양의 『신법보천가』가 나온 것이다.

내용은 앞서 소개한 대로 삼원과 이십팔수를 소개하는 노래다. 전체 목록은 다음과 같다.

「자미원의 성도와 가결(紫微垣圖訣)」, 「태미원의 성도와 가결(太微垣圖訣)」, 「천시원의 성도와 가결(天市垣圖訣)」, 「동방칠수의 성도와 가결(東方七宿圖訣)」, 「북방칠수의 성도와 가결(北方七宿圖訣)」, 「서방칠수의 성도와 가결(西方七宿圖訣)」, 「남방칠수의 성도와 가결(南方七宿圖訣)」, 「천한계도고(天漢界度考)」

그리고 각 편의 앞에는 해당 성수(별자리)를 그린 목판화를 배치하고 있다. 이 중 맨 앞 「자미원의 성도와 가결」의 일부 내용을 소개하며 이 장을 마친다.

"자미원은 대궐(庭闈)을 에워싸고 있는데, 북극오성(北極五星)이 구슬을 꿴 것처럼 기대었다.

두 번째 별은 제(帝)인데 가장 환하게 빛나고, 첫 번째 별은 태자(太子)로 역시 빛이 나노라.

　서자(庶子)는 세 번째 있고 네 번째는 후궁(后宮)이며, 다섯 번째는 북극(北極)으로 떠받들려 있는 모습이다.

　북신(北辰, 북극성)의 자리에는 별자리가 없고, 가까이 구진(句陳)이 두 경계에 붙어 있도다.

　여섯 개의 구진은 구불구불 펼쳐져 있는데, 큰 별은 북극에 가까우나 형체는 변함이 없다."

> "형벌이 적중하지 못하여 원통하고 억울한 것을 호소할 데가 없어서
> 화기(和氣)를 손상하기에 이르니, 진실로 염려하지 않을 수 없다."
>
> **율학**(律學)

『대명률직해(大明律直解)』

조선은 명나라의 형법, 대명률(大明律)을 수입해 형사사건을 처리(처벌)했다. 이 점은 『경국대전(經國大典)』에 정식으로 규정된 사항이다. 너무 이상하게 생각할 것은 없다. 중국은 아주 오래전부터 법률이 발달했다. 그래서 한국과 일본, 베트남의 역사를 본 독자라면, 늘 (중국식의) 율령격식(律令格式)을 반포하여 율령국가(律令國家)를 완성했다는 문장을 본 적이 있을 것이다. 일반적으로 율은 형법, 령은 행정법, 격은 개정법, 식은 시행세칙을 말한다. 조선 이전에도 율은 당률(唐律)과 송나라의 송형통(宋刑統) 등을 수입해 국내에 적용했다. 유럽도 근대 이전에는 로마법을 배워 자국 내에서 적용했다. 근대 이후에도 독일의 법이 일본으로, 일본의 법은 한국으로 들어왔다. 이런 경우를 지금은 법의 계수(繼受), 또는 계수법(다

른 민족·국가의 법률 제도를 채용하는 것)이라
고 한다.

　『대명률직해』는 대명률을 '이두(吏
讀)'로 30권 4책으로 번역한 책이다. 한
글로 번역하는 "언해(諺解)"와는 다르
다. 그런데 『대명률직해』는 1395년 발간
되었는데, 국내에서 발견된 대명률은
1397년의 것이라서 조금 이상하다. 아
마 명 태조(明太祖, 재위 1368~1398년) 홍무
제(洪武帝)의 재위 기간에 대명률을 여
러 번 수정, 증보하면서 여러 개가 있었

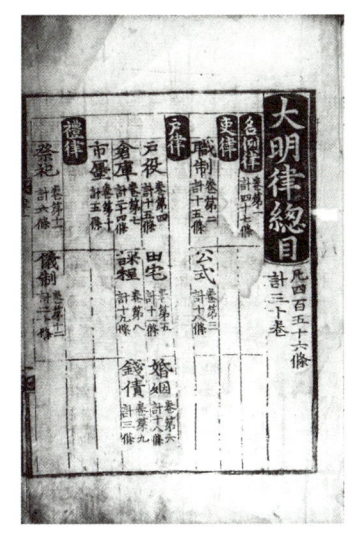

『대명률직해』 (출처 : 한국민족문화대백과사전)

을 것이고, 그것을 기본으로 해서 『대명률직해』을 간행했을 것이다.

　조선 태조(太祖, 재위 1392~1398년)의 즉위 교서를 보면, 고려 말 여러 담당
기관이 제각각 형법을 적용해서 혼란이 있었다는 지적하며 모든 범죄에
대명률을 적용해 바로잡으라는 내용이 나온다. 이런 상황을 볼 때 건국
초부터 대명률에 대한 정확한 이해와 법 적용이 필요했을 것이다. 그래
서 나온 책이 『대명률직해』일 것이다. 발간 총책임자는 우재(吁齋) 조준(趙
浚, 1346~1405년)이었고, 실무 담당자는 고사경(高士褧, ?~?)과 김지(金祗 ?~?)이
다. 감수자는 정도전과 당성(唐誠, 1337~1413년)이다. 조준과 정도전은 유명
한 개국공신이고, 당성은 중국에서 귀화한 사람으로 밀양당씨(密陽唐氏)
의 시조다.

몇 가지 특징을 보자. 먼저 신분별로 형량을 다르게 하여 법을 차별적으로 적용한다는 점이 오늘날과 다르다. 같은 살인도 양인과 노비의 형량이 다르다. 남녀, 적자와 서자, 처와 첩도 다르다. 또한 가족과 친족에게 죄를 묻는 연좌제(連坐制)도 적용된다. 오늘날은 이런 차별과 연좌는 없고 금기시한다. 그리고 법률에 정한 처벌만 하는 죄형법정주의 같은 개념은 없다. 또한 판결 전에 무죄추정 원칙이 아닌 체포 단계에서부터 '유죄'를 추정한다. 자세히 보면 오늘날과 비슷한 것도 있지만, 많은 부분에서 전혀 다른 관점에서 법을 이해하고 제정했다는 점을 쉽게 알 수 있다.

다음은 명나라와 다른 점이다. 조선은 금속화폐 부족 때문에 형을 대신하는 속죄금(贖罪金)은 오승포(五升布, 다섯 배의 베나 무명)로 내게 했다. 유배지의 거리 산정도 국토가 작은 이유에서 명과는 다르다.

이제 내용을 구체적으로 보면, 먼저 「전체 목차(大明律總目)」는 총 460개 조다. 내용은 처벌하는 다섯 가지 형벌인 오형(五刑)을 정리한 것이다. 오형은 태형(笞刑, 작은 몽둥이로 때리는 것), 장형(杖刑, 큰 몽둥이로 때리는 것), 도형(徒刑, 6개월~3년 노역형), 유형(流刑, 유배), 사형(死刑, 목을 매는 교형과 목을 베는 참형)이다. 관련 형구(刑具, 형벌과 고문 도구)와 사용 방식(형량 부과)을 규정과 도표가 있다. 관련 규정으로 여러 종류의 상복(喪服)도 규정했는데, 그것에 따른 형량이 달랐기 때문이다.

그런데 여기서 한 가지 지적할 것이 있다. 어떤 사극에서는 '죄를 토설(吐說)할 때까지 매우 쳐라!', '네 죄를 네가 알 것이다. 바른말이 나올 때까지 고신(拷訊, 고문)을 가하라!'라는 대사가 남발한다. 이른바 "원님 재판"

이다. 그러나 사실 조선에서 그런 경우는 거의 없었다고 보인다. 모든 형구 사용은 규정과 절차에 따라야 하고, 살인 사건에서는 검험(檢驗, 오늘날의 검시)도 했다. 검험을 위해 무덤을 파헤치고 시신까지 확보하기도 했다. 또 증거와 증언도 확보했다. 마지막으로 사형에 해당하는 중죄라면 3심제를 채택해서, 마지막에는 왕이 최종 허가해야 집행한다. 오히려 형벌과 고문을 남발하고, 사건을 왜곡해 잘못 판결했는지 담당 관리는 늘 의심받았다.

다음은 47개 조의 「명례율(名例律)」이다. 명이란 오형의 죄명이고, 예란 오형의 체계란 의미다. 하지만 일관된 체제는 아니라는 평가도 있다. 먼저 오형과 십악(十惡)이 있다. 오형은 앞서 설명했고, 십악은 반국가, 반윤리 범죄다. 모반(謀反, 사직을 위태롭게 하는 것), 모대역(謀大逆, 종묘와 궁궐 등 훼손), 모반(謀叛, 외국 편에서 나라를 배반), 악역(惡逆, 존속살해), 부도(不道, 3인 이상 살해와 시신 훼손, 저주 등) 등등이 해당한다. 드라마와 영화에서 늘 보게 되는 잔인하게 고문하고, 거열형(車裂刑)처럼 끔찍한 방식으로 사형을 집행하는 사건은 바로 이런 종류일 것이다. 하지만 드라마와 영화와 달리 십악은 조선에서도 아주 특수한 범죄이며 대부분 발생하는 범죄와는 다르다.

이어서 형벌의 중복과 감경(경합범, 범죄 후 도주와 자수, 공무상 실수 등), 왕족과 공신 등 8가지 유형에 대해 조정 대신이 의논하고 왕이 감형하는 「팔의(八議)」 제도, 공장(工匠)·악공(樂工)·여성·노약자·장애인 등의 범죄, 범죄재산 처리, 유배지 관리 규정과 가족 동반 문제, 형 집행 중 새로 발생한 범죄, 판결에서 형벌 감면 조건, 법 조문에 없는 윤리 범죄 처리, 외국인 범죄, 법 적용 시점, 법률 조문 용어 설명 등등 수많은 법 규정이 있다.

그리고 당시 행정부서인 6조(曹)의 관부인 이(吏), 호(戶), 예(禮), 병(兵), 형(刑), 공(工)으로 나누어 직무에 따른 형사 책임을 법률(律)로 정리해 놓았다. 대부분의 조항은 공무원 징계가 아닌 형벌 처벌의 대상으로 보는 관점이 오늘날과 다르다.

한편, 붕당(朋黨) 결성은 극형에 처한다는 규정과 이자 제한(違禁取利) 규정, 외지부(外知部) 처벌 규정 등은 흥미롭다. 조선의 법 관점은 당시 실제로 존재했던 붕당은 국정 문란으로 보았다. 외지부도 마찬가지다. 노비 소송을 담당하는 도관지부(都官知部)의 밖에서 소송을 지휘한다고 생긴 이름이 유래이다. 오늘날에는 "조선 시대의 변호사"라고 긍정적으로 평가하지만, 당시에는 이 외지부 때문에 쓸데없는 소송이 남발한다고 본 것이다. 그런데 앞의 붕당 금지나 외지부 금지 조항은 지켜질 수 없는 것이었다. 사회가 발달하고, 복잡해질수록 정치도, 법적 소송도 치열해지기 마련이다. 또한 살인적인 고리의 이자에 시달리는 사람들과 이들이 사회적으로 배제되는 것을 안타깝게 여기는 사람이라면, 누구라도 이자 제한은 꼭 필요하고 합리적인 법이다. 당시 이 규정을 보면 이율은 월 3퍼센트 초과를 금지하고, 기한이 오래되어도 원금을 초과해도 안 된다. 만약 이자를 더 받으면 처벌하고, 더 받은 이자는 주인에게 돌려줄 것을 규정하고 있다.

이 『대명률직해』는 법률담당 최고 관청인 형조(刑曹)뿐 아니라 중앙과 전국의 관청에서 상비하고, 늘 업무에 참고했을 것이다. 또한 율과(律科)

취재시험의 핵심 교재이다. 『대명률』과 『당률』, 『무원록(無冤錄)』 같은 법의학서 그리고 『경국대전』 등은 필수 과목이었다.

끝으로 조선의 재판 실제 사례를 알 수 있는 판례집을 소개한다. 그것은 1781년 정조 때 왕명으로 박일원(朴一源, 1715~?)이 조선 중기 이후 형법과 판례를 정리한 『추관지(秋官志)』이다. 형법의 역사와 재판심리 연구에서 중요한 책이라고 평가받는다. 참고로 추관은 형조(刑曹)를 말하며, 사형집행도 가을에 하는 것이 원칙이다. 또한 영조(英祖, 재위 1724~177년) 말부터 정조 연간의 각종 범죄에 대한 심리와 처리에 관한 『심리록(審理錄)』도 1799년 발간되었다. 호조(戶曹)의 관장 업무들을 모아 정리한 『탁지지(度支志)』도 정조 때 박일원이 편찬한 책이다.

『흠흠신서(欽欽新書)』

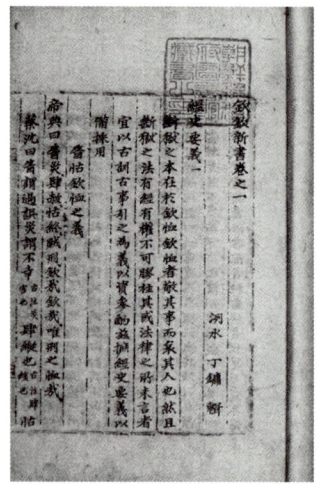

『흠흠신서』 (출처 : 한국민족문화대백과사전)

『흠흠신서』는 널리 알려진 대로, 조선 후기의 학자 다산(茶山) 정약용(丁若鏞, 1762~1836년) 대표 저작 중 하나다. 조사, 심리, 처형 과정의 형사사건 처리에 관한 관리용 지침서다. 오늘날로 말하면 형사사건 판례집 같은 것이다. 이 책은 순조(純祖, 재위 1800~1834년) 때인 1819년에 완성, 1822년에 편찬되었다. 그가 죽기 전이다. 그런데 이보다 앞서 정조가 명령으로 편찬한 형사사건 처리에 관한 지침서 『심리록』보다 이 『흠흠신서』가 내용이 더 풍부하다는 평가를 받고 있다. 책을 보면, 형사사건을 중심으로 조선의 법체계, 집행 과정, 사회 정의 등을 통해 조선 사회를 어느 정도 이해할 수가 있다. 조선 시대(후기)는 아주 지금과 가까운 시간이기 때문에 모두가 잘 안다고 생각하지만, 지금과는 전혀 다른 단어를 쓰고, 다른 가치관, 전혀 다른 사회 정의가 지배하던 세상이었다.

전체 구성은 저자의 「서문」과 「경사요의(經史要義)」 3권, 「비상전초(批詳㷡抄)」 5권, 「의율차례(擬律差例)」 4권, 「상형추의(詳刑追議)」 15권, 「전발무사(剪跋蕪詞)」 3권으로 되어있다. 「서문」에서는 사람의 생명은 하늘이 주관하는 것이니 형사사건을 처리하는 관리는 늘 삼가고 또 삼가라고 주장한다. 이것이 제목 "흠흠(欽欽)"의 의미다.

다음은 「경사요의」다. 대강의 내용은 『대명률』과 『경국대전』 형벌 조항의 이념적 근거라고 할 수 있는 유교 경전의 해당 부분을 먼저 소개하고 있다. 가령 첫대목인 "생호흠휼지의(眚怙欽恤之義)" 항목을 보면 『서경(書經)』 「제전(帝典, 요 임금의 정치)」에서 '과실과 불운으로 생긴 범죄는 풀어주거나 사면할 수 있고, 확신범과 재범은 극형으로 처벌하되 공경스럽고 조심스럽게 긍휼(矜恤, 불쌍하고 가엾게 여겨서 도와줌)로 형벌을 내려라'라는 구절을 인용하고 있다. 그 외에 주자(朱子)와 그의 제자 채침(蔡沈)의 주장 그리고 저자 정약용의 의견이 실려 있다. 이처럼 유교 국가 조선에서 형사 범죄 처벌 시 중요한 원칙들을 제시하는 것이다. 총 30가지 원칙을 제시하고 있다. 이어서 중국과 조선의 역사에서 참고할 선례, 중국 79건, 조선 36건 총 115건의 판례를 제시하고 있다.

이제 몇 가지 판례를 보자. 먼저 숙종(肅宗) 때인 1681년 살인 사건 판례가 눈에 띈다. 9세 된 아이 준걸(俊傑)이 옆집 11세 아이 호량(虎良)과 싸웠는데, 호량이 얻어맞아 3일 만에 죽었다. 이에 형조(刑曹)에서는 형장(刑杖, 몽둥이로 때려서 심문)을 가하며 심문조사를 요청하자 숙종이 반대하고 나섰다. 이유는 살인죄이지만 무지몽매한 어린애라는 것이다. 이에 좌의정(左議政) 노봉(老峯) 민정중(閔鼎重, 1628~1692년) 등이 왕의 의견에 동의하고 사형 판결을 감등(減等)해 유배형으로 판결한다. 그리고 법전인 『대전통편(大全通編)』의 조문 '소아로서 나이 10세 미만은 죄를 용서하고 10세 이상은 형벌 등급을 줄인다'를 제시한다. 오늘날 청소년 범죄 처벌처럼 성인 범죄의 경우보다는 감형을 해주는 법리가 있었다.

　그리고 복수에 의한 살인을 다룬 판례를 많이 볼 수 있다. 아들이 아버지 원수를 죽인 복수, 아내가 남편의 원수를 죽인 복수 등의 사례가 참 많다. 그런데 "구수천살지의(仇讎擅殺之義)" 항목에 따르면, "무릇 원수를 갚으려는 자는 조사(朝士)에게 보고하고 죽이면 죄가 없다"고 되어있다. 근거는 고대 주(周)나라의 의례와 제도를 정리한 책『주례(周禮)』의 「추관사구(秋官司寇)」 상(上)에 있다. 이『주례』는 주나라의 의례와 제도를 정리한 책이다. 이후 동아시아의 역대 왕조에 큰 영향을 미쳤다. 추관은 주나라의 법을 담당하는 정부 부처이며, 사구는 추관의 장관이다. 조사는 이 추관의 관리이다. 조선의 형조(刑曹), 판서(判書)와 같다. 그렇다면 법을 담당하는 관리에게 미리 복수할 것이라고 알린 뒤 살인하면 무방하다는 의미로 보인다. 그러나 그것이 현실에서 가능했을지 모르겠다. 대개는 먼저 복수를 하고 이후 정상 참작 같은 것을 바라면서 관에 보고했을 것이다. 그렇기 때문인지『대명률』과『속대전(續大典, 경국대전을 1746년 보완한 법전)』에서는 모두 관에 보고하지 않고 복수를 한 경우 모두 형장 60대에 처하고 유배형을 판결하도록 규정하고 있다. 그러나 저자가 제시한 실제 판례를 보면 이 처벌 조항은 대체로 지켜지지 않았다. 오히려 누군가 효와 의리 같은 이유로 사적 복수로 살인을 저지르면, 오히려 조선의 왕과 중국의 황제는 나서서 '장하다'고 칭찬하며 사면하는 판례가 많이 있다. 효와 의리를 중시하는 유교 국가의 사회 현실을 짐작하게 된다.

「비상전초」에서는 형사사건을 처리하는 문서의 모범사례를 제시하고 있다. 비(批)는 상급 관청의 비판(批判)을, 상(詳)은 하급 관청의 신상(申詳)을 의미한다. 이 단어들은 오늘의 의미보다는 일종의 사건 심리 보고와 반박, 자문 같은 내용이다. 사건 처리 문서는 문사들이 쓰는 아름다운 문체(文體)로 짓는 것이 아니라 사건을 객관적으로 잘 이해할 수 있게 요식에 맞춰 쓰는 것이 중요한 것이다. 읽다 보면 그 당시 법률용어, 행정용어가 많아 쉽게 이해하기는 좀 어렵다. 옥안(獄案, 수사보고서와 비슷), 제사(題辭, 관청의 판결문 또는 지시문), 검안발사(檢案跋辭, 검시 후 최종 보고서) 같은 것이다. 또한 흥미로운 것은 시신에 대한 검시보고서 작성에 대한 규정, 기한, 절차 같은 것이다. 당시는 이를 "검험(檢驗)"이라고 했다. 오작인(仵作人)이라는 전문적인 검시관이 당시 법의학 서적『무원록』등을 참고해서 검시했다.

「의율차례」는 법률 적용(擬律)의 잘못된 사례(差例)를 제시한 내용이다. 예를 들어 사형에 처한다고 해서 모두 같은 방법은 아니다. 각 경우에 맞는 5가지 방식의 사형이 있었다. 그런데 이를 잘못 적용하여 문제가 생기기도 한다. 몸을 갈가리 찢어 죽이는 능지(凌遲), 가을까지 기다리지 않고 즉시 죽이는 참결(斬決), 가을까지 기다려 죽이는 참후(斬候)가 있다. 참결과 참후는 목을 매달아 죽이는 것이다. 참결은 가을까지 집행을 미루는 여부에 따라서 교결(絞決)과 교후(絞候)로 나누어 집행한다. 교후에는 '효시(梟示, 목을 벤 후 걸어 놓는 것)가 있는데 둘째 참결보다 무겁다'라는 주석(원주原註)이 달려있다. 사형을 면제받은 경우에도 5가지 등급의 처벌이 있다. 먼 변방에 군인으로 가는 충군(充軍), 곤장을 때리고 3천리 유배형을 보내는 장류(杖流), 곤장을 때리고 1~3년의 노역형을 장도(杖徒), 곤장을 60~100대를 때리는 장책(杖責), 은을 강제로 징수한다는 징은(徵銀)이다. 다만 징은에는 '매장은(埋葬銀, 피해자의 장례비용)이라고 하며, 종으로 삼음은 충군보다 무서운 것이다'라는 주석이 달려있다.

「상형추의」는 정조가 형사사건에 대해 내린 판결을 모아 편찬한 『상형고(祥刑考)』에서 142건을 골라 살인의 원인, 동기 등에 따라 22종으로 분류한 것이다. 때로 자신의 의견도 제시하고 있다. 그리고 주범과 종범, 자살과 타살, 상해치사와 병사, 고의와 실수, 허위 고발 등을 구별하는 것을 강조하고, 복수 등 용서해야 할 범죄 등도 다루고 있다. 정조의 판결이 많은 것은 사형에 대한 최종 심판은 왕이 했기 때문이다. 살인에 관한 범죄의 최종 판결에서 오늘날의 대법원 판사 역할을 왕인 한 셈이다.

여기서 흥미로운 사건 판결 2가지를 소개한다. 첫 번째 사건은 부평에 사는 백성 신복금(申福金)이 김창준(金昌俊)을 죽인 사건이다. 조사 심문 기록은 빠져 있고, 정조가 내린 판결문이 있다. 판결 내용은 대강 이렇다. 무더운 여름 술집에서 김창준은 빈속에 술도 먹고, 더위도 먹은 상태에서 신복금의 아버지에게 야료(惹鬧, 까닭 없이 트집을 잡고 함부로 떠들어 댐)를 부렸다. 멱살을 잡는 싸움으로 전개되며 신복금의 아버지가 다치자, 아들 신복금이 위험하다고 생각해 뛰어든 것이다. 여기까지는 풍속과 윤리에 부합하는 옳은 행위다. 그런데 신복금이 머리와 손으로 재빨리 김창준을 때려죽였다. 시체검험서를 보면, 명치 한 곳이 약간 딱딱하였고, 그 외의 상처는 없다. 당시 『속대전』의 규정은 '그 아버지가 남에게 맞아 무거운 상처를 입었을 때, 그 아들이 그 사람을 때려 죽게 하면 사형에서 줄여 유배시킨다'라고 되어있다. 담당 관리는 이 규정을 준수하자고 주장했지만 정조의 최종 판결은 '장형을 집행하고 석방하라'는 것이었다. 유배형보다 더 낮은 판결을 한 정조의 판단은 이렇다. "아버지의 위험을 구하려다가 사람을 때려 죽게 했다." 이에 정약용은 이견을 제시한다. 자식으로서 아버지를 보위한 사실만 가지고 용서할 수 없다. 김창준이 처음부터 상태가 좋지 않은 상태였더라도 결국 신복금이 상해를 입혀 죽음에 이르게 된 것이다. 따라서 장형보다는 더 높은 형을 내려야 한다는 것이었다.

또 다른 사건은 좀 더 어렵다. 장흥 백성 신여척(申汝倜)이 김순창(金順昌)을 죽인 사건이다. 마찬가지로 조사 심문 기록은 빠졌다. 대신에 청장관(靑莊館) '이덕무(李德懋, 1741~1793년)가 지은 소전(小傳)에 쓰여있다'라는 기록이 있다. 사건 개요는 이렇다. 김순창이 자신의 보리 두 되가 비자, 병든 아우 김순남(金順男)을 의심해 절굿공이로 머리를 때려 죽였다. 이웃 사람들이 이에 분노했고, 이 소식을 들은 신여척이 '김순창은 사람이 아니다'며 찾아가 김순창의 상투를 잡고 꾸짖었다. '뒷박 보리 때문에 형제가 싸워서는 안 된다. 병든 아우를 절굿공이로 때렸으니 너는 짐승이다. 나는 짐승과 이웃할 수 없으니 네 집을 헐고 한 동네 살 수 없다'며 싸웠다. 이에 김순창이 '내가 내 아우를 때리는데, 네가 어찌 간여하느냐'며 발로 걷어찼다. 그러자 신여척이 '(내가)의리로 권하는 데 나를 차냐'며 같이 걷어찼다. 이렇게 싸우다가 김순창이 엎어져 뒹굴다가 다음 날 죽었다. 처음에는 관아에 숨기다가 한 달 뒤에 사건이 드러나 신여척이 감옥에 갇혔다. 정조가 판결을 내렸다. 신여척이 형제의 의리를 들어서 꾸짖다가 싸움이 되었고, 김순창은 그렇게 죽은 것이다. 신여척을 석방하라고 판결한다. 저자 정약용은 『주례』「지관사도(地官司徒)」의 조인(調人) 내용을 들어서 정조의 결정을 지지한다. 신여척은 '무릇 살인은 했으나 의로운 자'라는 것이다. 당황스럽지만 한마디로 사회 정의를 위한 살인은 정당하다는 의미로 보인다. 지관은 주나라의 경제와 교육 담당 부처이고, 사도는 그 장관이다. 조선 시대 호조판서(戶曹判書)와 예조판서(禮曹判書)에 해당한다. 이 판결문 앞부분에 당대의 문장가 이덕무가 신여척의 전기를 썼다는 한 줄이 있다. 아마도 신여척은 이미 조선 사회의 영웅이었던 것으로 보인다.

끝으로 「전발무사」는 저자의 곡산부사(谷山府使) 시절과 형조참의(刑曹參議) 시절 자신이 심리하고 판결한 사건 등으로 되어있다.

> "산학은 비록 술수(術數)라 하겠지만 국가의 긴요한 사무이므로,
>
> 역대로 내려오면서 모두 폐하지 않았다."
>
> **산학**(算學)

『구일집(九一集)』

때는 1713년(숙종 39년) 윤 5월 29일이다. 조선의 서대문 밖 모화관(慕華館)에서 30세의 홍정하(洪正夏, 1684~?)는 동료 수학자 유수석(劉壽錫, ?~?)과 함께 조선 수학자를 대표해 청나라의 수학자와 이른바 "수학 배틀"을 하고 있었다. 청나라 대표 수학자는 하국주(何國柱)였다. 참관자는 청사신의 수석대표 아제도(阿齊圖)였다. 하국주의 직책은 천문을 관측하고, 역서(曆書, 책력, 달력)를 담당하는 사역(司曆)이었다.

하국주가 먼저 물었다. "사람 360명이 한 사람마다 은 1냥 8전씩 내면 모두 얼마인가?" 조선 수학자가 답을 말했다. "684냥." 처음에는 단순한 곱셈 계산으로 시작했다. 차츰 문제의 난이도가 높아지고, 방정식 문제로 바뀐다. 하지만 그때마다 조선의 대표는 정답만을 말한다. 지켜보던 아제

도가 무료했던지 나서서 한마디 한다. "이 하국주의 수학은 천하에서 네 번째이니, 너희들이 맞설 수 없다. 그런데 하석주는 여러 번 문제를 내는데, 자네는 왜 한 번도 문제를 내지 않는가? 그 실력을 시험해보라." 이에 홍정하가 문제를 낸다.

"지금 여기 새알과 같은 구형의 옥 한 덩이가 있다. 그 안에 정육면체의 옥이 내접하고 있다. 이 정육면체를 빼낸 껍질의 무게가 265근 15냥 5전이다. 다만 껍질의 두께는 4치 5푼이다. 그러면 정육면체 옥의 한 모서리와 옥돌의 지름은 각각 얼마인가?"

그러자 하국주는 "이 문제는 매우 어려워 지금 바로 풀 수 없다. 내일 내가 풀어서 말하겠다"라고 답했다. 그러나 그 후 아무런 풀이와 해답을 보여주지 않았다. 이에 홍정하는 그의 책 『구일집』 마지막 부분 「잡록(雜錄)」에서 풀이와 답을 밝혔다. 답은 '옥 한 모서리 5치, 옥돌 지름 14치'라고 밝힌다. 이어서 상세한 풀이도 달았다.

이해를 돕기위해 수학, 수학자라고 했지만, 당시는 산학, 산학자라고 불렀다. 또한 이 날의 산학문제 풀이는 치열한 국가 간 경쟁이 아니라, 오히려 전체적인 분위기는 우호적으로 진행된 조선과 청의 학술 교류로 보인다.

이 이후에도 하국주와 대담, 문제 풀이는 계속 진행된다. 하국주는 홍정하가 산(算)가지(수를 셈하기 위하여 대나무나 수숫대, 싸리나무 등으로 만들어 사용했던 막대기) 여러 개를 가지고 어려운 문제를 푸는 것을 보고 그 산가지를 자신에게도 줄 것을 청한다. 산가지는 산대, 산목 등으로도 불렸다. 당시 청나라는 더 이상 산가지를 쓰지 않고, 좀 더 편리한 주판(籌板)을 보편적으로 사용하고 있었다. 원나라 때부터 주판을 사용하면서 산가지 사용법이 잊혀진 것이다. 그뿐 아니라 방정식 풀이 방법인 천원술(天元術) 등도 이미 잊혀졌다고 한다. 여기서 천원이란 오늘날 일원방정식(一元方程式)에서 근을 구하는 방식에서 사용하는 미지수 X와 같다. 천지가 형성되기 이전의 혼돈상태에 있는 만물의 근원이란 의미다. 이 천원술은 송나라의 『산학계몽(算學啓蒙)』이 수입되면서 같이 조선 이전에 도입되었고, 당시 조선의 산학계에서는 이 천원술 등은 널리 사용하였다. 천원과 함께 지원(地元), 인원(人元)을 사용하는 3원술도 있었다. 그래서 하국주가 조선의 산학과 산가지 셈법을 배우고 싶었던 것이다.

한국 역사에서 산학이란 학문이 처음 등장한 것은 신라(新羅) 신문왕(神文王, 재위 681~692년)이 국학(國學)에서 산학 교육을 시작할 때부터다. 이후 모든 왕조 국가들은 산학을 교육했고 산학자를 양성했다. 기초학문으로써 산학은 국정의 많은 분야에서 활용되었다. 농경지를 측정하는 양전(量田) 사업부터 세금 계산, 지도작성과 도로, 건물 건설에서 측량, 천문을 관측하여 정확한 시간과 계절을 정리한 역서(曆書), 전쟁터의 화포(火砲) 발사 전 거리와 위치 측정 등등 일일이 다 열거하기 힘들 정도로 많은 국정에서 산학은 쓰였다. 이를 위해 호조 산하에 산학청(算學廳)을 두어 산학교수(算學敎授) 등 전문가들을 임용하였다. 이들은 모두 잡과취재(雜科取才)로 선발된 전문가들이다.

그뿐이 아니라 왕은 물론 고위 문신 관료들도 산학을 배웠다. 대표적인 왕이 세종이고, 고위 문신 중에는 숙종 때 영의정을 지낸 최석정(崔錫鼎, 1645~1715년), 경종(景宗, 재위 1720~1724년) 때 영의정을 지낸 조태구(趙泰耉, 1160~1723년) 등이 유명하다. 최석정은 호란 때 주화파로 유명한 지천(遲川) 최명길(崔鳴吉, 1586~1647년)의 손자이다. 그리고 숙종 때 장희빈(張禧嬪, 1659~1701년) 등을 다룬 모든 인기 드라마에 반드시 등장하는 인물이 있다. 바로 만회(晩悔) 조사석(趙師錫, 1632~1693년)인데, 그의 아들이 조태구다. 이런 명문가의 자제, 정치권력의 최정점에 섰던 인물들조차 어려운 산학문제 풀이를 즐겼다.

『세종실록(世宗實錄)』을 보면, 산학을 예습하게 할 방책을 세우려 '집현전(集賢殿)으로 하여금 역대 산학의 법을 상고하게 하라'고 지시한 세종 25년 11월 17일 무진 3번째 이 기사를 비롯해 산학(자) 관련 지시 사항이 참 많다. 또한 세종 자신이 정인지(鄭麟趾)로부터 『산학계몽』을 배웠다고 한다. 그만큼 산학에 관심이 컸고 많이 알았던 것으로 보인다. 최석정은 『구수략(九數略)』이란 산학 책을, 조태구도 산학 책 『주서관견(籌書管見)』를 저술했다. 이 중 『구수략』에는 "9차 직교 라틴 방진"이 있는데, 이것이 세계 최초라고 한다. 여기서 9차 방진이란 가로, 세로, 대각선 방향의 수를 더하면 모두 같은 값이 나오도록 수를 정리하는 것인데, 그것이 9차라는 것은 9×9를 말하는 것이다. 최석정은 자신의 9차 직교 라틴 방진을 "구구모수변궁양도(九九母數變宮陽圖)"라고 했다. 그런데 『구수략』을 보면 10차 방진(白子子數陰陽錯綜圖)도 완성했다. 이런 방진들은 이후 오늘날 전자산업의 반도체 생산에서도 응용된다고 한다.

조선은 처음에 중국의 산학 책을 도입해 배웠지만 이후 독자적인 산학을 발전시켜 나갔다. 걸출한 산학자들도 무수히 출현하는데, 그 중 대표적인 인물이 경선징(慶善徵, 1616~?), 홍정하, 이상혁(李尙爀, 1810~?)이다. 홍정하는 중인 출신으로 산학 취재에 합격하였고 교수의 직위까지 올랐다. 흥미로운 것은 그의 아버지, 할아버지 등 집안이 모두 산학자였다. 그뿐 아니라 외조부, 장인도 모두 산학자다. 산학 취재 합격자 명단인 『주학입격안(籌學入格案)』을 보면, 홍정하처럼 상당수가 혈연관계로 이어진 사이들이란 것이다. 경주 최씨, 남양 홍씨, 합천 이씨가 많았다.

홍정하가 저술한 책이 『구일집』이다. 『구일집』은 천(天), 지(地), 인(人), 3책 9권으로 구성되어 있는데, 473개의 문제를 풀이한 것이다. 그중 천원술을 이용해 푼 문제는 166개가 있다. 내용은 각 항목이 문제, 답, 풀이 순으로 되어있다. 천은 「승법(乘法, 곱하기)」, 「제법(除法, 나누기)」, 「토지 측량」,

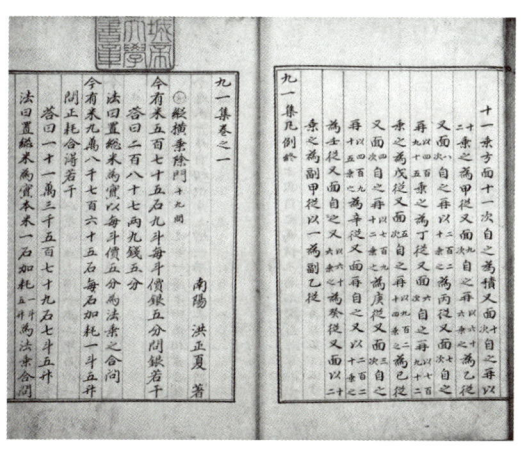

「구일집」 (출처 : 한국민족문화대백과사전)

「비례배분」, 「분수 계산」 등이, 지는 「연립일차방정식」, 「구의 부피」, 「유한급수」, 「구고법(勾股法, 피타고라스 정리)」, 「망해도술(望海島術, 바다의 어느 지점을 육지에서 보고 그 거리를 산정하는 계산법)」 등이, 인은 「개방각술문(開放各術門, 제곱근의 계산을 응용하는 문제)」과 「천문(天文) 계산」, 「음악의 음률 계산」 등 많은 내용이 수록되어 있다.

자 이제 당시 산가지를 이용한 계산 문제 하나만 간단히 보자. 두 번째 책 지의 첫 문제다. 이 항목의 제목은 「방정정부문 15문제(方程正負門 十四問)」이다.

"지금 말 두 마리와 소 한 마리 값을 모두 합하면 100냥이다. 또 말 한 마리와 소 두 마리의 값을 모두 합치면 92냥이다. 말과 소 한 마리의 값은 각각 얼마인가?(今有二馬一牛 共價一白兩 又一馬二牛 共價九十二兩 問馬牛各一價若干)"

답은 "말의 값 36냥, 소의 값 28냥(答曰 馬價三十六兩 牛價二十八兩)"이다. 마지막 풀이를 보자.

1 말 2
2 소 1
92 값 100

오른쪽 말의 수 2를 왼쪽 열에 모두 곱한다. 또 왼쪽 열에 있는 말의 수 1을 오른쪽 열에 모두 곱한다. 다음에 좌우 열을 모두 빼면 말은 0이고 소는 3이고 값은 84냥이다. 위의 3은 법이 되고 아래에 있는 84는 실이 되어 소의 값은 28냥이다. 92냥에서 28냥을 두 번 빼면 말 한 마리의 값이다.

法曰 列所問數　1 馬 2

　　　　　　　　2 牛 1

　　　　　　　92 價 100

그리고 앞의 문장(오른쪽 말의 수 2를 …… 두 번 빼면 말 한 마리의 값이다.)을 한문 문장으로 풀이 부분을 설명한다. 여기에 산가지 셈법도 함께 표시한다.

　　　　　ㅣ 馬 ‖

　　　　　‖ 牛 ㅣ

　　　　ㅢ ‖ 價 ㅣ

간단한 수학의 수식으로 풀 수 있는 문제라도 『구일집』에서 쓰는 오랜 방식(말로 설명하고, 산가지로 푸는)으로 보면 솔직히 이해조차 쉽지 않을 것이다.

그런데 하국주와 청 사신단은 왜 이때 조선에 왔을까? 설마 홍정하와

"수학 배틀"을 위해 불원천리 조선에 온 것은 아닐 것이다. 청의 사신이 온 이유는 조선의 수도 한양의 북극고도를 측정하고 조선의 지도를 구하려는 것이다. 이 때문에 자신들의 천문관측기구도 싸 들고 왔다. 궁극적으로는『황여전람도(皇與全覽圖)』라는 지도 제작을 위해 온 것인데, 앞서 밝힌 백두산 탐사와 정계비 건립도 마찬가지다. 청나라의 강희제(康熙帝)는 1707년부터 1718년까지 11년 동안 북쪽 흑룡강(黑龍江, 아무르강), 남쪽 대만(臺灣), 서쪽 티베트까지 전국으로 청의 학자와 유럽 선교사를 파견해서 측량하였다. 중요한 것은 전통적인 방식이 아닌 당시 수입된 유럽의 지도 제작 방식으로 1718년『황여전람도』를 완성한 것이다. 그리고 청에 있던 선교사들에 의해 유럽에도 이 지도가 전파되었는데, 이때『황여전람도』속의「조선도(朝鮮圖)」또는「조선왕국도(Royaume de Coree)」도 함께 유럽으로 전파되었다. 이로써 유럽인들이 조선의 지형과 위치를 처음 제대로 알게 되었다. 그런데 의문점이 있다. 청나라의 전국 지도에 왜 조선이 있을까? 만약 사대·조공 때문이라면 베트남과 동남아시아, 오키나와와 필리핀, 외몽골과 중앙아시아의 여러 소국 지도가 같이 있어야 하기 때문이다.

> **"국가는 백성을 근본으로 삼고 백성은 먹는 것을 하늘처럼 여긴다."**
>
> ## 농학(農學)

『농사직설(農事直說)』

동아시아의 왕조 국가는 모두 농업생산력 발달에 모든 역량을 동원했다. 당시는 농업생산력이 곧 국력이었기 때문이다. 조선도 마찬가지다. 토지개혁으로 과전법(科田法) 등을 실시하여 백성들에게 경작지를 나누어 주는 과정부터가 조선 건국의 첫걸음이었다. 그 후 두 가지가 국가의 중점사업이 된다. 하나는 농업 장려이고, 다른 하나는 토지조사인 양전(量田, 토지측량)을 통해 공평한 과세를 추구했다. 이 농업 장려에는 왕과 왕비가 적전(籍田, 임금이 몸소 농민을 두고 농사를 짓던 논밭)에서 직접 농사를 짓고 양잠(養蠶)에 나섰다. 그리고 토지신(后土)과 곡식의 신(后稷)에게 국왕이 직접 제사를 지내는 사직대제(社稷大祭)와 수많은 농업 관련 신과 자연의 신들에게 국가가 제사를 지냈다. 국가가 나서 제방과 저수지 수리 시설을 건설하고 보수하였다. 그리고 꾸준히 좋은 농서(農書, 농업에 관한 책)를 편찬, 보급했다. 그 외에는 주기적으로 반복되는 흉년을 대처하기 위한 여러 가지 구호 정책도 중요한 것이다. 그리고 농사에서 가장 중요한 '제때' 절기를 알기 위한 정확한 역법서(曆法書)의 편찬과 보급도 중요했다. 수량 측정기기 측우기(測雨器)나 천문 관측기기 간의(簡儀) 등의 제작도 농업생산력과 관련이 깊다.

여기서는 농서에 관한 부분을 다룬다. 처음에는 중국에서 수입된 농서를 편찬, 보급했다. 13세기 원나라의 대사농사(大司農司)에서 발간한 『농상집요(農桑輯要)』를 고려 말 수입하였다. 이 책을 태종 때 백성들도 읽도록 이두로 번역하여 『농서집요(農書輯要)』를 편찬, 보급되기도 했다. 『농상집요』의 특징이 상업 작물 소개가 많아 부농(富農) 육성이 목적이라는 평가가 있다. 당(唐)나라 말 한악(韓鄂)이 저술한 『사시찬요(四時纂要)』도 이 시대 편찬 보급되었다. 그러나 중국 농서들이 모두 훌륭한 것이지만 정작 수록된 작물과 농법은 조선의 풍토와 잘 맞지 않았다. 이 중국 농서들은 대체로 중국 화북(華北, 淮水 북쪽)의 밭농사를 다룬 농서들이다. 결국, 조선의 풍토에 맞는 작물과 농법을 연구하고 정리한 새로운 농서가 필요했다.

조선의 풍토에 맞는 최초의 농서가 바로 『농사직설』이다. 세종 11월 5월(1429년), 동지총제(同知摠制) 정초(鄭招 ?~1434년)와 종부시소윤(宗簿寺少尹) 변효문(卞孝文, 1396~?)이 왕명으로 편찬하였다.

책의 편찬에 앞서 먼저 경상도, 충청도, 전라도 하삼도 지방의 농업 기술을 조사하고 보고하도록 한 것은 중요하다. 조선의 풍토에 최적화된 작

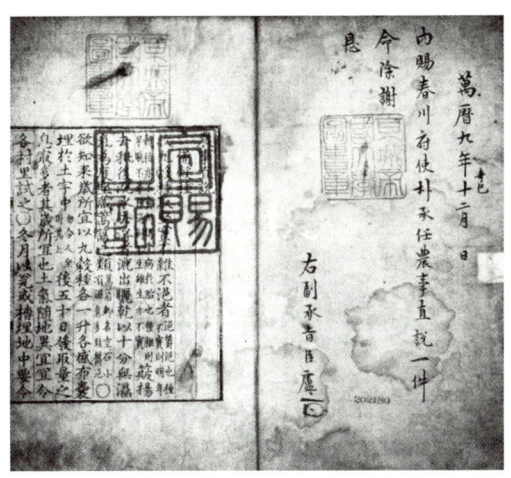

「**농사직설**」 (출처 : 한국민족문화대백과사전)

물과 농법을 먼저 찾은 것이다. 『세종실록』 11년 5월 16일 기사와 『농사직설』 서문에 따르면, 세종이 '각 도의 관찰사에게 명하여 늙은 농부들이 말하는 경험담을 하나도 빼놓지 말고 모두 기록하여 보고하도록 한 후, 그 내용을 다듬어서 정리하도록 하라'는 명령을 직접 내렸다고 한다. 그리고 그것을 표준화하고 정리해 한 권의 책으로 편찬하였다. 마지막으로 전국에 이 책을 보내어 생산을 독려했다. 이처럼 세종은 체계적인 과정을 밟아 정책을 집행한 것이다.

정초는 조선 초 세종 때 대표적인 문신이다. 역법서 『칠정산내편』, 악학서(樂學書) 『회례문무악장(會禮文武樂章)』, 윤리서 『삼강행실도(三綱行實圖)』 등을 편찬하였다. 간의대(簡儀臺)를 제작, 설치, 관리하였다. 시호가 문경(文景)이다. 변효문도 문신이고, 통신사(通信使) 등 외교 관련 활동(비판과 탄핵도 받지만)을 했고, 법의학 관련 책인『신주무원록(新註無冤錄)』을 편찬했다.

책의 구성은「비곡종(備穀種, 다음 해에 파종할 종자를 준비하는 것, 알맞은 곡식을 고르고 씨를 물에 담가 준비하는 법 등)」,「경지(耕地, 파종하기 전에 경작지를 갈아 일구는 것과 시비법 등)」,「종마(種麻, 마를 심는 방법)」,「종도(種稻, 벼를 심는 방법)」,「종서속(種黍粟, 기장과 조 재배)」,「종직(種稷, 파를 심고 재배)」,「종대두소두녹두(種大斗小斗菉豆, 콩과 더불어 팥의 재배)」,「종대소맥(種大小麥, 보리와 밀의 재배법)」,「종호마(種胡麻, 깨를 심고 기르는 방법)」,「종고맥(種蕎麥, 메밀의 재배법)」 순으로 되어 있다.

가장 큰 비중은 논에 물을 대어 벼농사를 짓는 수도작(手稻作) 부분이다. 그런데 당시 마른 논에 그냥 볍씨를 뿌리는 파종 방법을 주로 사용했는지, 책에서는 건파법(乾播法)을 제시하고 있다. 당시는 못자리에 어린 모를 조금 키워 논에 모내기하는 이앙법(移秧法) 기술은 보급되지 않았다. 그 외에도 화경(火耕)과 간종법(間種法)도 조선 농법의 특색이다. 화경은 말 그대로 화전을 일구는 것이다. 간종법은 작물이 자라는 사이에 다른 작물을 파종하여 이전에 심어놓은 작물을 수확할 때까지 같이 재배함으로써 1년 2작을 행하는 경작 방식이다.

『농사직설』은 조선 초기 농업 현실을 담고 있는 것도 특징이다. 북방의 사군육진(四郡六鎭)처럼 새롭게 개간해야 할 땅, 한랭한 땅에 맞는 농사법을 소개하고 있다. 다양한 파종법과 시비법(施肥法, 거름을 주어 땅을 풍요롭게 만드는 방법)을 제시하고, 시기별 수확이 가능한 작물을 소개한다. 그리고 다양한 농기구와 소(牛耕)를 강조한 내용도 있다.

조선 전기 농민의 다수는 이제 새롭게 자영농이 된 소농(小農)이었을 것이다. 하지만 『농사직설』은 편찬 때부터 주요 독자층으로 양반 지주와 부농(富農)을 설정했다고 한다. 그렇다면 책의 편찬 목적은 경제적 낙수 효과(落水效果)인지, 단지 양반의 계급적 이익에 충실한 것인지 고민하게 된다.

『농사직설』 편찬 이후 『금양잡록(衿陽雜錄)』과 『사시찬요초(四時纂要抄)』를 추가 편찬하여 보완하도록 했다. 『금양잡록』은 강희맹(姜希孟, 1424~1483년)이 벼슬에서 물러나 금양(현재 경기도 시흥, 광명, 서울 금천 지역)에서 직접 농사를 지으며 체험한 기록이다. 조위(曺偉, 1454~1503년)는 서문, 아들 강구손(姜龜孫, 1450~1505년)은 발문을 썼다. 내용은 「농가곡품(農家穀品)」, 「농담(農談)」, 「농자대(農者對)」, 「제풍변(諸風辨)」, 「종곡의(種穀宜)」, 「농구(農謳)」로 구성되어 있다. 소개한 농작물은 다양한 종류의 벼와 콩, 팥, 보리 등 총 80종이다. 강희맹은 호가 사숙재(私淑齋)이고 뛰어난 문장가로서 많은 국가 편찬 사업에 참여했고, 송죽(松竹)과 산수화를 잘 그렸다. 『사시찬요초』는 앞서 소개한 『사시찬요』를 초록한 것인데, 조선 농업 실상이 드러나는 것이 대부분이다. 형식은 월령농서(月令農書, 절기마다 농사법을 지시하는 농업서)이다. 채소와 나물, 목면, 홍화(紅花, 잇꽃으로 약재), 람(藍, 쪽이란 푸른 식물로 염료와 약재) 등과 술, 장, 누룩, 식초, 게장 등 식품 가공법이 수록되어 있다. 저자는 미상인데, 대개 강희맹으로 추측한다.

『구황촬요(救荒撮要)』

『구황촬요』는 정확히 농서도 의서도 아니지만, 농서이기도 하고 의서이기도 하다. 이 책의 정확한 의미는 '곡식 못 먹은 해에 굶주린 사람을 구할 요긴한 법을 모은 것'이다. 여기서 강조되는 개념, 또는 목적은 두 가지다. 하나는 곡식을 안 먹고 사는 방법(辟穀), 다른 하나는 질병에 안 걸리는 방법(辟瘟)이다. 사람이 못 먹고 굶주리면 전염병에도 쉽게 노출되고 죽기 쉽다. 이것을 해결하겠다고 국가가 출판한 책이 이 『구황촬요』이다.

흉년과 질병이 많았던 조선은 구황 대책을 늘 고민하였고, 연구 성과를 국가가 책으로 출판한 적이 많다. 시작은 세종 때 『구황벽곡방(救荒辟穀方)』부터다. 그리고 이 장에서 소개하려는 『구황촬요』은 명종(明宗) 때인

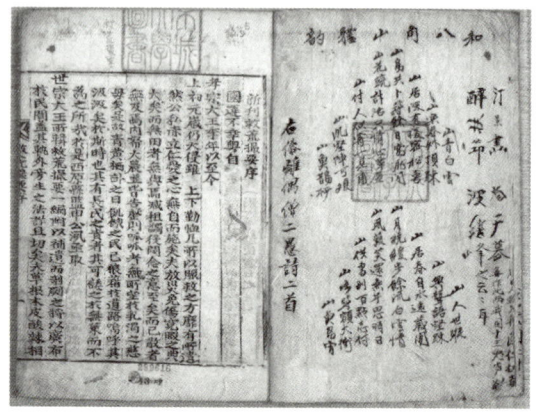

『구황촬요』 (출처 : 한국민족문화대백과사전)

1554년에 간행된 책이다. 당시에도 영·호남에 극심한 가뭄이 있었다고 한다. 그리고 이 책은 한글 언해본이란 것이 중요하다. 많은 사람이 읽어야 효과가 있는 것이기 때문이다. 서문을 보면, 지방관들이 이 책을 판각해 지방민들에게 널리 유포해야 한다는 것을 강조하고 있다. 서문을 쓴 당시 우부승지(右副承旨)였던 이택(李澤, 1509~1573년) 이외에 다른 편찬자 이름은 전해지지 않는다. 이택은 당대 서예가로도 유명하였고, 대명 외교 분야에서 활동도 했다.

몇 가지 흥미로운 내용을 보자. 이후 의서를 소개할 때도 강조하겠지만, 여기의 처방은 당시로써는 최고의 방법이지만 지금은 아니란 점을 강조한다. 그리고 '곡식을 먹지 않고 사는 방법인 벽곡(辟穀)'은 도교에서 신선(神仙)이 되기 위한 수련법에도 나오는 말이다.

먼저 여러 날 굶어 괴로운 사람(飢困之人, 기곤지인)에 대한 처방이다. "밥을 급히 먹거나 더운 죽을 먹으면 반드시 죽는다. 먼저 간장을 물에 풀어 먹이고, 다음은 식은 죽을 먹여 기운을 차리면, 차츰 죽과 밥을 먹여라"라고 한다.

다음은 굶어 부은 사람(飢腫之人, 기종지인)에 대한 처방이다. "(윗부분 결손)위의 방법대로 해서 살린 후에 원기가 충실하고 회복되었는데도 붓기가 낫지 아니하면, 붉나무(千金木) 껍질을 끓인 물에 쌀로 죽을 쑤어 매번 작은 그릇(一盞)에 담아 몸 상태를 헤아려 먹여라. 부은 것을 낮추기에 자장 좋다"고 한다.

다음은 솔잎과 느릅나무 껍질의 효능에 관한 것이다. 이 두 가지 작물에 관한 사항이 많다. 먼저 "굶주린 사람을 구함에서 솔잎이 가장 좋으니, 모름지기 느릅나무 껍질 삶은 물을 함께 써야 반드시 대변이 굳지 아니할 것이다"고 한다. 가난해 초근목피(草根木皮)로 연명하는 것을 '똥구멍이 찢어지도록 가난'하다고 말한다. 소화되지 않는 섬유질만 먹으면 그런 상태가 될 것이다. 그런데 느릅나무 껍질 삶은 물을 처방으로 제시하는 것이다.

"솔잎은 오장을 편안하고 배고픔을 줄여준다. 솔방울 잣과 송진, 뿌리의 껍질은 모두 벽곡을 할 수 있다지만, 오직 솔잎만이 곡기를 그치게 한다"고 한다. 그리고 솔잎을 따서 말리고 찧어 가루로 만들어 쓰는데, 콩을 첨가해서 쓰라고 한다. 쓰면 쪄서 먹으라고도 한다.

"느릅나무 껍질은 성질이 미끄러워서 오래 먹으면 배고프지 아니한다. 곡식을 못 먹는 해에 농민들이 양식으로써 먹었다. 겉껍질을 벗기고 흰 부분을 말려서 찧어 가루 만들어 쓰라. 그러나 물을 우려내어 쓰는 것이 쉽고 좋다. 열매와 잎도 좋다"고 한다. 그리고 용법은 껍질을 찧어 그릇이나 구유(槽)에 담아 물을 부어 즙(汁)을 내어 쓴다고 한다.

이렇게 만든 솔잎과 누릅나무 껍질 재료에 쌀가루를 첨가해서 죽이나 떡을 부쳐 먹으라고 한다. 그 외에 찰벼 짚, 더덕과 도라지, 콩깍지, 콩잎, 메밀 줄기 등의 활용도 소개하고 있다.

그리고 질병, 전염병에 대한 처방이다. 처음에 흥미로운 말이 있어서 그것부터 소개한다. "병이 나는 것은 하늘의 기운이 사납거나 개천이 깨끗하지 않아 더러운 기운을 사람이 쏘이거나, 관리가 사나워서 원망이 많아서이다. 미리 약을 쓰거나 법술(法術)로 그것을 막아야 한다"라는 것이다. 즉, 이 책에서는 공기, 물, 공무원이 잘못되면 전염병이 발생한다고 본 것이다. 그런데 미리 약을 쓴다는 것은 이해가 되지만 도사와 무당이 하는 법술로 병을 다스린다는 말은 받아들이기 어렵다.

처음 소개하는 약방은 소합원(蘇合元, 원문에는 蘇合香元, 기로 인한 모든 질병을 다스리는 데 사용하는 처방)에 관한 것이다. 오늘날 소합원은 주로 토사곽란(吐瀉癨亂, 토하고 설사하고 배 아픈 병)에 쓰인다. 원문에는 귀기(鬼氣), 시기(時氣), 귀매(鬼魅)를 치료한다고 나온다. 시기라는 말은 관련 문서를 찾아보면 계절성 질병을 말하는 것이다. 따라서 다른 말들도 단순히 귀신 들리거나, 도깨비 같은 의미는 아닌 듯 하다. 이 소합원의 용법은 빈속에 따뜻한 물이나 술에 한 알씩 타서 먹고, 종이에 싸서 붉은 주머니에 넣어 가슴에 차라고 한다. 집에 문은 훤히 열어두고 솥에 물 두말을 붓고 스무 알씩 넣고 달여서 환자에게 작은 그릇으로 떠먹이고, 이후 의원을 만나면 병이 전염되지 않는다고 한다.

다음은 웅황(雄黃, 석웅황) 용법이다. 관련 문서를 찾아보면, 웅황은 삼류화비소를 주성분으로 하는 광물질이며, 맛은 달고 쓰며 성질은 평(平)하고 독이 있다고 한다. 간경(肝經)에 작용하며, 습사(濕邪)를 없애고 가래를 삭이며 기생충을 구제하고 독을 제거한다고 한다. 소개한 용법은 (석)웅황을 가늘게 갈고 물에 말아서 붓으로 콧구멍에 바른다고 한다. 세수한 후나 누울 적에도 쓰라고 하고, 웅황이 없으면 참기름을 코끝에 바르고 재채기를 하면 좋다고 한다.

환자의 옷을 깨끗이 빨아 시루에 찌면 전염되지 않는다는 처방은 합리적이다. 그리고 창출(蒼朮, 삽주뿌리), 향부자(香附子, 국산 부자), 감초(甘草), 승마(升麻) 등의 약재 사용이나, 신명산(神明散), 청심원(淸心元, 우황청심환) 등도 한의학에서 쓰는 것들이다. 그러나 주문을 외우고 부적을 써 붙이는 것도 있다. 그 외에도 측백나무 동쪽 잎을 말려 가루로 만들어 술이나 물에 타 먹으라는 것이나, 동쪽으로 향한 복숭아 가지를 잘게 썰어 물에 달여 먹으라는 것 등은 신뢰하기 어렵다. 당시 조선은 물론 전 세계가 의학과 법술, 과학과 미신이 혼재된 시대였다. 그런 상황을 이해하면서 읽어야 한다. 읽다 보면 분명히 얻을 것이 있다.

몸을 다스리는 법도로 백성을 구제하라!

의학(醫學)

여기서는 조선시대는 물론 오늘날에도 높이 평가되는 의학서를 몇 권 소개한다. 여기서 높은 평가란 의미가 이 책들에 나온 진단과 처방을 맹신해야 한다는 것은 절대 아니다. 『맹자(孟子)』에 "(서경이 아무리 훌륭한 책이라도) 서경을 무조건 믿으면 서경이 없는 것만 못하다(盡信書 則不如無書)"라는 말이 있다. 여기 의학서는 당대 최고였고, 후대에 그 최고를 딛고 점점 더 좋은 의학이 발달했다는 것이다. 다만 원전으로서 가치가 있다는 의미다.

『향약집성방(鄕藥集成方)』

조선 초 세종 때는 수많은 의서가 편찬되었다. 1392년 조선은 성리학의 이상을 내세우며 건국하였지만, 초기에는 왕권을 둘러싸고 끊임없는 권력 투쟁과 왕실 가족, 친척 간에 죽고 죽이는 패륜범죄로 늘 혼란만이 있었다. 4대 세종 때에 이르러 권력이 안정되며 비로소 성리학의 이상을 실현할 태세를 갖추었다. 그 세종을 연상하면 늘 동시에 문화창달이란 단어가 연상될 만큼 재위 동안 수많은 서적을 편찬했다.

그중 의서로는 1430년 『산서(産書)』, 1433년 『향약집성방(鄕藥集成方)』, 1445년 『의방유취(醫方類聚)』 등이 유명하다. 『산서』는 여성의 출산, 산부인과 관련 의서이다. 의원의 잡과 취재 때와 의녀(醫女)의 매월고강(每月考講) 때 강서(講書)의 하나로 채택되었다. 강서란 시험관이 제시한 책의 대목을 읽고 해석하고, 질문에 답하는 시험 방식이다. 『의방유취』는 약 3년여에 걸쳐 국내외 현존하는 의학서를 대부분 모집해 만든 의학 백과사전으로 매우 방대한 책이다. 분량은 365권에 이르고 수많은 문신과 의관들이 참여하였다. 이후에도 여러 번 재간행되었고, 성종(成宗, 재위 1469~1494년) 때

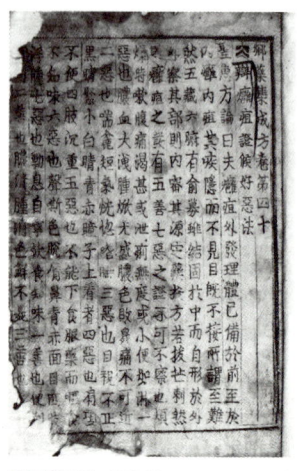

『향약집성방』 (출처: 한국민족문화대백과사전)

재간행된 것이 임진왜란 때 일본으로 유출되었다. 내용은 크게 보면 이론 부분과 응급, 임상 부분으로 나뉘며, 구체적으로 91개 분야로 구성되어 있다.

이 중에 현재까지 좀 더 가치를 부여하는 의학서는 『향약집성방』일 것이다. 여기서 "향약"이란 조선 땅에서 나는 약재를 말한다. 중국산 약재는 당약(唐藥)이라 하는데, 당시로써는 비싼 수입 약재이며 수

입량도 적었다. 왕실과 고관대작 정도가 되어야 구입할 수 있었다. 그 때문에 국산 한약재로 대체하려는 노력은 계속되어왔다. 1236년 고려 때 간행된 『향약구급방(鄕藥救急方)』이나 지금은 책 제목만 전해지는 신라 때의 『향약고방(鄕藥古方)』도 같은 경우다. 참고로 향약뿐 아니라 향가(鄕歌), 향찰(鄕札), 향악(鄕樂) 등에 쓰이는 '향' 자는 모두 국산을 의미한다. 반면 '당' 자가 붙은 명사는 대체로 중국산을 의미한다. 지금도 해외에 가면 중국인 화교(華僑)를 당인(唐人)이라고 많이 한다. 그리고 한약재에서 앞에 '향' 자뿐 아니라 '토(土)' 자가 붙어도 국산이란 의미다.

집현전(集賢殿) 직제학(直提學) 유효통(兪孝通, 생몰년 미상), 전의정(典醫正) 노중례(盧重禮, ?~1452년), 전의부정(典醫副正) 박윤덕(朴允德, 생몰년 미상) 등이 편찬 작업을 하였다. 집현전은 국왕 직속의 연구기관이고, 전의감은 의료행정과 교육을 총괄하는 기관이다. 이 두 기관의 핵심 책임자들이 모두 나선 것이다. 유효통은 과거에 합격한 문신이며 여러 의학서를 편찬한 의학자였다. 이런 사람을 "유의(儒醫)"라고 한다.

편찬 과정에서 특징적인 것은 두 가지다. 하나는 관리를 파견해 전국의 국산 한약재를 실제 조사, 채집했다는 점이다. 『향약집성방』이 출간되기 전인 1432년, 『신찬팔도지리지(新撰八道地理志)』라는 전국 국토지리 종합정보 보고서 편찬 과정을 보면, 지역의 한약재 조사와 채집이 먼저 진행되었다. 다른 하나는 중국산 수입 약재와 대조하는 검증 작업을 거쳐 향약의 이용을 확대했다는 것이다. 즉, 이론이 아니라 실제 검증을 통해 향약의 효과를 책에 정리해 놓은 것이다. 이제 구체적인 수록 내용을 조금 보자. 권채(權採, 1399~1438년)가 지은 서문을 보면 그 분량과 편찬 목적이 나온다.

"향약방(鄕藥方, 향약구급방)에 대하여 여러 책에서 빠짐없이 찾아내고 종류를 나누고 더 보태어 한 해를 지나서 완성하였다. 이에 구증(舊證)은 3백 38가지인데, 이제는 9백 59가지가 되고, 구방(舊方)은 2천 8백 3가지인데, 이제는 1만 7백 6가지가 되었으며, 또 침구법(針灸法) 1천 4백 76조와 향약본초(鄕藥本草) 및 포제법(炮製法)을 붙여서 합해 85권을 만들어 올리니, 이름을 『향약집성방』이라 하였다. 간행하여 널리 전하려고 할 때 신(臣) 채(採, 권채)에게 명하여 서(序)를 짓게 하였다. 신 채는 그윽이 생각하건대, 임금의 도(道)는 인(仁)보다 더 큰 것이 없고 …… 지금부터 이 장서로 인하여 약을 먹어 효력을 얻고, 앓는 사람이 일어나고 일찍 죽는 것이 변하여 수명(壽命)을 얻고 무궁토록 화기(和氣)를 얻게 하는 것이 어찌 성조(聖朝)의 어진 마음과 어진 정치에서 나온 바를 알지 못하리오."

여기서 침구법이란 침과 뜸 치료법이다. 향약본초란 국산 식물성, 동물성, 광물성 모든 약재를, 포제법은 약재를 말리고, 자르고, 찌는 등의 방법으로 불순물은 제거하고 약성은 강화하는 것들을 말한다. 만약 약재를 포제법으로 만들지 않으면 그냥 농산물, 동물 사체, 돌 부스러기에 불과할 것이다. 전체적으로 1천 종에 가까운 병증과 1만 종이 넘는 방문(方文, 처방된 약명, 사용된 약재 이름과 분량). 1416조의 침구법, 한약본초, 포제법 등을 포괄하고 있다.

• • •

『동의보감(東醫寶鑑)』

『동의보감』은 그 명성이 당대는 물론 지금도 여전한 훌륭한 의학서이다. 먼저 개괄적인 소개를 하고자 한다. 1596년 선조(宣祖, 1567~1608년)의 명으로 내의원(內醫院, 궁중의 의약 담당 관청)의 태의(太醫) 허준(許浚, 1539~1615년)이 왕명을 받아 다른 태의 이명원(李命源), 양예수(楊禮壽, ?~1597), 김응탁(金應鐸), 정예남(鄭禮男) 등과 유의(儒醫) 정작(鄭碏, 1533~1603년)이 함께 동의보감 편찬에 착수했다. 이 정작의 형이 정렴(鄭磏, 1506~1549년)인데, 유의이며 문신이다. 정렴은 도교의 내단수련법(內丹修錬法)으로 유명한 『북창비결(北窓祕訣)』의 저자다. 도교는 이 시대 의학과 관련이 깊은 사상이고 종교다. 그런데 편찬 사업은 일본이 다시 침략한 정유재란(丁酉再亂 1597~1598년)으로 중단되었다. 1610년 다시 허준이 25권 25책으로 완성하였고, 1613년 개주갑인자(改鑄甲寅字) 목활자로 첫 간행 사업을 시작했다. 그 후에도 계속 재간행되었고, 조선은 물론 중국과 일본에서도 발행되었다. 그것을 보면 이 『동의보감』을 동아시아가 최고의 의학서로 평가한 것이다. 허준 자신도 대단히 만족했던지, 제목에 동의(東醫)를 내걸고 있다. 중국 의학은 전통적으로 남의(南醫)와 북의(北醫)의 계통이 있다고 한다. 그런 중국과 달리 조선의 의학은 동의로서 별도로 일가(一家)를 이뤘다는 자부심을 드러낸 것이다.

그런데 서문을 보면 『동의보감』의 '진짜' 편찬 기획자가 선조라고 허준은 밝히고 있다. 선조의 기획 의도를 보면 세 가지다. 첫째, 무수히 많은 중국 의학서를 핵심만 정리해 한 권으로 편찬하라는 것이다. 이용의 편리성을 추구한 것인데, 과거 『의방유취』 등은 너무 방대해 이용하기 어렵다고 한다. 둘째, 조선 땅에서 나는 향약을 잘 활용하라는 것이다. 군주로서 마땅히 지녀야 할 애민정신으로 앞서 『향약구급방』과 『향약집성방』의 정신을 계승한 것이다. 셋째, 약이나 침, 뜸 치료보다 먼저 생활을 바꿔 몸과 마음의 병을 고치게 하라는 것이다. 즉 양생(養生)을 통해 건강하게 살아야 한다는 것이다. 양생이란 어려운 개념이지만, 병에 걸리지 아니하도록 건강 관리를 잘하여 오래 산다는 의미로 일단 쉽게 말할 수 있다. 도교(道敎)의 수련법(修練法)에서 나온 개념이다.

한편, 이 동의보감을 어떤 병에 어떤 약초가 좋다는 식으로 단순하게 이해하는 경우를 종종 본다. 그것은 오해다. 전체적으로 동아시아의 철학에 대해 어느 정도 지식을 갖추어야 한다. 그리고 의학사 전반을 대강이라도 이해하지 않으면 읽기도 어렵고 읽어도 이해하기 어렵다.

전체 구성은 「신형장부도(身形藏府圖)」, 「내경편(內景篇)」, 「외형편(外形篇)」, 「잡병편(雜病篇)」, 「탕액편(湯液篇)」, 「침구편(鍼灸篇)」로 되어 있다.

「동의보감」 (출처 : 국가유산 포털)

「신형장부도」는 말 그대로 인간 몸속 오장육부(五臟六腑, 이하 장부)의 모양, 위치, 기능을 이해하고 설명하기 위한 그림이다. 오장은 간장, 심장, 비장, 폐장, 신장이며, 육부는 대장, 소장, 쓸개, 위, 삼초(三焦), 방광을 말한다. 삼초는 다시 상초(上焦), 중초(中焦), 하초(下焦)로 나눈다. 상초는 목구멍에서 위와 횡격막 위의 가슴 부위를, 중초는 그 아래 가슴 밑에서 배꼽 부위를, 하초는 배꼽에서 생식기와 항문까지 부위다. 이 그림은 상세한 인체 해부도는 아니지만 인간의 내부 장부는 정확히 다 들어가 있다. 흔히들 조선은 유교의 영향으로 인체 해부는 해보지 않고 의학을 내세운다고 비하한다. 하지만 인체 해부를 했다는 기록이 종종 보이고, 그 결과물로 인체의 내부 장기를 그림으로 그려 남겼다. 허준과 동시대 인물인

학송(鶴松) 전유형(全有亨, 1566~1624년)도 인체를 해부해 「오장도(五臟圖)」를 남겼고, 광해군 부부의 치료에 참여했던 '유의'이다. 그는 임진왜란 때 중봉(重峯) 조헌(趙憲, 1544~1592년)과 함께 의병(義兵)을 일으켜 활약했고, 이후 문과 장원급제(壯元及第)를 한 전형적인 문신이며 유학자다.

이제 각 편의 핵심 내용 또는 가치를 보자. 「내경편」은 말 그대로 인체 내부의 장부와 그 기능을 설명하는데, 그 기능의 원리에 해당하는 정(精), 기(氣), 신(神)을 먼저 이해해야 한다. 이 세 개념을 제대로 이해하기는 어렵지만, 여기서는 쉽고 단순하게 설명하고자 한다. 정은 생명의 물질적 기초이며 그 핵심은 신장 속 정액이다. 기는 정과 합쳐 질료가 되거나 또는 정과 신을 연결해주는 매개라는 의미다. 신은 인간의 정신 또는 인간의 몸을 주재하는 것을 말한다. 모두 도교의 개념이다. 그리고 혈(血), 몽(夢), 성음(聲音), 언어(言語), 진액(津液), 담음(痰飮) 등 인체의 어떤 내부 장부에서 또 다른 내부 장부로, 또는 내부 장부에서 외부 기관으로 분비되는 (나오는) 것들을 설명한다. 그리고 포(胞, 자궁), 충(蟲, 기생충)도 다룬다.

「외형」 편에서는 두(頭), 면(面), 안(眼), 이(耳), 비(鼻), 구설(口舌, 입과 혀), 아치(牙齒, 치아), 인후(咽喉, 목구멍), 경항(頸項, 목), 배(背, 등) 등에 인체 내부(내경)의 상황이 드러난다는 것이다. 가령 눈 하나를 보면, 동공은 신장, 홍채는 간, 흰자위는 폐, 눈초리는 심장, 눈꺼풀은 비장과 연결되어 해당 장부의 상태를 알 수 있다고 한다.

이런 인간의 몸이 외부의 어떤 상황과 만나면 질병이 발생한다는 것이 「잡병」 편이다. 외부 상황이란 감정, 외사(外邪), 음식 같은 것이다. 외사란 풍(風), 한(寒), 서(暑), 습(濕), 조(燥), 화(火)의 외부 환경을 말한다. 그렇다면 몸의 병을 치료한다는 것은 감정을 다스리고, 음식을 조절하고, 외사를 방어하는 기운을 얻는 것이다.

「탕액」편과 「침구」편은 제목 그대로 각 질병에 대한 치료 방법이다. 탕액은 한약을, 침구는 침과 뜸을 사용한다는 것이다.

•••

『동의수세보원(東醫壽世保元)』

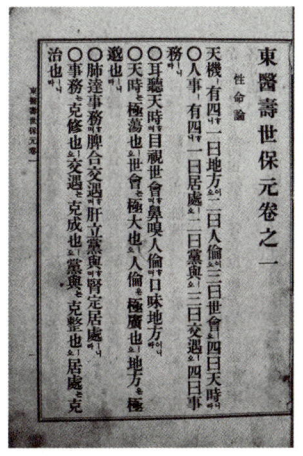

「동의수세보원」 (출처 : 한국민족문화대백과사전)

『동의수세보원』은 동무(東武) 이제마(李濟馬, 1837~1900년)가 조선 말 격동기인 1894년에 4권 2책(목활자본)으로 간행한 의학서다. 처음부터 완성본이 아니고, 계속 증보판을 내다가 그의 사후 제자들이 완성본을 간행했다. 제목의 '동의'는 조선의 의학을, '수세'는 수명을 늘린다는, '보원'은 일원(一元, 만물의 근원)을 보전하는 의미다.

이제마의 학설을 흔히들 사상체질론(四

象體質論)이라고 한다. 단순하게 말하면 사람의 체질을 4가지로 분류했다는 의미다. 체질이란 인간이 태어날 때부터 타고난 신체적 조건, 몸 상태를 의미한다. 그 4가지는 태양인(太陽人)-폐대간소(肺大肝小, 폐가 크고 간이 작음), 소양인(少陽人)-비대신소(脾大腎小, 비장이 크고 신장이 작음), 태음인(太陰人)-간대폐소(肝大肺小, 간이 크고 폐가 작다), 소음인(少陰人)-신대비소(腎大脾小, 신장이 크고 폐가 작다)를 말한다. 이 체질은 인체뿐 아니라 성격도 다르게 한다고 주장한다. 태양인은 남성적이고 강하고, 소양인은 겉으로 꾸미는 것을 잘하고, 태음인은 마음속으로 음흉하고, 소음인은 내성적이라는 식이다. 그런데 당시 가치관인 유교식으로 말하면, 사단칠정(四端七情)을 모두 가진 복잡한 인간을 이렇게 일방적으로 단순하게 규정할 수 있는지는 모르겠다.

이제마 학설의 핵심인 "사상"이란 개념은 『주역(周易)』과 신유학의 주자학(朱子學)에 연원이 있다고 한다. 이 점이 앞서 있었던 『동의보감』 등 도교적 배경을 가진 의학관과 다르다고 한다.

"그러므로 역에 태극이 있으며, 이것이 양의를 낳고, 양의는 사상을 낳으며, 사상은 팔괘를 낳는다. 팔괘는 길흉을 정하며, 길흉은 대업을 낳는다.(是故易有太極, 是生兩儀, 兩儀生四象, 四象生八卦. 八卦定吉凶, 吉凶生大業)"

주역의 해설책인 『계사 상(繫辭 上)』에 나오는 문장인데, 성리학의 철학사에서 자주 등장하는 명제이고 해석을 둘러싸고 수많은 논쟁이 있었다.

이제마 초상 (출처 : 위키피디아)

『주자어록(朱子語錄)』에서 주자는 '사상은 노양, 소양, 노음, 소음'으로 해석했다.(四象 是老陽 少陽 老陰 少陰)으로 해석했다. 책은 「성명론(性命論)」, 「사단론(四端論)」, 「확충론(擴充論)」, 「장부론(臟腑論)」, 「의원론(醫源論)」, 「광제론(廣濟論)」, 「사상인변증론(四象人辨證論)」 전체 7편으로 나누어 각각의 진단과 처방을 정리하였다. 가장 큰 특징은 상생상극(上生相克)의 5행(行, 水, 木, 火, 土, 金)의 관점에서 병을 진단하고 처방하는 전통적인 한의학의 관점이 아닌, 인간의 체질에 따라 각각 다르게 처방과 진단을 한다는 점이다.

이제마의 생애는 그가 쓴 책의 명성과 비교해 특별히 알려진 것이 많지 않다. 함경도 출신으로 양반의 서자(庶子, 첩이 낳은 아들)였던 것으로 보인다. 잠시 군관(軍官) 직을 수행했었고, 최종적으로 벼슬이 진해 현감(縣監)에 이르렀다. 이후에는 그전부터 공부했던 의학 연구에 집중했다. 이렇듯 관직이나 사회활동은 특별한 것이 없어 보이지만 당시 의학자로서는 큰 평가를 받은 것 같다. 이렇듯 대단한 저서도 있고 제자들도 많이 거둔 것을 보면 당시에도 이미 명성이 컸던 의학자였던 것은 분명해 보인다.

『식료찬요(食療纂要)』

이 책 소개 전에 먼저 알아야 할 것은 왕의 일상식, 수라상을 통해 왕의 건강을 살피는 의사를 "식의(食醫)"라고 한다는 것이다. 식의와 다르게 질병을 진단해 치료하는 "질의(疾醫)"가 있는데, 우리가 아는 의사, 한의사다. 식의는 평소 음식을 통해 질병을 예방하고 건강을 유지한다는 개념이 있어야 가능한 의원이다. 오늘날 이런 개념을 식이요법(食餌療法), 식사요법이라 한다. 이러한 식의란 개념 또한 고대 주(周)나라의 『주례』 규정한 것부터 생긴 것이다. 한국 역사에서 식의가 제도로 구체화 된 시대는 고려 때이다. 조선에서는 사선서(司膳署)라는 부서가 식의 임무를 맡았고 내의원(內醫院)이 감독했다.

『식료찬요』는 1460년 궁중어의 전순의(全循義, ?~?)가 세조의 명으로 편찬한 식이요법 책이다. 또한 한국 역사에서 가장 오래된 식이요법서이다. 「서문」을 보면 이 『식료찬요』 편찬 목적, 참고 도서, 편집 방식 등이 잘 드러난다.

"사람이 세상을 살아감에 있어서, 음식이 으뜸이고, 약이(藥餌, 약이 되는 음식)가 다음이다. 시기에 맞추어 풍한서습(風寒暑濕)을 막아주고, 음식과 남녀 간의 관계(飮食男女)를 한도가 있게 절제한다면 병이 어떤 이유로 생길 수 있겠는가! …… 신(臣)이 『식의심감(食醫心鑑)』, 『식료본초(食療本草)』, 『보궐식료(補闕食療)』, 『대전본초(大全本草)』 등에서 일상적으로 쓰이는 음식 치료법으로 간편한 처방을 꼼꼼히 살펴보고 뽑아 45문(門)을 만들어 바치니, 주상 전하(세조)께서 『식료찬요』라는 이름을 내리시고 서문을 쓰라고 명하셨다. 또한 교서(敎書)로 이 책에 사용된 곡식, 고기, 채소, 과일이 항상 먹는 것이라 해도 그 이름과 실상이 서로 어긋나 와전될까 걱정되시어 각 문(門)의 이름(物類) 아래에 정음(正音, 한글)을 달아 사람들이 이것을 보고 사용할 때 분명하게 의심된 바가 없도록 하셨다."

내용을 보면, 전순의뿐 아니라 당시 왕인 세조(世祖, 재위 1455~1468년)도 편찬 작업에 적극적으로 동참하였음을 알 수 있다. 인용한 책들은 모두 당나라 때 식이요법서이다.

이제 『식료찬요』이 제시한 식이요법들을 보자. 전체 45문은 이렇다. 「제풍(諸風, 여러 중풍)」, 「상한(傷寒, 열병)」, 「심복통/협통(心腹痛/脇痛, 옆구리 통증)」, 「해수/천식(咳嗽/喘息)」, 「비위/반위(脾胃/反胃, 먹은 음식이 다시 올라오는 병)」, 「요통/각기(腰痛/脚氣, 다리가 붓는 병)」, 「안목(眼目)」, 「이비(耳鼻)」, 「인후/구설(咽喉/口舌)」, 「오열(五噎, 음식이 목에서 내려가지 못하는 5가지 병)」, 「제기(諸氣, 여러 氣病)」, 「제허(諸虛, 여러 虛症)」, 「제서(諸暑, 더위증)」, 「제열/불면(諸熱/不眠)」, 「구토/해역(嘔吐/咳逆, 기침으로 숨 차는 병)」, 「곽란/전근(霍亂/轉筋, 쥐가 나는 것)」, 「황달(黃疸)」, 「수종(水腫, 몸의 어떤 부위에 물이 차고 붓는 병)」, 「제갈(諸渴, 여러 갈증)」, 「창만(脹滿, 배가 부르는 병)」, 「적취(積聚, 소화 안 된 음식이 쌓이는 병)」, 「술병(酒病)」, 「제혈(諸血)」, 「골증노(骨蒸勞, 뼛속에 열나는 병)」, 「설사(泄瀉)」, 「제리(諸痢, 이질)」, 「제림(諸淋, 임질)」, 「고독(蠱毒, 기생충, 독충 등에 의한 병)」, 「대변불통(大便不通)」,

「소변불통/수(小便不通/數)」, 「제한(諸汗, 식은땀)」, 「제치(諸痔, 치질)」, 「골경(骨鯁, 생선 뼈 걸림)」, 「제창절/단독(諸瘡癤, 부스럼/丹毒, 피부가 부어오르는 병)」, 「옹저/폐옹(癰疽, 종기/肺癰, 폐에 농양이 생기는 병)」, 「영류/나력(癭瘤, 기혈이 막혀 생기는 혹 같은 것/瘰癧, 고름이 나는 상처)」, 「추타손상(墜墮損傷, 추락타박상)」, 「제견폐(諸犬咬, 짐승에게 물림)」, 「제충상(諸蟲傷, 벌레 물림)」, 「부인제질(婦人諸疾)」, 「임신병독(妊娠諸病)」, 「산후제병(産後諸病)」, 「낙태반산(落胎半産)」, 「소아제병(小兒諸病)」, 「경간/전광(驚癎, 발작/癲狂, 정신이상)」. 모두 우리가 이미 알거나 겪었거나 주변에서 본 적이 있는 병과 증세들이다. 이런 병과 증세에 맞는 처방으로 음식을 소개하는 것이 이 책의 주된 내용이다.

이중 맨 앞의 「제풍(여러 중풍)」 편 하나를 보면 다음과 같다. "갑자기 풍에 걸려 말을 못 하면, 대두(콩)를 삶아 그 즙을 엿같이 달여 먹거나 진하게 삶아 먹는다"가 첫 번째 제시한 처방이다. 이어서 근거가 되는 여러 의서의 내용을 소개하고 있다. 두 번째 처방은 "중풍에 걸려 얼굴이 부은 것을 치료하면 파를 잘게 잘라 달여 먹거나 국이나 죽을 만들어 먹는다"이다. 세 번째는 가물치(蠡魚) 회를 소개하였다. 네 번째는 볶은 검은 참깨(黑脂麻)다. 평소에도 먹어 두라고도 강조한다. 이렇게 총 12가지 음식 처방을 내리고 있다.

끝으로 어의 전순의에 대해 소개를 하고자 한다. 생몰 연대는 알 수 없으나 조선 전기를 대표하는 의원임에는 분명하다. 세종 때 앞서 소개한 『의방유취』 편찬에도 참여했고, 『산가요록(山家要錄)』을 저술했다. 또한 김의손(金義孫)과 『침구택일편집(鍼灸擇日編集)』을 함께 저술했다. 『산가요록』

은 양잠, 과수, 묘목, 채소 재배, 가축 사육, 약재와 염료(染料) 등 농업적인 내용과 술 제조, 장 담그기, 김치(沈菜), 식해(食醢) 등의 요리를 정리한 생활 백과사전이다. 이 책은 한국에서 가장 오래된 음식 조리서라고 평가받고 있다. 『침구택일편집』은 조선 전기 대표적인 침구(鍼灸, 침과 뜸) 분야 의서이다. 일본과 중국에도 알려졌다.

이렇게 대단한 전의순이 일생일대의 위기가 있었다. 그것은 문종(文宗, 재위 1401~1452년)의 승하이다. 만 38세로 아직 젊고, 무인 기질까지 갖춘 건강한 왕이 불과 재위 2년 4개월 만에 병사한 것이다. 그래서 당시 어의였던 전의순이 일차적으로 의심을 받았다. 그러나 그건 의심일 뿐 증거는 없어 큰 처벌을 받지 않았다. 다만 잠시 투옥되어 심문받고 강등되었다.

조선 시대에 의원이 왕을 치료하다가 승하하도록 만들었다고 처벌을 받은 사례는 종종 있었다. 앞서 소개한 허균도 그런 혐의를 받아 유배형을 받았지만 곧 방면되었다. 그런데 죽음으로 책임을 진 의원은 신가귀(申可貴, ?~1659년)가 거의 유일한 사례일 것이다. 효종의 얼굴에 난 종기를 피침(鈹鍼)으로 시술하다가 과다출혈로 죽음에 이르게 한 의료사고다. 당시 '과실치사'로 인정이 되어 교형(絞刑)을 받고 죽었다. 분명한 것은 신가귀는 무인 출신으로 당시 나이가 많아 손을 떨었지만, 효종은 그런 신가귀를 믿었고 시술하라고 명하여 일어난 의료사고일 뿐이다. 그래서 의원들이 왕(세자)을 독살하였다거나, 고의로 죽였다는 이야기는 오늘날 문학적 상상력이 만든 창작이라고 보아야 한다.

오늘날 문종의 병사에 대한 대체적인 평가는 연달아 부모상을 치렀기 때문으로 보고 있다. 어머니 소헌왕후 심씨(昭憲王后沈氏)는 1446년에, 아버지 세종은 1450년에 승하하였다. 먼저 어머니 3년 상 치르고 몸을 좀 추스를 시간도 없이 또 아버지 3년 상을 치른 것이다. 조선은 유교 국가다. 왕은 전심전력으로 선대왕의 3년 상을 치러야 왕 될 자격이 있는 것이다. 결국 지극한 효도가 효자를 죽인 셈이다.

이후 전의순은 세조가 권력을 잡자 다시 승승장구한다. 1453년 계유정난(癸酉靖難)과 더불어 원종공신(原從功臣) 1등에 녹훈(錄勳)되었고, 이후 종2품 자헌대부(資憲大夫)에 이르렀다. 의원 출신으로 허균처럼 공신이 된 것이다. 일설에는 그는 다른 의관과 같은 중인이 아니라 최하층 천민 신분 출신이라고 한다. 그렇다면 그가 누린 영광을 세종 때 활약한 장영실(蔣英實)보다 더 대단했다. 조선에서 가장 입지전적 인물일 것이다.

『활인심방(活人心方)』

　　퇴계(退溪) 이황(李滉, 1501~1570년)이 양생(養生) 방법을 정리한 책이 『활인심방』이다. 앞서 소개한 것처럼 '양생'이란 병에 걸리지 아니하도록 건강 관리를 잘하여 오래 사는 것을 말한다. 바로 도교의 수련법이다.

　　그런데 대표적인 유학자인 이황은 왜 건강을 고민하며 도교의 수련법까지 수용했을까? 당시 유학자라면 모두가 도교는 혹세무민(惑世誣民, 세상과 백성을 속이고 혼란에 빠뜨림)이라고 배척하였다. 그러나 이황은 지나친 공부 때문에 건강이 나빠졌고 그 때문에 도교의 수련법을 수용한 것이다. 뒤에서 자세히 서술하겠지만, 유학자로서 이황은 그 이전 시대까지 통틀어서 유교 경전과 성리학의 방대한 학문 세계를 모두 탐구한 최초의 조선 사람이었다. 그 결과 이미 20대부터 몸이 많이 상했다고 한다. 상상해

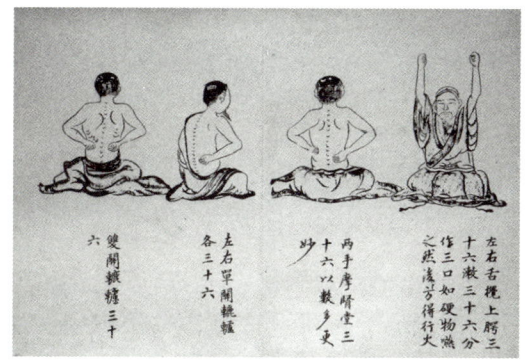

『활인심방』 (출처 : 한국민족문화대백과사전)

보면, 새벽에 일어나 늦은 심야까지 종일토록 앉아서 독서와 사색을 하면 아마도 소화기 계통부터 무릎, 근골격계통, 눈 등이 차례로 망가졌을 것이다.

『활인심방』은 명나라 주권(朱權, 1378~1448년)의 『구선활인심법(舊選活人心法)』이 원본이다. 주권은 태조 홍무제(洪武帝)의 아들, 즉 황자(皇子)였다. 제후왕으로 봉해졌지만 음악을 좋아하고 희곡(戲曲)의 작곡자였다. 관련 작품도 많다. 그리고 의학과 도교의 기공(氣功)과 단약(丹藥)에 큰 관심을 가지고 책을 구해 공부도 하고 저술도 많이 남겼다.

책은 「서문」, 「중화탕(中和湯, 마음을 다스리는 방법 30가지)」, 「화기환(和氣丸, 중화탕처럼 분노 등의 마음을 다스리는 방법)」, 「양생지법(養生之法, 자연에 순응하고 욕심을 다스는 방법)」, 「치심(治心, 心이 情을 다스리는 법)」, 「도인법(道引法, 체조)」, 「거병연수육자결(去病延壽六字訣, 호흡법 6가지)」, 「양오장법(養五臟法, 오장을 건강하게 하는 방법)」, 「보양정신(保養精神)」, 「보양음식(保養飮食)」 등으로 구성돼 있다. 이 중 도인 체조와 6가지 호흡에 대해서는 오늘날에도 수많은 건강 교실, 특히 노인 대상 교육 프로그램에서 많이 가르친다.

이황은 서문 마지막을 "선비가 이 세상을 살아가면서 없어서는 안 될 책이다(士之於世, 不可缺焉.)"이란 문장으로 마치고 있다. 그는 나이 70세에 생을 마감했다. 아마도 양생에 노력한 결과라고 생각한다.

"문무(文武) 두 과거(科擧)는 한 가지만 취하고 한 가지는 버릴 수 없다!"

무학(武學)

조선 시대가 고려 시대와 결정적으로 다른 점 중 하나가 무학을 중요시했다는 것이다. 무학은 무예를 연마하고 병법을 연구하는 학문이다. 무학은 핵심 관학으로서 훈련원(訓練院)에서 교육생을 받아 직접 교육했다. 문과와 마찬가지로 무과(武科)를 시행했고, 마지막으로 국왕이 시험관이 되는 전시(殿試) 과정도 모두 같았다. 그렇게 급제(及第)한 사람을 국가의 군대에 장교로 임명했다. 이렇게 조선이 무학을 중시한 이유는 태조 이성계(李成桂, 1335~1408년)가 백전백승의 장군이었던 이유도 있겠지만, 원래 유교 국가는 수레의 양쪽 바퀴처럼 문무가 고르게 발전하는 것을 이상으로 삼았기 때문이다. 1392년 7월 태조가 즉위한 즉시 발표한 첫 교서(卽位敎書)를 보면, 종묘(宗廟, 역대 왕과 왕비의 사당)제도, 고려의 왕(王)씨에 대한 처우, 과거제도와 관학에 관한 것들로 이어진다. 새로운 나라 조선이 나갈 국정 방향이라 말할 수 있다. 이 중 세 번째 내용을 좀 더 보면, "문무

(文武) 두 과거(科擧)는 한 가지만 취하고 한 가지는 버릴 수 없으니, 중앙에는 국학(國學)과 지방에는 향교(鄉校)에 생도(生徒)를 더 두고 강학(講學)을 힘쓰게 하여 인재를 양육하게 할 것이다. 『태조실록』 1권, 태조 1년 7월 28일 정미 3번째 기사"라고 천명하였다. 하지만 제대로 정비가 되어 무과 과거가 본격화된 것은 태종(太宗, 재위 1400~1418년) 때부터이다.

한편, 원래 중국의 과거시험은 문과와 무과를 다 실시했는데, 이 과거제를 수입한 고려는 무과 시험이 거의 없었다. 몇 번 시도도 하고 시행도 잠시 하지만 곧 중앙 문벌귀족(文閥貴族)의 반발로 중단되었다. 그때마다 드러난 이유는 있었지만 아마도 지방 호족(豪族)·향리(鄉吏) 세력이 지닌 무력에 대한 견제가 가장 컸을 것이다.

『진법(陣法)』

조선 최초의 병법서는 정도전(鄭道傳) 쓴 『진법』이다. 대중적으로 이미 널리 알려진 정도전이 누구인지, 어떤 일을 했는지를 굳이 여기서는 설명하지 않겠다.

그의 저서 『진법』에 대해서만 요약 설명한다. 그의 문집 『삼봉집(三峯集)』 7권 속에 있는데, 「총술(總述, 총론)」, 「결진십오도(結陣什伍之圖)」, 「오행출진가(五行出陣歌)」, 「기휘가(旗麾歌)」, 「각경가(角警歌)」, 「기병·정병 총찬(奇正總讚)」, 「금고기휘 총찬(金鼓旗麾總讚)」, 「장수를 논함(論將帥)」, 「사졸을 어루만지는 5혜(撫士卒五惠)」, 「용군하는 여덟 가지(用軍八數)」, 「세 가지 어두운 것(三闇)」, 「세 가지 밝은 것(三明)」, 「다섯 가지 장점(五利)」, 「세 가지 사용하는 것(三用)」, 「네 가지 법(四法)」, 「적을 헤아려 보고 승리를 거두는 네 가지 계책(料敵制勝四計)」, 「네 가지 공격하는 것(四擊)」, 「세 가지 헤아리는 것(三料)」, 「세 가지 놓아두는 것(三釋)」, 「다섯 가지 어지러운 것(五亂)」, 「네 가지 정리된 것(四理)」, 「열한 가지 반드시 싸우는 것(十一必戰)」, 「여섯 가지 반드시 피하는 것(六必避)」, 「공격하고 수비하는 세 가지 방법(攻守三道)」, 「네 가지 공격하는 것(四攻)」, 「다섯 가지 수비하는 것(五守)」으로 구성되어 있다. 전체적으로 전투에서 나선 군대가 진(陣)을 구성하는 방법, 실제 전투가 벌어지면 지휘관이 공격과 수비를 판단하고, 이를 어떻게 군대의 진으로 통신하여 진용을 갖추고, 전투에서 구체적 명령으로 지휘하는 것, 전투 종결 후의 처리, 각 시점마다 주의점 등등 아주 구체적인 전투지침서이다. 다만 극히 간략하게 핵심만 서술되어 있어서 당시 전투에 임하는 장군에게는 매우 요긴한 지침서이지만, 당시 전투 실상을 잘 모르는 우리는 이해하기 어렵다.

이 『진법』의 의의, 가치로 거론되는 것은 크게 두 가지다. 첫째, 한국 역사 최초로 중앙군과 지방군의 유기적인 통합훈련 체제를 전술 교리로 만든 점이다. 조선은 그 이전 시대와 달리 유력 가문의 사병, 지방의 군벌(軍閥) 같은 것을 허용하지 않았다. 그리고 국가가 직접 보유한 군대(국군)를 만들었고 장교와 장군은 모두 국가 공무원이었다는 것이다. 많이 알려진 것처럼 정도전은 이러한 국가의 군대를 만들려고 시도하다가 갑자기 피살되었다. 하지만 그의 군대에 대한 구상과 이 『진법』의 교리는 대부분 계승되었다.

둘째, 주적을 여진족의 경기병 부대로 설정하였고, 그들을 격파하는

여진족 (출처 : 위키피디아)

것을 전략적 목표가 되었다. 이후에도 이 조선의 주적 개념과 전략 목표는 대부분 그대로 계승되었다. 다만 너무 수세적인 진법이란 점은 비판을 받기도 한다. 아래 소개한 정도전이 작사한 군가를 보면, "아무리 패해도 망하진 않네"라는 대목에서는 어이도 없고 웃음조차 난다. 개국 초 새롭게 편제된 군제 하에서 새로 징집된 신병들을 상상

해보면 약간은 이해도 간다. 하지만 이후 세종 때부터 이 『진법』의 내용이 변화가 일어난다. 세종 때 1421년 새로운 『진도법(陣圖法)』이, 문종 때인 1451년 『오위진법(五衛陣法)』이, 이후 세조가 이를 수정 보완하며 조선의 기본적인 전술 교리로 확립시켰다. 이런 진법 교리를 연구한 문종과 그의 동생 세조는 형제 모두 무학에 밝은 전문가였다. 세조는 무학과 무과 과거의 주요 교재로 『손자병법(孫子兵法)』 등 7개 병법서인 『무경칠서(武經七書)』의 주해(註解)를 직접 달았다. 조선 전기 세종 때부터 성종 때까지 여러 차례 만주(滿洲) 여진족 부족들을 대규모로 선제 공격한다. 이때 확보된 조선 영토가 4군 6진(四郡六鎭)이다. 이때 적정 탐지를 목적으로 만든 특수 부대인 "체탐인(體探人)" 부대가 여진 정벌에서 활약하기도 했다. 세종 때 이후 병법들은 실전의 경험을 반영한 진법의 발전이다.

끝으로 당시 조선군이 연병장에서 힘차게 불렀을지 모를 정도전이 작사한 군가 〈오행출진가(五行出陣歌)〉를 소개한다.

전형과 중축이 수병이 되어(前衡中軸爲守兵),

선 채로 산처럼 움직이지 않네(按列不動如陵岡).

후형은 뒤에서 정병이 되어(後衡居後爲正兵),

먼저 나가 치는 용맹 당할 수 없네(先出致敵勇莫當).

좌익과 우익은 기병이 되어(左翼右翼爲奇兵),

벽력같이 옆으로 나가 찌르는구나(旁出突擊如雷霆).

수병의 계획은 참으로 치밀도 하여(守兵家計備敗走),

아무리 패해도 망하진 않네(雖散復合敗不亡).

정병으로 싸우고 기병으로 승리하여(接戰以正勝以奇),

시기에 따라 변화무궁하다(臨時操縱無常形).

● ● ●

『계축진설(癸丑陣說)』

앞서 정도전의 『진법』에서 문종의 『오위진법』으로 발전하는 동안 또 하나 중요한 병법서가 출현한다. 그것이 『계축진설』이다. 이 책은 세종의 명으로 하경복(河敬復, 1377~1438년), 정흠지, 정초, 황보인(皇甫仁, 1387~1453년 문신) 등이 1433년 편찬한 것이다.

이 편찬자 중 가장 중요한 인물은 하경복이다. 그는 태종 때부터 세종 때까지 북방 일선에서 여진족과 대치하며 15년을 근무한 야전군 사령관 출신이다. 따라서 『계축진설』은 그의 경험이 고스란히 녹아 있는 책이다. 고려 충신 정몽주와 친한 가문 출신, 호랑이와 싸운 유년기, 궁궐 갑사(甲士)로서 겪은 1400년 2차 왕자의 난에서 정안대군(靖安大君, 뒤에 태종) 측과 싸운 이야기, 그 후 궁궐서 술 먹고 놀다가 이제는 왕이 된 태종에게 딱 걸린 이야기, 그 때문인지 몰라도 무과 급제 후 함길도(咸吉道, 함경도) 길주

하경복 사당_하동 경현사 전경

(吉州)로 발령 나서 오래도록 전방을 지키게 된 이야기, 그리고 여진족과 전투 무용담, 사치를 모르고 청렴했다는 일화 등등. 그의 인생은 드라마 같은 흥미로운 에피소드로 가득 차 있다.

다만 그가 대단히 훌륭한 장군이라고 당시 조선은 높이 평가했다는 것은 반드시 기억할 필요가 있다. 『세종실록』에 전하는 그의 졸기(卒記)를 보면, "국가에서 그에 의중(倚重)하기를 마치 장성(長城)같이 하였다"라는 문장이 있다. '국가가 그를 강대한 장성같이 무겁게 믿고 의지했다'고 평가한 것이다. 군인으로서 이보다 더한 공적 평가는 또다시 없을 것 같다. 그가 국가로부터 받은 시호는 양정(襄靖)이다.

책은 「행군요령(行陣)」, 「결진법(結陣)」, 「휘장과 표지(章標)」, 「전투 훈련

(敎場)」, 「진중 군법(軍令)」, 「대적 방법(應敵)」으로 구성되어 있다. 내용은 『세종실록』 세종 15년 7월 4일 조에 상세히 나온다. 중요한 부분 몇 가지만 보자.

먼저 행군할 때는 가장 앞에 우군(右軍), 다음이 전충(前衝, 선봉 돌격부대?), 다음은 중군(中軍), 그리고 후충(後衝), 맨 뒤에 좌군(左軍)의 순으로 이동하게 된다. 그리고 각 군의 경우 기병이 앞에, 보병이 뒤에, 기병 중 일부는 본대와 구분되는 척후대(斥候隊, 적군 탐지부대)를 운용하도록 하였다. 군사들이 행군 중 험지나 좁은 길을 통과할 때는 물고기 두름처럼 한 줄로 나가도록 하였다. 각 부대는 50인을 기준으로 먼저 방패 1인, 다음은 창이나 장검을 든 1인, 다음에 화통(火熕, 화약무기)이나 궁수(弓手) 중 1인의 순으로 보졸(步卒) 30인이 앞서고, 이어서 창으로 무장한 기병과 활로 무장한 기병(騎槍, 騎射) 20인이 그 뒤를 따르도록 하였다. 함길도는 물론 산악지역에서 군대의 행군과 전투는 어려운 작전이다. 고금의 많은 전쟁사를 보면, 대규모 부대가 외줄기로 이어진 깊은 산길 또는 숲속에서 적의 매복과 습격으로 패주한 사례가 아주 많다. 이런 현실을 반영하여 하경복의 책은 50인을 기준으로 소부대로 구성해 행군하라고 한 것이다.

마지막 대적 방법으로 조운진(鳥雲陣)을 제시한 것이 중요하다. 조운진이란 마치 새가 날아 흩어지고 구름이 모이듯 변화무쌍한 진이라는 것이다. 1열(列)은 기사병(騎射兵)이, 2열과 3열은 기창병(騎槍兵)이, 4열과 5열은 화통과 궁병으로 배치한다. 이 준비 단계를 지나면 방패병들이 적의 공격에 대비해 중군을 에워싸면, 창검병들이 방패병 바깥으로 이동하여 근접전에 대비한다. 기사병과 기창병은 모두 방패병 뒤에 대기했다가 공격 신호에 따라 다시 말에 올라 적을 공격한다. 적을 기습하는 기병(奇兵)은 기창병, 화통, 궁병을 전면에 배치하고, 좌우에 기창병, 화통, 궁병을 2열에 배치하여, 맨 뒤 7열은 기창병, 화통, 궁병 순으로 배치하다가 다시 기사병을 배치하여 운용한다. 기병과 보병을 한 조로 묶어 다양한 공방에 활용하는 것이 이 진법의 핵심이다. 이 진은 1천 명 단위의 부대를 50명씩 소규모로 나누어 빠르게 기동하는 여진족 기마병에 대응하기 위한 것이다.

사실 여진족의 기마부대는 무시무시한 전투력을 보유하고 있다. 다른 기마민족인 몽골족조차 '여진족 1만이면 천하에 대적할 자가 없다'며 두려워했다는 말이 있다. 송(宋)나라 보병 2천 명을 평원에서 15명의 소규모 여진족 기마부대가 순식간에 궤멸시켰다는 이야기도 있다. 또 임진왜란 때 함경도를 점령하고 기세등등한 가토 기요마사(加藤清正, 1562~1611년)가 여진족 한 부족을 공격하다 대패하고 후퇴했다는 기록도 있다. 이처럼 무시무시한 여진족을 조선도 늘 경계하고 항상 전투 준비를 해야 했다. 여기에는 우수한 기마부대 육성이 핵심 관건이었다.

우수한 기마부대의 조건으로 좋은 군마(軍馬) 확보가 중요하다. 병조(兵曹) 사복시(司僕寺)가 전국의 국영 말 목장을 관리하였다. 그중 고려 몽골 간섭기 때부터 제주도에서 운영된 말 목장이 가장 컸다. 특히, 사복시에는 마의(馬醫, 말 전문 수의사)가 있어서 전문적인 말 관리를 하였다. 마의가 되려면 취재를 통과해야 한다. 마의는 『안기집(安驥集)』, 『마경(馬經)』,

『상마경(相馬經)』 등 마의서(馬醫書)를 배워야 했고 말에게 약 처방과 침술을 할 수 있어야 했다. 그런데 조선 초(고려 말부터) 우수한 군마 확보에 난제는 바로 명의 과도한 군마 요구였다. 이를 징마(徵馬)라고 한다. 태조 때부터 문종 때까지(명 영락제 때까지) 명이 징발한 조선 말은 약 7만 마리에 이른다. 물론 명이 대금을 지불했다지만 다른 여진 등의 말에 비해 헐값이었다. 무엇보다도 조선도 군마는 중요한 전략 자산이었는데 그런 군마가 이렇게 유출된 것이다. 명은 건국 초기에는 항상 영토 확장을 위한 전쟁이 끊이지 않았고, 한편으로 명은 주변국에 이런 군마 요구를 많이 했다. 또한 조선(고려 말 포함)을 경계하였는데 명이 건국할 때 요동 정벌 시도를 했기 때문이다. 이후 그들도 영토 확장을 멈추었고 조선과 평화로운 관계를 유지했다. 이런 점은 이후 청이 건국 때에도 반복되었던 현상이기도 하다.

한편, 조선 전기에는 여진족은 분열되어 있었고 일부 호전적인 부족이 조선을 상대로 약탈전을 하였을 뿐이다. 그 외의 많은 부족은 조선 또는 명나라에 복속(때로는 동시에)되어 우호적인 관계였다. 복속된 부족은 조선에 조공(朝貢)을 바치고 군사 정보도 제공하기도 했고, 조선은 선물과 적당한 관직을 제공하였다. 이런 부족을 번호(藩胡)라 했다. 하지만 조선이 중기로 들어서면 이 번호들도 조선을 배신하고 적대적인 관계로 돌아섰다.

『연병지남(練兵指南)』

여진족을 포함해 북방민족은 평소 부족 단위로 분열되어 있었다. 그런데 어느 날 갑자기 민족의 영웅이 나타나 전체 부족을 통합하여 국가를 세우고 대규모 정복전에 나서게 되면, 온 천하가 공포에 떨게 된다. 그들이 국가를 세우고 침략하는 전쟁은 이전의 소규모 약탈전과는 전혀 다르다. 남쪽의 농경국가는 국가의 존망 위기를 느끼며 대응해야 했다. 이것은 역사에서 늘 반복되는 패턴이다. 더욱이 여진족은 과거 금(金)나라를 세우고 만주와 회수(淮水) 북쪽의 중국을 정복하였던 역사적 경험이 있었다.

16세기부터 여진족의 동태가 심상치 않았다. 임진왜란 직전인 1583년 함경도의 종성(鐘城), 온성(穩城), 회령(會寧), 경원(慶源), 경흥(慶興), 부령(富寧) 6개 진이 일시에 여진족 3만의 기마부대에게 공격을 받았다. 이를 역사에서 "니탕개(尼湯介)의 난(亂)"이라 한다. 이 3만 명은 이후 1627년 정묘호란(丁卯胡亂) 때 조선 내부 황해도까지 쳐들어온 여진족 숫자와 같다. 북방민족, 특히 여진족 기마부대의 병력 규모와 농경국가의 병력 규모를 쉽게 비교하지 말아야 한다. 니탕개의 난은 온성 부사(府使) 신립(申砬, 1546~1592년) 등이 활약하여 니탕개를 붙잡아 죽이고 여진족을 패퇴시켰다. 이때 조선의 개인용 총통(銃筒)이 전쟁에서 크게 활용되었다. 이후 임진왜란으로 조선과 명이 만주 지역의 여진족을 단속하지 못하자 누르하치(努爾哈赤)가 전체 여진족을 통합하고 1616년 후금국(後金國)을 세웠다. 이에 1619년 조선과 명은 연합군을 결성해 후금 정벌에 나섰지만 사르후(薩爾滸) 전투에서 참패당한다. 조선에서는 이 전투를 심하(深河) 또는 부차(富車) 전투라고 한다. 이제 조선과 명은 더는 공격이 불가능하다고 깨닫고 각자 자신의 나라 존망을 걱정하며 수비 전략을 수립하기 시작한다.

이런 시대를 맞이하여 새로운 병법가가 출현하여 새로운 병법을 제안하였다. 그는 한교(韓嶠, 1556~1627년)이며 그가 새로 제시한 병법이 『연병지남』이다. 한교의 호는 동담(東潭)이고 그 유명한 한명회(韓明澮)의 5세손이다. 이이(李珥, 1537~1584년)와 성혼(成渾, 1535~1598년)의 문인이며 당색(黨色)은 서인(西人)이다. 그래서 예론(禮論)과 병법에 밝은 전문가였다. 임진왜란이 일어나자 이귀(李貴, 1557~1633년)와 더불어 의병(義兵)을 일으켜 일본과 싸웠고, 그 후 류성룡(柳成龍, 1542~1607년)의 추천으로 훈련도감(訓鍊都監)에서 낭청(郎廳)이 되어 활동한다. 명나라의 『기효신서(紀效新書)』를 도입해 당시 조선군의 편제를 개혁했고, 그것이 중기와 후기의 새로운 흐름이 되었다. 이것을 흔히 사수(射手, 활을 쏘는 병사), 살수(殺手, 칼과 창을 지닌 병사), 포수(砲手, 화승총을 지닌 병사)의 삼수병(三手兵) 체제라고 한다. 이들은 이전의 의무병, 징집병이 아니라 전문 직업군인이다. 그런데 이즈음 사거리와 화력이 더 뛰어난 조선의 개인용 총통(銃筒)이 전선에서 화승총으로 빠르게 대체된 것은 여전히 의문이다. 다만 개머리판을 얼굴에 붙이고 쏘아서 살상력이 더 좋고 화약 사용량도 적은 것이 그 이유가 아닌가 추측한다. 그렇게 삼수병 중에서 포수가 더 주목받았고 많이 육성되었다. 한교는 1613년 계축옥사(癸丑獄事) 이후 과거시험 부정 문제로 파직당하고 귀양을 갔

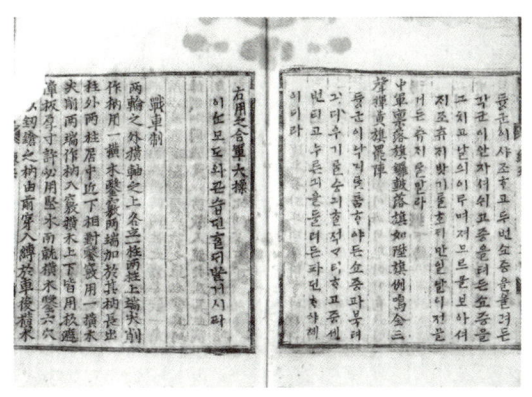

『연병지남』 (출처 : 한국민족문화대백과사전)

다. 이 사건은 광해군과 대북(大北) 정권과의 정치적 불화라는 말도 있다. 계축옥사는 광해군과 대북(大北)이 영창대군(永昌大君) 등 반대파를 상대로 일으킨 옥사(獄事)이기 때문이다. 2년 귀양 이후 은거하다가 이귀, 최명길(崔鳴吉, 1586~1647년) 등과 1623년 인조반정(仁祖反正)을 일으켜 광해군과 대북 정권을 마침내 무너뜨렸다. 1624년 이괄(李适, 1587~1624년)의 난이 일어나자 어영사(御營使) 이귀의 부장으로 참전하기도 했다. 1627년 병사하였다.

『연병지남』은 1612년 광해군 때 목판본으로 간행되었다. 전체 1책 36장으로,「거기보대오규식(車騎步隊伍規式)」,「거기보합조소절목(車騎步合操小節目)」,「거기보대조절목(車騎步大小節目)」,「전차제(戰車制)」로 구성되어 있다. 이 책은 명나라 척계광(戚繼光, 1528~1588년)의『연병실기(練兵實紀)』을 참고하여 저술되었다. 척계광은 명의 동남 해안지역을 침략한 왜구를 섬멸

한 장군이다. 이때의 경험이 녹아들어 있는 병법서가 앞서 거론한 『기효신서(紀效新書)』이다. 척계광은 이후 계요총병(薊遼總兵)으로 임명되어 북방의 몽골 침략에 대비하며 10여 년간 만리장성(萬里長城)을 쌓기도 했다. 이후반기 경험이 반영된 책이 『연병실기』다. 조선과 한교에게도 이 책이 중요한 이유는 남방의 왜구에서 북방 기병으로 주적이 바뀐 것 때문이다.

포수, 살수, 궁수, 그리고 기마병과 전차 부대로 전체 부대를 편제한다는 것이 이 전술 교리의 핵심이다. 전차를 중심으로 나머지 병과의 병사들 각 12명씩 한 개 대(隊)를 편성하는 것이다. 여전히 궁수가 중요한 것이 조선과 명의 차이다. 당시 화승총은 연속으로 발사할 수 없었고 재장전의 시간이 꼭 필요했다. 이때 궁수가 재장전의 시간을 메워줘야 했다.

중요한 것은 전차 부대와 기마병을 유기적으로 행동하도록 규정했다는 점이다. 그런데 여기서 말하는 전차는 고대 전쟁에서 창과 활로 무장한 병사를 말이 끄는 전차 위에 배치해 싸우는 방식이 아니다. 여기서 말하는 전차는 창이 꽂혀 있고, 방패를 둘러싸 부착된 규모가 큰 손수레 같은 것이다. 이 수레를 말이나 소로 끌고 나가 전쟁터에 고정해 두고 돌격해 오는 적의 기병을 저지하거나 병사들의 엄폐물로 쓰인다. 동서양의 전쟁사를 보면, 유목국가의 기병에 맞서 농경국가 병사들이 싸울 때 종종 사용되었다. 1010년, 고려 시대 거란 2차 침략을 통주(通州, 평북 선천)에서 저지할 할 때 고려군 사령관 강조(康兆, ?~1010년)가 전차 부대를 내세워 싸운 기록이 있다.

전투의 기본적인 흐름은 적 기마부대가 100보(步, 약 120미터) 앞에 도달하면, 화승총(火繩銃)→화전(火箭, 화약이 달린 불화살)→대포(大砲)→궁시(弓矢)를 순으로 발사하여 적의 대오를 무너뜨리고, 마지막을 전차 뒤에서 조선의 기마부대가 뛰쳐나가 전투를 하는 것이다. 때로는 궁시를 대신해 총열 세 개가 하나의 쇠자루로 연결된 삼혈총(三穴銃 또는 三眼銃)을 사용할 수도 있다.

그러나 이 병법은 채택되지 못한다. 광해군 정권은 물론 그가 공신(功臣)으로서 참여한 인조(仁祖, 재위 1623~1649년) 정권조차도 채택하지 않았다. 사실 한국사를 보면, 대체로 거점의 성을 지키는 농성(籠城)을 기본으로 하고, 동시에 적의 보급선을 파괴하는 방식으로 싸웠다. 이를 청야입보(淸野立保) 또는 종심방어(縱深防禦, 적을 내부 깊숙이 끌어들여 격퇴) 전술이라고 한다. 아무리 기세등등한 침략군도 3달 정도의 한 철을 넘기면 보급 없이 버티기는 힘들다. 침략군이 이런 공세종말점(攻勢終末點)에 도달하면, 전국의 근왕병(勤王兵)을 징집하고 대대적인 반격을 통해 전쟁을 승리로 이끌었다. 이후 호란 때도 남한산성(南漢山城)이란 거점에서 적을 막는 전통적인 방식의 전술 교리로 대응했다. 이런 전통적인 전술은 북쪽 요동(遼東)에서 남쪽 부산까지 대부분 산악지형 때문에 자연스럽게 형성된 전투 방식으로 보인다. 그 때문에 한국 전쟁사에서 대군이 결집해 대회전(大會戰)을 펼치는 일은 극히 드물다.

이런 풍토에서 기세등등한 여진족 기마병을 평지에서 정면으로 싸우자는 한교의 전술이 채택되기는 어려운 일이었다고 보인다. 하지만 이후 조선 후기로 가면 한교의 전술 교리와 군사사상은 계승되었고 더 발전된 형태로 채택된다. 『병학지남(兵學指南)』, 『병학통(兵學通)』 등의 병법서가 그것이다.

한편, 이 시기에 주목해야 할 또 하나의 무학 서적이 나온다. 1635년 이서(李曙, 1580~1637년)가 편찬한 책 『화포식언해(火砲式諺解)』이다. 수많은 총포(銃砲) 사용 방법과 화약 제조법(新傳煮取焰硝方諺解)을 언해, 즉 한글로 쓴 군사 교본용 책이다. 책이 한글이라 일반 병사도 읽을 수 있었다. 이서는 효령대군(孝寧大君)의 7대손으로 무과로 급제하여 전형적인 군인의 길을 걸었던 인물이다. 광해군의 인목대비 폐비에 반대했고 이후 인조반정에 참가하였다. 병자호란 때 남한산성에서 싸우다가 순직하였다. 저서로는 이 『화포식언해』와 한글로 쓴 말(馬)에 관한 수의학(獸醫學)책 『마경초집언해(馬經抄集諺解)』를 남겼다.

『화포식언해』 이외에 조선의 다양한 화약 무기 등을 다룬 책을 찾아보면, 조선 전기 세종 시대 나온 『총통등록(總筒謄錄, 현재 사라짐)』, 성종 때 『국조오례의서례(國朝五禮序例)』, 「병기도설(兵器圖說)」, 조선 중기 선조 때 『신기비결(神器備訣)』, 광해군 때 『화기도감의궤(火器都監儀軌)』, 조선 후기 정조 때 『훈국신조군기도설(訓局新造軍器圖設)』, 순조 때 『융원필비(戎垣必備)』, 조선 말 고종 때 『훈국신조기계도설(訓局新造器械圖說)』 등이 있다. 이처럼 조선은 화약 무기 발전에 매진했다.

『수조홀기(水操笏記)』

책 제목에서 "수조"란 수군(水軍)의 조련(操鍊, 훈련)을 의미한다. "홀기"란 어떤 의식의 절차를 순서대로 적은 기록이란 의미다. 따라서 전체 의미는 수군 훈련 매뉴얼이란 뜻이다. 그리고 이 『수조홀기』의 형태는 수첩처럼 장병들이 휴대하는 책자이거나 큰 병풍으로 만들어 사령부에 게시되어 있었다. 즉, 야전용이란 의미다.

임진왜란에서 조선 수군의 연전연승은 평소 오랜 시간 훈련의 결과이다. 조선 수군은 매년 2개 군영 이상이 참가하여 봄과 가을마다 춘조(春操)와 추조(秋操)라는 합동 해상훈련, 즉 합조(合操)를 하였다. 합조에서 삼도수군통제사(三道水軍制使)가 경상도·전라도·충청도의 수군을, 삼도수군통어사(三道水軍統禦使)가 경기·황해도의 수군을 지휘했다. 경상좌수영(慶尙左水營)의 주사군총(舟師軍摠)이란 자료를 보면 소속 선단과 병력 규모를 알 수 있다. 경상좌수영 소속의 군선은 전선(戰船) 18척(거북선 3척 포함), 병선(兵船) 20척, 사후선(伺候船, 적정 정탐선) 39척이다. 병력은 총 3,992명으로, 병선감관 1인, 선장(船將) 4인, 대장(代將) 2인, 지구관(知彀官) 6인, 포수초관(砲手哨官) 1인, 병선장(兵船將) 20인(정탐선장 1인 포함), 기패관(旗牌官, 명령전달) 36인(검도훈도 6인 포함), 도훈도(都訓導) 15인, 사부(射夫) 528인, 별파진(別破陣, 화포) 4인, 교사(敎師, 조련담당) 97명, 포수 632명, 능로군(能櫓軍) 2,646명이다. 이 정도 규모의 선단과 병력은 경상좌수영 바로 옆 지역의 경상우수영, 전라도의 좌·우수영, 충청수영이 일시에 모여 삼도수군통제사의 지휘 아래 일사불란하게 수군을 훈련시켰다. 참고로 조선 시대에는 경상도와 전라도를 남북으로 나눈 것이 아니라 좌우로 나누었는데, 한양의 국왕이 볼 때 좌우라는 의미다.

이러한 수조는 아마도 조선 전기(특히 문종 때) 조선군의 통일된 진법이 등장한 이래로 꾸준히 진행되었다. 그런데 현재까지 발견된 『수조홀기』는 모두 18세기부터 조선 후기의 것들이다. 내용도 각 수군영마다 시대별로도 조금씩 다르다. 현재까지 발견된 것은 총 7종으로 『수조홀기』란 제목의 책자가 4종이고, 제목이 다른것은 『수조절차(水操節次)』, 『임진세(壬辰稅)』, 『수조정식(守操程式)』 3종이다. 하지만 기본 형태는 『병학지남』의 「수조정식(水操程式)」에 규정된 것으로 보인다. 『병학지남』은 앞서 거론한 『기효신서』를 바탕으로 조선 후기의 현실에 맞게 정립한 전술 교리를 정리한 병법서이다.

이제 기본적인 내용을 보자. 주간조련을 시작하여 야간조련을 마치기까지 총 25조로 구성된 것이 기본이었다. 이것을 각 수군영마다 시기마다 조금씩 달리했을 것이다. 그 절차는 이렇다.

조련 전날 조련을 알리는 패 달기(懸操牌)→초선 출발(發哨船)→부대 배열(列營)→판옥에 오름(升船廳)→관기 부름(招官旗)→관기에게 명령 전함(官旗發放)→타공·요수·정수·대장에게 명령(舵繚碇隊長發放)→관기 정위치로 복귀(官旗下地方)→모두에게 명령(一體發放)→깃발을 올려 조련 시작(升旗起操)→적선을 보고 먼저 화기 사용(看賊船先用火器)→차례로 화기 사용(次用軍火器)→적선 공격(對船攻打)→힘껏 싸워 적선 격파(力戰碎舟)→선단을 정돈해 배를 돌림(整 回船)→방영 설치(下方營)→생필품 구하기 위해 병사 내보냄(發樵汲)→공죄 조사(査功罪)→생필품 구하러 간 병사 거두기(收樵汲)→깃발 내리고 등 매닮(落旗懸燈)→야간 정찰 명령 하달(發放夜瞭)→지나가는 수상한 배와 만남(遇船過)→수상한 검은 풀더미를 만남(遇黑塊)→적선 만남(遇賊船)→조련 해산하고 귀항(散操歸港)하는 순서로 진행되었다.

또 하나 볼 것은 야간 훈련 「야조식(夜操式)」이다. 오늘날처럼 강력한 야간 탐조등이 없던 시절의 야간 훈련이란 점을 상기하며 보기 바란다.

사방에 영을 설치→배를 돌려 전면으로 향함(전신나팔을 분다)→닻을 내려 안전하게 꽂아둔다→중군이 공죄를 조사하여 보고한다→나무하고 물 긷는 병사를 내보낸다→문을 닫는다→앉아서 쉰다→밥을 짓고 기화(起火) 한 발을 쏜다→몸을 일으킨다→당보군(塘報軍, 척후병)을 내보낸다→문을 연다→나무하고 물 긷는 병사를 거둔다→문을 닫는다→시각을 알린다→등을 매달고 기화 세 자루를 쏜다→좌탐선(左探船)이 처음으로 경보를 알리고 기화 한 자루를 쏜다→고함 세 번 외치기를 세 차례 한다→우탐선(右探船)이 두 번째로 경보를 알리고 기화 한 자루를 쏜다→네 방면에서 일제히 조련한다→전투를 한다→전투를 그친다→선단을 거둔다→항구에 들어와 안전하게 정박한다.

그리고 「성진도식(成陣圖式)」에서는 많이 알려진 학익진(鶴翼陣)을 포함해 장사진(長蛇陣), 방진(方陣), 일자진(一字陣), 첨자진(尖字陣), 변환첨자진(變換尖字陣), 원진(圓陣) 등의 진을 치는 방식이 규정되어 있다.

『무예도보통지(武藝圖譜通志)』

『무예도보통지』 권법총토
(출처 : 한국민족문화대백과사전)

『무예도보통지』는 1790년 정조 때 4권 4책 목판본으로 간행된 무술훈련 교범서이다. 당시 동아시아에서 통용되는 모든 무술을 망라했고, 그림으로 각 연결 동작을 보여주는 것이 특징이다. 당시 왕 정조가 편찬 방향을 정하고, 규장각(奎章閣) 검서관(檢書官)인 청장관(靑莊館) 이덕무(李德懋)와 초정(楚亭) 박제가(朴齊家, 1750~1805년)가 내용을 쓰고, 무술 시범은 왕의 친위부대인 장용영(壯勇營)의 장교 야뇌(野餒) 백동수(白東修, 1743~1816년)가 무술 시범을 보였다. 그리고 그림은 당대 최고의 화원(畫員, 圖畫署 소속 화가)인 단원(檀園) 김홍도(金弘道, 1745~1806년)가 그렸다는 주장이 있다. 한글로 쓴 언해본 1권이 따로 있다.

이중 백동수는 오늘날 드라마로도 만들어질 만큼 유명한 검객이다. 그는 용양위(龍驤衛) 부호군(副護軍)를 지낸 백사굉(白師宏)의 아들이었고 대대로 문인의 가문 출신이었다. 그리고 서얼(庶孽)의 신분이었고, 그의 누이도 같은 서얼 신분인 이덕무에게 시집을 갔다. 이덕무는 백동수는 벗이었고 그를 위한 시도 남겼다. 백동수도 글을 좋아해 이덕무와 당대의 문인들과도 교유하였다. 서예에도 능해 전서(篆書), 예서(隸書)를 잘 썼다고 한다. 전서는 보기에 따라서는 마치 강한 철사를 억지로 구부려 놓은 것 같아 팽팽한 긴장감을 느끼게 하고, 예서의 가로획을 보면 글자의 조형미를 유지하면서 마지막은 시원한 파임(波)으로 마무리하는 멋이 있다. 마치 검술대련에서 검객들이 느끼는 마음과 자세 같다. 실제로 현대 검도에서 이런 태도를 "기검체(氣劍體) 일체"라고 표현도 한다. 또, 평소 훈련으로 검을 휘두를 때 한자의 길 영(永)자 등을 쓰기도 한다. 서예의 기본 서법과 같다. 그래서 검객 백동수에게 서예는 곧 검술 같은 것이 아닐까 생각한다. 백동수의 검술의 스승은 김광택(金光澤, 1710?~1790년?)이다. 김광택은 왜검(倭劍)을 조선에 전한 김체건(金體乾)의 아들이다. 김체건은 검술의 달인이었다. 숙종 때 군교(軍校, 하급 군인)이었는데 왜검을 배우고자 몰래 부산의 왜관(倭館)에 들어갔었다는 이야기가 있다. 김광택도 검술이 능해 검선(劍仙)이란 별호가 있었다고 한다. 고운당(古芸堂) 유득공(柳得恭, 1749~1807년)의 아들 유본학(柳本學, ?~?)이 쓴 전기소설 『김광택전(金光澤傳)』이 전해진다. 이 김광택에게 검술을 배운 백동수는 장용영(壯勇營)이 창설되자 추천을 받아 집춘영(集春營)과 어영청(御營廳) 장교인 초관(哨官)을 역임하였다. 이후 장용영의 초관이 되었고 『무예도보통지』 편찬에 참한 것이다. 이후 훈련원에서 활동하였고 벼슬이 종4품인 훈련원 첨정(僉正)에 이르렀다. 순조 때는 평안도 박천군수로 임명되었는데 뇌물죄로 유배, 금고형(禁錮刑)을 받았다. 말년에 종3품의 군기시(軍器寺, 병기제작 부서) 부정(副正, 부책임자)으로 임명되었다가 74세의 나이로 생을 마감했다. 그의 호가 들 야(野), 굶주릴 뢰(餒) 자라는 것이 좀 특이하다. 거칠고 가난하지만 꿋

곳하게 살겠다고 그 스스로 지은 것이라 한다. 처남 이덕무는 자신의 문집 『청장관전서(靑莊館全書)』 3권 「야뇌당기(野餒堂記)」에서 이런 매부 백동수를 이렇게 기리고 있다. "세상 사람 모두가 비방하고 헐뜯어도 그는 조금도 거친 것(野)을 뉘우치지 아니하고 굶주리는 것(餒)을 부끄러워하지 아니하니 이야말로 진정한 '야뇌'라고 이를 수 있지 않겠는가?"라고.

이제 내용을 보자. 먼저 정조가 쓴 서문 「어제무예도보통지서(御製武藝圖譜通志序)」가 나온다. 내용은 조선의 무술훈련 역사를 쓰고 있다. 초기의 조련(操鍊, 군사훈련)에서 궁궐 수비군의 장교인 위사(衛士)는 세조 때부터 활쏘기(弓術)밖에 없었다고 밝히고 있다. 선조 때 비로소 훈련도감의 한교(韓嶠)가 임진왜란에 참전한 명나라 군대의 무술 6기(技)를 터득해 그림 해설책 도보(圖譜)를 만들었다. 이 책이 『무예제보(武藝諸譜)』이다. 이후 영조 때 사도세자(思悼世子, 1735~1762년)가 12기를 더하여 도보로 만들어 군사 강습(講習)하게 되었다. 이 책이 『무예신보(武藝新譜)』다. 그리고 정조가 이것을 다시 24기로 발전시켰다고 스스로 밝히고 이런 과정으로 『무예도보통지』를 간행한다는 내용이다. 그리고 「목차(總目)」, 「범례(凡例, 일러두기)」, 군영 설치, 군사제도, 병서 발행, 훈련과 취재를 연대순으로 정리한 「병기총서(兵技總敍)」, 명나라의 장군 척계광(戚繼光)과 병법가 모원의(茅元儀, 1594~1640년)의 간략한 전기 「척모사실(戚茅事實)」, 한교가 명나라 장수와 무술에 대해 논의한 「기예질의(技藝質疑)」, 「인용서목(引用書目, 인용도서)」으로 권수(卷首)가 구성되어 있다.

이어서 본격적인 무술이 이어진다. 1권은 「장창(長槍)」, 「죽장창(竹長槍)」,

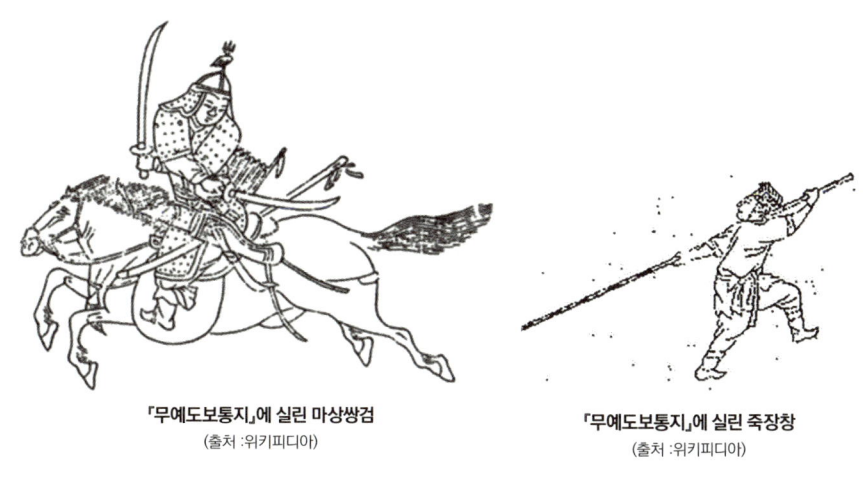

「무예도보통지」에 실린 마상쌍검
(출처 :위키피디아)

「무예도보통지」에 실린 죽장창
(출처 :위키피디아)

「기창(旗槍)」, 「당파(鏜鈀)」, 「기창(騎槍)」, 「낭선(狼筅)」이, 2권은 「쌍수도(雙手刀)」, 「예도(銳刀)」, 「왜검과 교전」을, 3권은 「제독검(提督劍)」, 「본국검(本國劍)」, 「쌍검(雙劍)」, 「마상쌍검(馬上雙劍)」, 「월도(月刀)」, 「마상월도(馬上月刀)」, 「협도(挾刀)」, 「등패(藤牌)」와 요도표창(腰刀標槍), 4권은 「권법(拳法)」, 「곤봉(棍棒)」, 「편곤(鞭棍)」, 「마상편곤(馬上鞭棍)」, 「격구(擊球)」, 「마상재(馬上才)」이다. 이렇게 총 24가지의 무술 소개하고 있다. 그리고 무기 사용에 따른 보군(步軍, 보병)의 복식, 마군(馬軍)의 복식, 격구나 마상재 때의 복식을 소개한 「관복도설(冠服圖說)」과 24가지의 무술이 실제 군영에서 훈련되는 상황을 정리한 「고이표(考異表)」로 구성되어 있다.

무술 소개 방식을 보면, 각 무술의 무기 그림, 각 부위의 명칭과 특징을 먼저 설명한다. 그리고 각 무기에 대한 설명, 사용법, 유래 등을 여러 인용글로 설명을 이어간다. 그리고 각 해당 무기의 무술 동작을 설명하는데 이를 보(譜)라고 한다. 먼저 각각의 정지 동작과 명칭, 설명이 나온다. 그리고 무술 연결 동작을 한 장의 그림으로 전체적인 양상을 보여주는데, 이를 총도(總圖)라고 한다. 전체 내용은 이와 대동소이한 구성이다. 다만 궁술과 총포(銃砲) 사용은 내용에 없다. 당시 연병장에서 아마도 이 순서대로 교관이 동작을 설명하며 시범 보이고 전체가 그 동작을 따라서 훈련했을 것으로 보인다. 물론 누군가 혼자서 책을 보고 그대로 따라서 무술 연습을 하였어도 가능했을 것이다.

방대한 전체 내용을 다 소개할 수 없지만 한 가지만 간략히 소개하고자 한다. 앞서 거론한 김체건이 몰래 배워온 왜검이다. 내용은 이렇다. 「왜검」이란 제목이 있고 그 아래 왜식(倭式) 그리고 초(鞘, 칼집), 도(刀, 칼), 인(刃, 칼날)으로 구분해 놓았다. 제목 옆에 증(增)이란 주석으로 '교전(交戰)'을 붙였다'는 글이 있다. 그 아래 칼을 칼집과 칼, 칼날 부위로 3개 부위로 해체한 그림이 있고 각 부위의 명칭이 나온다. 그 아래, 앞서 범례에 등장하는 병법가 모원의가 쓴 일본도(日本刀) 소개의 글을 인용하고 있다. '일본도는 크고 작고 길고 짧은 것이 같지 않다. 사람마다 장도(長刀) 한 자루를 가지고 있는데 이것을 패도(佩刀)라 한다. 그 칼 위에 또 한 개의 작은 칼을 끼워서 편리하게 섞어 쓴다. 또 하나의 자도(刺刀)가 있는데 길이가 한 자(尺)인 것을 해수도(解手刀)라 하고, 길이가 한 자가 넘는 것을 급발(急拔)이라 하는데 자도(刺刀)의 종류이다. 이 세 가지는 곧 몸에 지니고 다니면서 반드시 쓰는 것이다. 강하고 날카로운 것이 중국 칼이 미치지 못한다'라고 일본도를 설명하고 있다. 일본 사무라이 영화를 보면, 그들이 실전을 겨룰 때 큰 칼인 가타나(刀)와 작은 칼인 와키자시(脇差し)를 양손에 들고 싸우는 모습을 보게 된다. 이처럼 모원의가 이러한 왜검 사용의 특징은 정확하게 설명했다고 보인다. 그리고 고전을 인용하여 명검(名劍)을 소개하고 『왜지(倭志)』라는 역사책과 『왜한삼재도회(倭漢三才圖會)』 등을 통해 일본 왜검의 역사를 소개하고 있다. 그리고 숙종 때 김체건이 일본의 검보(劍譜)를 얻고 그 술(術)을 배웠다는 사실과 당시 왕 앞에서 시범을 보인 사실을 밝히고 있다. 그가 체득한 일본의 4종류 유파에 대한 설명이 이어진다. 그것은 토유류(土由流), 운광류(運光流), 천류류(千柳流), 류피류(柳彼流)다. 이어서 왜검보(倭劍譜)에 이 4종류 유파의 검술 자세를 설명하고 그 각각에 그림을 붙였다. 그리고 총보로 연결 동작 전체를 보여준다. 이어서 교전보(交戰譜)가 나온다. 두 사람이 검술 대련하는 내용이다. 하지만 내용은 마찬가지로 먼저 글로 설명하고 그림으로 보여준다.

2장

'마음은 제자리를 벗어나지 않아야 하고,

항상 깨어있어야 한다.'

수신(修身)

여기서는 조선 중기, 사림(士林) 세력이 연구한 심성정론(心性情論), 출처론(出處論), 의리론(義理論) 같은 것을 중심으로 "조선성리학"을 형성해 가는 시기의 선비와 저술을 다룬다. 이 사림을 도학자(道學者)라고도 한다. 인간 본성을 규명하고 수양하는 것을 심성정론이라 한다. 출처론은 선비들이 벼슬에 들 때와 물러날 때 신중하고 도의에 맞아야 한다는 것이다. 의리론은 선비라면 마땅히 지켜야 할 효제(孝悌)나 충의(忠義) 같은 도리를 말한다. 좀 더 보면, 어떤 왕을 섬길 때 왕의 뜻대로 따르는 것은 그냥 아부나 아첨에 불과한 것이고 진정한 충의가 아니다. 그릇된 것이라면 목숨을 걸고 진정으로 간언(諫言, 잘못된 일을 고치도록 말하는 것)해야 한다는 것이다. 그래도 시정되지 않고 거부하면 그런 왕을 버리고 떠나도 된다. 이것이 진정한 충의다. 덧붙여 오늘날의 관점으로 보면 개인 양심의 자유가 더 우선한다고 볼 수 있다. 이런 점들은 사림의 학문과 수양의 수준이 이전 관학파(官學派)와는 달랐다. 관학파는 관학(官學)이라는 조선이 세운 공식 학교(성균관)를 수료하고, 문과 급제(及第)를 한 후 집현전(集賢殿) 같은 엘리트 문신 코스를 밟은 사람들을 말한다.

사림의 특징은 높은 수준의 학문과 수양이다. 앞서 서문에서도 밝혔듯이 성리학은 방대한 학문과 사상체계로 이루어져 있다. 주자 사후 제자들이 주자의 모든 저술을 모아서 출간한 『주자대전(朱子大全)』, 명나라 영락제(永樂帝) 때 간행된 『성리대전(性理大全, 송나라 성리학자 120명의 모든 저술을 집대성한 전서)』, 『심경(心經, 주자의 제자 眞德秀가 심성 수양을 위해 편집한 책)』과 그 연구 논문들이 조선에 도입되었다. 그런 저작들은 조선의 사상, 학술

퇴계 이황 (출처 : 위키피디아)

계에 큰 영향을 주었고 변화를 불러왔다. 이런 방대한 성리학 저작들을 최초로 완독한 사람으로 지목되는 선비는 퇴계(退溪) 이황(李滉)이다. 일반적으로 사림의 성리학적 학맥 또는 도통(道統)은 목은(牧隱) 이색(李穡)→포은(圃隱) 정몽주(鄭夢周)→야은(冶隱) 길재(吉再, 1353~1419년)→강호산인(江湖散人) 김숙자(金叔滋, 1389~1456년)→점필재(佔畢齋) 김종직(金宗直, 1431~1492년)→한훤당(寒暄堂) 김굉필(金宏弼, 1454~1504년/鄭汝昌/金馹孫)→정암(靜庵) 조광조(趙光祖, 1482~1519년)→회재(晦齋) 이언적(李彦迪, 1492~1553년)→이황으로 이어졌다고 한다. 이들을 "영남유림(嶺南儒林)"이라고도 한다.

조선의 사림이 정리한 도통과 조금 다른 것이 있다. 오늘날 서울에 남아 있는 문묘(文廟, 현재 성균관의 사당)와 지방의 향교(鄕校, 조선의 국립지방학교)에 가면 위패로 모셔져 있는 동방 18현(東方十八賢)이다. 신라시대 빙월당(氷月堂) 설총(薛聰, 658~?)과 고운(孤雲) 최치원(崔致遠, 857년~908년)부터 조선시대 동춘당(同春堂) 송준길(宋浚吉, 1606년~1672년)과 남계(南溪) 박세채(朴世采, 1631년~1695년)까지의 인물들이다. 공자와 그의 제자들, 중국의 역대 유학자들의 위패와 함께, 이 한국의 유학자 18인의 위패를 모시고 후학들은 봄가을로 지난 600여 년간 제사를 받들고 있다. 이 18현은 우리가 아는 대부분의 유학자이면서 분명 조선 시대 가장 존경받은 유학자들이 분명하다. 하지만 선정 당시 인물에 대한 평가를 두고 여러 입장(黨色)이 있어 큰 논란도 있었다. 그런 논란 후 동방 18현 정리된 것이다. 18위 중 4위를 제외한 14위는 조선 시대 유학자로 앞으로도 이 책에서 거론할 일이 많을 것이다.

사림은 학문하는 태도부터 이전 관학파와 달랐다. 당시 어린이 교육용이라는 『소학(小學)』을 중요시했다. '마당에 물 뿌려 청소하고, 손님 접대하고, 어른 앞에서 나아가고 물러나는 예절(灑掃應對進退)' 같은 아주 작은 행동부터 몸으로 배워 평생 실천하는 것이 '학문'이라고 본 것이다. 입으로 책을 읽고 머리로 외는 것이 아니라 실천이라는 것이 학문이라는 것이다. 기묘사화(己卯士禍)로 죽은 조광조의 별명이 "소학 동자(童子)"였다.

사림이 또 중요시한 것은 향촌 사회의 풍속교화(風俗敎化), 스승을 모시고 친구들과 우정을 나누는 것이다. 이들이 앞장을 서서 조선 사회 풍경을 바꾼 것이 바로 향약(鄕約)과 서원(書院)의 확산이다. 이 시기부터가 우리가 인식하는 일반적인 조선 사회 모습일 것이다.

이들 사림은 성종 때부터 김종직을 필두로 중앙 정계에 등장하기 시작했다. 당시 중앙 정계 주류(관학파)는 처음부터 이 사림을 "경상도선배당(慶尙道先輩黨) 패거리"라 지목하고 비판했다. 이후 사림은 여러 차례 사화(士禍)로 비극을 맞았다. 하지만 선조 때부터 확고하게 중앙 정계를 장악했다. 사림은 과거 자신의 기득권을 지키기 위해 사화를 일으켰던 훈구척신(勳舊戚臣, 공신세력과 왕실 친척)이 남긴 폐해를 극복하고 새로운 조선을 건설하려 했다. '인간 세상을 하늘의 뜻이 펼쳐진 이상세계'를 만드는 것을 정치 방향으로 내세웠다. 지치주의(至治主義)를 내세운 조광조가 좋아한 말이 "지치형향 감우신명(至治馨香感于神明)"이다. 잘 다스려진 인간 세계의 향기는 신명(神明)을 감명시킬 수 있다는 의미로 『서경(書經)』「군진편(君陳篇)」에 나오는 구절이다. 그것이 바로 맹자(孟子)가 주장한 왕도정치(王道政治)이다. 그런 정치를 위해 왕부터 '성인'이 되라고 요구했다. 이때 선조에게 사림이 내민 수신서와 제왕학책들의 제목에 '성학(聖學)'이 들어간 이유가 이것이다.

여기서는 이 시대를 대표할 만한 수신서 몇 권을 소개하려 한다. 지금도 나름 그 가치가 있다. 개인 공부 차원으로도 좋지만 공직에 나서 입신양명(立身揚名)을 꿈꾸는 사람이라면 반드시 한 번쯤 읽어야 할 책이다. 옛날이나 지금이나 수신(修身)·제가(齊家)도 못한 자가 다른 사람 위에서 정치(治人)를 하면 언제나 세상은 엉망이 된다.

『이륜행실도(二倫行實圖)』

조선왕조에서는 왕이 앞장서서 전체 백성을 대상으로 윤리 교과서를 만들어 반포하는 사례가 여러 번 있었다. 처음 시작은 1434년 세종 때 『삼강행실도(三綱行實圖)』부터다. 발단은 1428년 진주에 사는 김화(金禾)가 아버지를 살해한 패륜범죄 사건 때문이다. 당시는 이런 종류의 범죄를 강상죄(綱常罪)라고 하며 극형에 처했다. 삼강(三綱)이란 사람이라면 반드시 지켜야 할 마땅한 윤리를 말한다. 왕과 신하의 윤리 군위신강(君爲臣綱), 부모와 자식의 윤리 부위자강(父爲子綱), 남편과 부인의 윤리 부위부강(夫爲婦綱)으로 구성된다. 여기서 강(綱)이란 그물의 벼리(손으로 쥐는 부분)란 말인데, 앞의 존재가 뒤의 존재보다 윗사람기 때문에 섬기라는 의미도 포함된다. 이런 윤리가 조선의 사회 질서를 유지하는 바탕이다. 만약 누군가 이 윤리에 어긋나는 행동을 한다면 법 처벌 이전에 금수나 오랑캐 같은 자라는 사회적 비난으로 완전히 매장을 당할 것이다. 오늘날의 성범죄나 흉악범죄처럼 말이다. 그 반대로 누군가 효자, 충신, 열녀라는 평가를 받는다면 그가 장차 무엇을 하더라도 모두의 지지와 이해를 받아 순조로울 것이다. 하지만 오늘날의 사고로 보면 이런 윤리는 차별적인 윤리라고 비난받을 수 있다. 예(禮)란 윤리를 직접 몸으로 표현하는 것이기도 하다. 또한 옷, 가구, 건물, 무덤, 문양, 색깔 등 시각적으로 드러나는 모든 것에서 구현하기도 한다.

오늘날 강력범죄, 패륜범죄가 발생하면 대책으로 더욱 강한 처벌을 위해 법을 개정한다. 그러나 조선의 대책은 윤리 교과서를 반포한다는 점이 전혀 다른 점이다. 여기서 『논어(論語)』 「위정편(爲政篇)」의 유명한 문장 "덕(德)으로써 백성을 이끌고 예(禮)로써 백성을 다스린다(道之以德, 齊之以禮)"라는 내용이 자연스럽게 떠오른다. 유교 국가 조선이 어떤 방식의 통치를 지향했는지 알 수 있다. 당시는 이런 방식의 통치를 '왕의 교화(敎化)'라고 했다.

『삼강행실도』는 직제학(直提學) 설순(偰循 ?~1435년 문신) 등이 편찬했는데, 한국과 중국의 충신, 효자, 열녀 각 110명씩 모범 사례로 선택해서 한문(이후 한글 언해본도 발간)으로 된 설명과 시찬(詩贊)으로 그들의 행적을 정리했다. 그리고 책 이름에 도(圖)가 있는 것처럼 주요 장면은 그림(목판)으로 삽입했다. 문맹인 백성도 모두 보라는 의미다. 마지막으로 이런 국가의 윤리 교과서 편찬은 1797년 정조 때 『오륜행실도(五倫行實圖)』다. 오륜은 부자유친(父子有親), 군신유의(君臣有義), 부부유별(夫婦有別), 장유유서(長幼有序), 붕우유신(朋友有信)이다. 『오륜행실도』는 김홍도 등 당시 유명 화원들이 밑그림을 그린 판화가 실려 있다. 흔히 삼강과 오륜을 합쳐 "삼강오륜"이란 말을 자주 쓰는데 전한(前漢) 때 동중서(董仲舒)의 삼강오상설(三綱五常說)에서 유래하였다.

이렇게 왕명으로 제작된 국가의 윤리 교과서와 달리 선비가 나서 편찬을 주도한 윤리 교과서가 있었다. 그것은 1518년 중종(中宗, 재위 1506~1544년) 때 간행된 『이륜행실도』이다. 중종은 폭군 연산군(燕山君, 재위 1494~1506년)을 신하들이 몰아낸 중종반정(中宗反正)으로 갑자기 왕위에 올

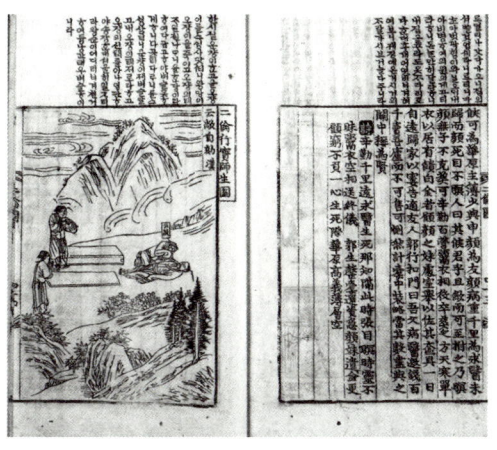

『이륜행실도』 (출처 : 한국민족문화대백과사전)

랐다. 그 때문에 형인 연산군이 저지른 폐정을 바로잡고 무너진 국정을 다시 정상 궤도로 올려놓아야 할 책무가 중종에게는 있었다. 중종은 과거 1498년 무오사화(戊午士禍), 1504년 갑자사화(甲子士禍)로 참화를 입은 사림을 다시 중앙 정계로 불러들여 개혁 정치를 시도한다.

그중 가장 유명한 인물이 사림의 총수인 조광조다. 그가 추진한 개혁 정책 중 유명한 것 몇 가지를 보면, 정치적으로는 언로(言路) 개방과 현량과(賢良科) 도입, 사회적으로는 향약(鄕約)의 보급과 소격서(昭格署) 폐지, 그리고 위훈(僞勳) 삭제 등을 꼽을 수 있다. 언로 개방이란 사헌부(司憲府, 풍속과 관리 감찰), 사간원(司諫院, 왕에 대한 간쟁과 관료에 대한 탄핵), 홍문관(弘文館, 왕의 국정 자문기관)의 비판과 탄핵 기능을 강화한다는 의미다. 현량과는 과거시험이 아니라 성품과 학식이 뛰어난 인재를 추천해서 바로 고위 관리로 발탁하자는 것, 향약은 지방 관청이 아닌 지역민의 자치 기구를 위한 규약을, 소격서란 도교의 제사를 지내는 곳이므로 폐지하자는 것이다. 이런 정책들은 모두 그가 내세우는 도학(道學) 정치, 지치주의(권력을 가진 사람들이 인·의·예·지의 유교적 이념을 철저히 실천하여 군자가 되어야만 제대로 된 정치를 할 수 있다는 공자의 사상) 이상과 맞닿아 있지만 현실 정치에서는 중종반정의 공신과 훈구파 대신들을 겨냥한 '칼'이다. 그 정점이 바로 위훈(僞勳, 가짜 공훈) 삭제다. 중종반정의 공신은 다른 시대의 공신 수보다 너무 많았고, 그들 중 상당수는 허위 공적이다. 그렇지만 공신으로서 많은 특권을 누리고 있었다. 바로 이들의 제거하려 "위훈삭제"를 제기한 것이다. 그러나 중종은 자신의 지지 기반이고, 정당성인 반정공신에 대한 재평가와 위훈 삭제를 반대한다. 더 나아가 조광조와 사림 세력을 대거 숙청한다. 그것이 1519년의 기묘사화(己卯士禍)이다. 이때 사화의 참화를 당한 선비를 "기묘사림"이라고 한다.

이 기묘사림 세력이 사회개혁 방향을 밝힌 책이 바로 『이륜행실도』이다. "이륜"이란 오륜(五倫)중에 이륜(二倫)인 장유유서(長幼有序)와 붕우유신(朋友有信)을 말한다. 이 책은 기묘사림의 일원인 모재(慕齋) 김안국(金安國, 1478~1543년)이 편찬한 책이다. 김안국은 중종에게 경연(經筵)에서 역사와 경전을 강의하고 관련 국정을 의논하는 경연관으로 있었다. 그때 장유유서는 종족(宗族, 혈연집단) 사회에, 붕우유신은 향당(鄕黨, 지역사회)과 관료의 관계에서 적용되는 윤리 규범으로서 사회적으로 중요한 인륜이라는 주장을 편다. 이전의 『삼강행실도』와 『이륜행실도』를 함께 백성들에게 교화해야 한다고 역설한다. 이에 중종도 동의하고 예조(禮曹, 교육, 제례, 외교 담당 최고 관청)에 편찬을 명한다. 책의 대부분 내용은 기획과 의도, 편집 초안 은 김안국이 이미 다했다고 한다. 하지만 김안국은 1517년 경상도관찰사 (慶尙道觀察使)로 임명되어 서울을 떠나고 마무리 작업은 당시 은거 중이었 던 전(前) 사역원정(司譯院正, 사역원 고위 관료) 조신(曺伸, 1454~1529년 역관)이 마 무리했다. 그리고 책은 이듬해 완성되어 조신이 은거했던 고향 금산(金山, 현재 김천)에서 출간한다. 그 배포는 경상도관찰사 김안국이 힘을 썼다. 김 안국은 당시 관찰사로서 향약 확대, 소학 권장 등의 풍속교화와 여러 농 서, 의서를 보급하고 있었다. 이때가 기묘사화 일 년 전이다. 기묘사화 이 후 파직당하고 고향으로 낙향하며 목숨은 구했다. 아마도 조광조처럼 앞장서서 공신 세력과 싸운 강경파가 아닌 것으로 분류되었기 때문일 것 이다. 이후 중앙 정계로 복직되었고 죽은 후 종묘(宗廟)에 있는 인종(仁宗, 재위 1544~1545년) 사당에 배향(配享)되었다. 또 여주의 기천서원(沂川書院), 이 천의 설봉서원(雪峰書院), 의성의 빙계서원(氷溪書院)에서 제사를 모시고 있 다. 조신이 죽자 서출이자 역관인 그에게 공조판서(工曹判書)를 추증하였 고 효강(孝康)이란 시호를 내렸다.

책은 목판본으로 총 1권 1책이다. 내용은 급수동사(伋壽同死, 급과 수가 함께 죽다) 등 「형제도(兄弟圖)」에 25명, 군량척처(君良斥妻, 군량이 아내를 내쫓다) 등 「종족도(宗族圖)」에 7명, 범장사우(范張死友, 범식과 장소가 죽도록 벗으로 지내 다) 등 「붕우도(宗族圖)」에 11명, 운창자핵(云敞自劾, 운창이 자신이 죄인 제자임을 밝혀 스스로 탄핵하다) 등 「사생도(師生圖)」에 5명 등 모두 48명 모두 중국 사례다. 구성은 각 장의 앞면은 그림이고 그림의 위쪽에는 한글이 실려 있고 뒷면에는 한문으로 쓴 행적기록과 시찬(詩贊)으로 되어있다.

사례가 너무 많아 다 소개할 수 없지만 마지막 부분 운창자책 사연을 끝으로 소개한다. 운창은 한(漢)나라 때 사람인데, 오장(吳章)을 스승으로 모시고 배웠다. 그때 역사에서 황위를 찬탈하고, 천하를 혼란에 빠뜨렸다고 비난을 받는 왕망(王莽, 기원전 45~23년)이 등장한다. 왕망은 스승 오장을 죽이고, 오장의 제자 천여 명을 같은 당(儻)이라 하여 모두 금고(禁錮)에 처해 벼슬길에 나서지 못하게 하였다. 그러자 제자들은 모두 다른 스승에서 배웠다고 비겁하게 거짓말을 하며 계속 벼슬살이를 하려 했다. 그러나 오직 운창은 "나는 오장의 제자이다"라고 스스로 당당히 밝히고 스승의 주검을 수습해 장례를 치렀다. 목숨이 위태롭게 되거나 정치·사회적으로 불이익을 당할 것을 감수하고 끝까지 사제의 의리를 지켰다는 이야기다. 배신이 난무하는 세상일수록 운창 같은 사람이 더 그리운 법이다.

『성학십도(聖學十圖)』

1568년 이황이 왕위에 즉위한 선조에게 상소문(上疏文) 형식으로 한 권의 책을 바친다. 그것이 『성학십도』다. 정확히는 책도 아니며 원래 이름 『진성학십도차병도(進聖學十圖箚幷圖)』에 드러나듯이 10폭 병풍 그림 형식의 도표와 해설문이다. 68세의 노학자가 이제 17세의 소년 왕에게 이 한 권의 책을 통해 간곡히 말하고자 하는 것은 성군(聖君)이 되라는 것이다. 이 책이 지닌 진정한 의미와 가치를 알기 위해서는 우선 당시 두 사람의 처지를 알 일요가 있다.

먼저 이황의 경우, 조금 늦은 나이인 34에 과거에 급제하고 차근차근 승진해 43세에 종3품 성균관 대사성(大司成)까지 올랐다. 하지만 곧이어 일어난 1545년 을묘사화(乙卯士禍)로 자신은 물론 가족도 불행을 겪는다. 을묘사화는 명종(明宗, 재위 1545~1567년) 즉위로 대비(文定王后)와 그 측근 세력(小尹)이 정적들과 사림 세력을 대거 숙청하고 국정을 농단한 사건이다.

이황 자신도 이 일로 파직을 당하기도 하고 형은 귀양 길에 죽는다. 상처한 후 재혼했던 아내도 출산 후유증으로 죽는다. 죽은 아내는 어린 시절 이미 갑자사화로 친정이 풍비박산이 나면서 정신질환을 앓았다고 한다. 그 아내와 이황의 애틋한 사랑 이야기는 지금도 많이 전해진다. 얼마 후 둘째 아들도 젊은 나이에 요절한다. 이후 이황은 복직해 지방관을 전전하지만 늘 은퇴를 꿈꾼다. 그에게 조정에 출사하고 관리가 되는 문제는 단지 개인의 욕망 또는 불행한 가정사의 문제가 아니다. 성리학의 출처론

(出處論)에 따른 선비로서의 올바른 처신 의(義)를 실천하는 문제다. 출은 벼슬에 나가는 출사, 처는 시골(고향)에 은거하는 것을 말한다. 불법적이고 무도한 정권에서 관직을 맡는 것은 참기 힘든 모욕이다. 그래서 번민의 날을 보내며 늘 퇴사를 요청하며 중앙 고위직이 아닌 지방관을 전전한 것이다. 드디어 나이 60세에 완전히 은퇴하고 고향에 도산서당(陶山書堂, 사후 서원으로 변모)을 열어 제자 교육과 자신의 학문과 수양에 전념한다. 그러다가 새로운 왕이 등극하여 초빙하자, 도학자로서 왕도정치의 큰 기대를 지니고 다시 상경한 것이다.

한편, 선조는 방계(傍系, 주된 계통이 아닌 먼 혈통) 출신이다. 명종이 급사를 하면서 세자(世子)였거나 세자 교육을 받은 적도 없다. 심지어 명종이 명시적으로 후계자로 지목하지도 않았다. 자신을 아껴주던 선왕도 친아버지도 심지어 가까운 형제도 없는 고아 같은 처지였다고 보인다. 오직 명종의 왕비 인순왕후(仁順王后, 1532~1575년)의 지명으로 왕위에 오른 것이다. 시어머니 문정왕후와 달리 인순왕후는 선조가 서둘러 친정을 하도록 수렴청정(垂簾聽政)도 불과 1년여 만에 마쳤다. 선조는 이제 막 친정을 시작하며 이 책을 받은 것이다.

아마 두 사람의 의도는 이런 것이 아니었을까. 누가 보더라도 선조에 부여된 시대적 과제는 연산군 이래로 누적되어 온 적폐를 청산하고, 다시 조선을 반석에 올려놓는 것이다. 그 과제를 수행하기 위해 이황은 먼저 선조가 성군이 되라는 것이다. 모든 문제는 정치의 문제이고 당시 정치는 궁극적으로 왕이 모든 책임을 진다. 그래서 많은 선비가 선조에게 기대가 무척 컸다. 하지만 선조의 입장은 미묘하게 달랐다고 본다. 먼저 여러 대에 걸쳐 조정과 정무를 장악하고 있는 훈척(勳戚, 공신 세력과 왕실 친인척들)을 몰아내고, 그 자리에 새로운 정치 세력인 사림이 대거 들어오고 자신이 왕권을 제대로 행사하는 것이 개혁 정치의 시작이라 생각한 듯하다. 그래서 당시 사림의 영수로 존경을 한 몸에 받고 있던 이황부터 조정에 모시고 싶었을 것이다.

여기까지는 『성학십도』를 주고받는 두 사람과 그 시대의 풍경이고, 이제 책의 내용을 좀 더 보자. 책은 「태극도(太極圖)」, 「서명도(西銘圖)」, 「소학도(小學圖)」, 「대학도(大學圖)」, 「백록동규도(白鹿洞規圖)」, 「심통성정도(心統性情圖)」, 「인설도(仁說圖)」, 「심학도(心學圖)」, 「경재잠도(敬齋箴圖)」, 「숙흥야매잠도(夙興夜寐箴圖)」로 구성되어 있다.

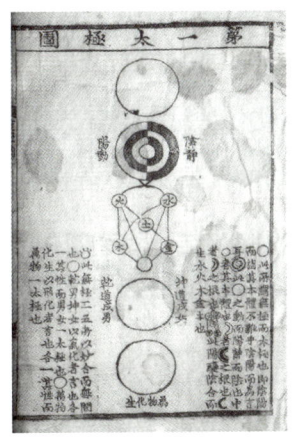

「성학십도」 「태극도」
(출처 : 한국민족문화대백과사전)

「태극도」는 말 그대로 모든 만물의 근원(또는 원리)인 태극을 그리고 그 설명한 것이다. 태극에서 모든 세상 모든 만물이 나오고, 사람도 만들어진다는 설명이다. 그리고 주자의 견해 등을 인용하며 퇴계가 자신의 견해도 밝힌다. 내용은 유교·성리학의 우주론이라 말할 수 있다. 성리학에서 이런 개념을 처음 제시한 학자는 송나라의 주돈이(周敦頤, 1017~1073년)다. 이후 남송의 주자가 확립했다. 그런데 제대로 이해하려면 도교와 『주역(周易)』부터 많은 배경지식이 필요하다. 가장 중요한 학술 논쟁인 "무극이태극(無極而太極)"이란 개념 정도는 알아 둘 필요가 있다. 이 말은 주돈이가 자신의 저서 『태극도설(太極圖說)』에서 처음 쓴 것이다. 남송의 학자 육구연(陸九淵, 1139~1192년)은 무극과 태극을 선후 관계로 보고 '무극으로부터 태극이 나왔다'고 주장했다. 그러나 무(無)에서 유(有)가 나왔다는 것은 도교의 개념이라며 주자는 비판한다. 그 이후 대부분의 성리학자와 이황은 '무극인 태극'으로 즉, 무극 = 태극이라고 풀었다.

다음은 「서명도」이다. 송의 성리학자 장재(張載, 1020~1077년)가 쓴 「서명」을 도표로 그리고 해설한 것이다. 문장이 장엄하고 참 아름답다. 원래 장재가 자신의 수양을 위해 자주 보며 늘 각성하고자 자신의 방 서쪽 창가에 새긴 글이다. 이후 정이(程頤, 1033~1107년 형 程顥와 더불어 '程子'라고 함)가 처음 발견하여 성리학의 핵심 논리로 발전한 것이 '이일분수(理一分殊)'이다. 우주는 하나의 유기체이지만 그 안에는 각 개체가 독자적으로 존재한다고 설명한다. 그 하나의 우주는 원리인 이(理)라고 할 수도 있고, 가치적으로 말한다면 인(仁)이라 할 수도 있다. 처음 도입부와 마지막 부분의 몇 문장을 보자.

"하늘을 아버지라 부르고, 땅을 어머니라 부른다. 나의 작은 몸은 그 가운데 뒤섞여 있다. 그러므로 천지 사이에 가득 찬 것은 나의 형체가 되었고, 천지를 이끄는 것이 나의 본성이 되었다. 백성은 나의 동포요, 모든 생명체는 나와 함께 사는 동포다.(乾稱父, 坤稱母, 予玆藐焉, 乃混然中處. 故天地之塞, 吾其體, 天地之帥, 吾其性, 民吾同胞, 物吾與也.)

부귀와 복은 삶을 두터이 할 것이요, 가난과 슬픔은 옥(玉)처럼 만들어 줄 것이다. 살아있는 동안 나는 따르며 섬기며, 죽어 편안히 돌아가리라.(富貴福澤, 將以厚吾之生也, 貧賤憂戚, 庸玉汝於成也, 存吾順事, 沒吾寧也)"

읽다 보면, 천지만물과 일체가 되는 경지, 소아(小我)가 아닌 하늘과 땅, 그 위의 모든 인간사회를 아우르는 최고의 경지(성인)에 다다르는 것을 압축적인 짧은 문장으로 담고 있다.

다음은 「소학도」는 『소학(小學)』의 각 목록, 입교(立敎), 명륜(明倫), 경신(敬身), 계고(稽古)를 도표로 설명한 것이다. 여기에 주자가 쓴 제사(題辭, 서문)를 덧붙였다. 『소학』은 주자가 그의 제자 유자징(劉子澄)과 함께 쓴 어린이 교육용 책이다. 주로 어린이의 바른 생활 같은 것을 강조하는 유학의 책이다. 조선에서도 같은 용도로 널리 읽혔다.

다음 「대학도」는 『대학(大學)』의 3강령(三綱領)을 도표와 함께 설명한 것이다. 삼강령은 "대학지도 재명명덕 재친민 재지어지선(大學之道 在明明德 在親民 在止於至善)"이라는 대학의 첫 문장을 말한다. 일반적으로 그 의미를 '대학의 도는 밝은 덕을 밝히고, 백성을 새롭게 하고, 지극한 선에 머무르는 것이다'라고 풀이한다.

「백록동규도」은 주자가 백록동서원(白鹿洞書院)을 세우고 강학을 하며 세운 서원의 규칙을 마찬가지로 도표로 제시하고 설명하는 내용이다. 서원은 오늘날 중국 강서성(江西省) 여산(廬山)에 있다. 서원 생도들이 지킬 윤리 같은 내용이다.

「심통성정도」은 하늘이 내린 착한 마음(性善)을 기초로 궁극적으로 인의예지신(仁義禮智信)이라는 최고의 품성, 군자의 마음에 이르는 것을 설명한다. 내용은 사단칠정론(四端七情論)을 두고 후학인 고봉(高峰) 기대승(奇大升, 1527~1572년 문신)과 주고받은 서신 토론에서 이황이 주장한 학설이라 보면 된다.

「인설도」는 주자의 『인설(仁說)』과 『인설도(仁說圖)』를 설명하는 것이다. 인(仁)은 천지가 만물을 낳는 마음이고 그것을 사람이 얻어 마음이 된다. 인은 사덕(四德)을 포괄하는데, 원(元), 형(亨), 리(利), 정(貞)을 말한다. 생명이 낳고, 자라고, 거두고, 사라지는 현상처럼 사물(또는 생명)의 원리 같은 것이다. 결국 그 인을 사람이 체득하는 것이 중요한 것이다.

「심학도」는 원나라의 학자 임은(林隱) 정복심(程復心, 1257~1340년)의 학설이다. 정복심의 주장을 요약하면, '마음은 한 몸의 주재(主宰)로서 허령(虛靈)하며 지각을 지닌 신명스러운 이 마음은 하나'라고 할 수 있다. 이 하나의 마음이 양심(良心, 원초적 도덕심), 적자심(赤子心, 아이 마음), 인심(人心, 욕심 같은 것), 본심(本心), 대인심(大人心, 어른 마음), 도심(道心)으로 나타난다는 것이다. 그래서 마음을 주재하는 경(敬)으로써 살펴서 선(善)을 선택하고 한결같이 마음을 잡아서 굳건히 중도(中道)로 나가야 한다. 이런 논의를 하는 성리학 분야를 "심학(心學)"이라 한다. 이렇게 심학에 대해 높은 이해를 지닌 이황은 당시 명나라에서 들어온 양명학(陽明學)을 비판하기도 한다. 그러나 양명학도 심학이라고 한다. 이황의 이 견해(정복심의 학설)는 훗날 이이 (李珥)에게 비판받기도 한다.

「경재잠도」와 「숙흥야매잠도」는 앞서 말한 경(敬)을 일상에서 유지하며 수양하는 방법에 대한 것이다. 「경재잠도」는 주자가 자신의 서실 경재 (敬齋)에 써두고 스스로 다짐한 글이 주요 내용이다. 「숙흥야매잠도」의 내용은 춘추(春秋) 시대 위(衛)나라 무공(武公, 기원전 812~기원전 758년)이 나이 95세에도 자신의 삶을 경계하기 위해 지은 것으로써 『시경(詩經)』에 나온다. 숙흥야매(夙興夜寐)는 새벽 일찍 일어나고 밤늦게 잔다는 의미다. 95세에도 자신을 스스로 경계하고 삼갔다는 놀라운 이야기다.

이황은 1570년에 죽었다. 죽기 며칠 전 죽음을 예감하고 시신을 염습할 준비를 시키고 책들은 제자 간재(艮齋) 이덕홍(李德弘, 1541~1596년)에게 주었다. 그리고 널리 알려진 것처럼 '매화에 물을 주라'고 하였다. 그리고 계상서당(溪上書堂) 한서암(寒棲庵)에서 죽었다. 사후 그의 제자들은 조선의 학문과 사상계, 정치계에서 큰 흐름을 형성했는데, 그들이 남인(南人)이다. 이황을 향사(享祀)하는 서원 중 가장 유명한 곳은 안동의 도산서원 (陶山書院)이다.

마지막으로 그가 자신의 묘에 남긴 자명(自銘)을 소개하며 티끌 하나 없이 맑았던 그의 삶을 기억하고자 한다.

태어나 크게 어리석었고 자라면서 병이 많았다(生而大癡 壯而多疾).
중간엔 배운 것이 얼마나 되었고, 늘그막엔 왜 외람되이 작록을 받았나(中何嗜學 晚何叨爵)?

배움은 추구할수록 아득해지고 벼슬은 사양할수록 얽어 들었다(學求愈邈 爵辭愈嬰).

나아가면 걸려 넘어지고, 물러나면 숨어서 올곧았다만(進行之跲 退藏之貞),

깊이 나라의 은혜에 부끄럽고 진실로 성인 말씀이 두렵다(深慚國恩 亶畏聖言).

산은 아스라이 높고 물은 쉼 없이 흐르는 곳(有山巖巖 有水源源),

벼슬을 벗어던지고 돌아오니 뭇 비방이 사라졌구나(婆娑初服 脫略衆訕).

내 품은 생각 저가 막으니 누가 내 패옥을 누가 완상하리오(我懷伊阻 我佩誰玩).

내가 옛사람을 생각하니 실로 내 마음과 같구나(我思古人 實獲我心).

어찌 알리오, 다음 세상에 지금의 내 마음을 알지 못할 것이라고(寧知來世 不獲今兮).

근심 속에 즐거움이 있고, 즐거움 속에 근심이 있구나(憂中有樂 樂中有憂).

이제 우주의 조화 속으로 사라지니 다시 무엇을 구하랴(乘化歸盡 復何求兮).

심경후론(心經後論)

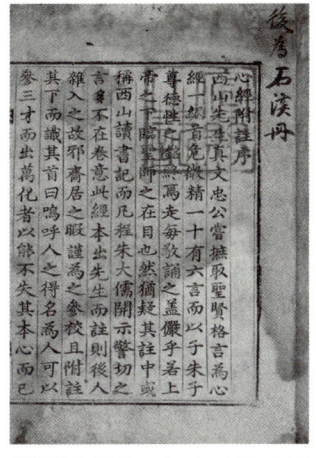

「심경부주」 서문(출처: 한국민족문화대백과사전)

중요한 가치를 지닌 이황의 여러 저술 중 하나가 『심경후론』일 것이다. 서산(西山) 진덕수(眞德秀, 1178~1235년)의 『심경(心經)』과 그것의 주석서인 황돈(篁墩) 정민정(程敏政, 1445~1499년)의 『심경부주(心經附註)』가 조선에 유입된 후 조선의 성리학자들은 이것을 통해 마음을 수양하는 길을 찾았다. 일반적으로 성리학은 영원불멸의 경전을 연구하는 경학(經學), 경전의 현실적용에 대한 담론이라고 할 수 있는 경세론(經世論), 국가와 사회의 제도를 연구하는 예론(禮論) 분야에서 두드러진 강점을 가진 사상체계라고 말할 수 있다. 『심경』의 저자 진덕수의 대표작도 성리학의 제왕학 교과서라는 『대학연의(大學衍義)』일 것이다. 이 『대학연의』는 경전인 『대학(大學)』의 주석서이지만 조선의 역대 제왕을 가르치는 경연(經筵)에서 제1의 교재로 활용되었다. 그런 성리학자들이라도 자신들의 흔들리는 마음을 다스리고 수양하는 길을 찾아야 했다. 마음의 문제는 선종(禪宗) 불교나 양명학(陽明學)만의 과제는 결코 아니었다.

먼저 진덕수의 『심경』을 보면, 유교 경전인 사서삼경(四書三經, 논어, 맹자, 대학, 중용, 시경, 서경, 주역)의 경구와 주자 등 송나라의 성리학자들이 스스로 경계하며 지은 잠명(箴銘, 삶의 지침이 되는 교훈적인 글)에서 마음을 수양하는 데에 필요한 37조를 뽑고 그것에 대한 보충 설명을 달았다. 그리고 자신의 문제의식 또는 자신이 찾은 마음 수양의 길을 제시한 「심경찬(心經贊)」 1편 남겼다. 그의 문제의식의 출발은 전설적인 고대의 성군 순(舜)과 우(禹)가 임금 자리를 선양(禪讓)하며 주고받은 "인심(人心)은 위태하고 도심(道心)은 희미하니, 정밀(精)하게 하고 한결(一)같아야 진실로 그 중(中)을 굳게 잡으리라(人心惟危 道心惟微 惟精惟一 允執厥中, 인심유위 도심유미 유정유일 윤집궐중)."는 『서경(書經)』의 「대우모(大禹謨)」 편의 16자이다. '불안하고 위태로운 사람의 마음'과 '하늘로부터 내려받은 道의 희미한 마음'이 대비되고, 마지막으로 中을 꽉 잡으라는 강조가 인상적인 경구다. 그는 인심은 극치(克治, 사욕을 이기고 두려움을 다스리는 것)로, 도심은 존양(存養, 인간 내면의 순수한 마음의 힘 기르기를 위한 수양 공부의 한 방법)하고, 그것을 완성한 성인을 사람이라면 반드시 배우고 실현할 것을 강조하였다.

여기까지는 무난한데 이후 논의 양상은 조금 어렵게 전개된다. 정민정은 진덕수가 주자와 정자(程子) 등 성인들의 글귀에 대한 진덕수의 보충 설명에 의문을 품는다. 『심경』의 보충 설명 부분은 진덕수의 제자들이 잘못 편집했다고 보고, 자신의 보충 설명을 『심경』에 덧붙여 달았다. 그것이 『심경부주』이다. 앞서 소개한 『성학십도』에서 주자의 「경재잠도」에서 강조한 '경(敬)'도 진덕수의 『심경』과 이후 성리학자·주자학자들이 마음을 수양하는 방법에 대한 논의에서 매우 중요하게 거론되었다. 진덕수는 주자의 「경재잠(도)」을 인용하며 원문의 '惟精惟一(유정유일)'을 '惟心惟一'로 바꾸었고, 또한 心을 敬으로 이해했다.

이러한 『심경』 연구, 마음을 수양하는 방법론들이 조선에 수입되었다. 이황 이전에도 조선의 성리학자들은 이 敬을 내세워 인욕(人欲)을 끊어내는 수양론을 많이 제창하였다. 그러나 본격화가 된 것은 이황 때부터이고, 나아가 『심경』 연구가 유행하게 된 것은 이황에서 시작되었다고 평가받고 있다.

1566년 66세의 이황은 『심경』과 『심경부주』의 연구 결과로 『심경후론』을 내놓았다. 『심경후론』은 당대 조선의 성리학자들, 그리고 월천(月川) 조목(趙穆, 1524~1606년) 등 자신의 제자들과 가진 치열한 토론한 결과를 반영한 것이기도 하다.

내용은 먼저 젊은 날 『심경』을 처음 접할 때의 감동을 기술하고 하고 있다. 『심경』의 가치는 사서(四書)나 주자의 『근사록(近思錄)』에 뒤지지 않지만 다시 읽을 때마다 끊임없이 의심하고 고민했다고 밝히고 있다. '오징(吳澄, 1249~1333년)이 이런 말을 한 것은 무엇을 보고 한 것이며, 정민정이 이 대목을 뽑아 놓은 것은 무슨 뜻인가? 천하 사람들을 거느리고 육구연(陸九淵, 1139~1193년)에게로 돌아가려는 뜻이 있는 게 아닌가?' 질문하다가 스스로 해명하기를 "주자(朱子)의 학문은 대중지정(大中至正)하여 한쪽으로 치우치는 데 떨어지는 폐단이 없는데도, 오히려 부범(浮泛)한 실(失)이 있다고 하면서 문인(門人)들에게 수렴하고 착실한 공부를 하여 지금부터 거슬러 올라가 찾으라고 힘껏 경계하였다..." 하였다. 여기서 육구연은 남송의 성리학자인데 주자의 논적(論敵)이었고, 후대 양명학의 심학(心學)에

많은 영향을 끼친 사상가이다. 오징은 원(元)나라 때 학자로 그의 학문 지향은 주자와 육구연을 절충하였다고 한다. 모두 정민정의 『심경부주』에 주요하게 인용되었다.

　이후 본문은 조목이란 제자와 『심경부주』 「도일편(道一編)」의 오류 등에 대한 토론, 주자와 육구연 두 학설의 차이, 『심경』은 은 존신(尊信)할 것이 못 된다는 것에 대한 반박 등으로 이어진다. 끝으로 이황은 "내가 『소학(小學)』을 공경하기를 신명(神明)같이 하고, 존중하기를 부모같이 한다." 하였는데, '나는 『심경』에 대해 그렇다 하겠다'라고 천명하며 『심경후론』을 마무리하였다.

『남명집(南冥集)』

「남명집」 (출처 : 한국민족문화대백과사전)

남명(南冥) 조식(曹植, 1501~1572년)은 이황보다 더 철저하게 무도한 왕과 조정을 멀리하고, 재야에서 꼿꼿한 포의(布衣)의 처사(處士)로 일생을 산 선비다. 『남명집』은 조식의 문집으로 1622년 그의 수제자 내암(來庵) 정인홍(鄭仁弘, 1536~1623년)이 중심이 되어 스승의 시, 문장, 상소, 좌우명, 논문 등을 모아서 간행하였다.

경상도 삼가현(三嘉縣, 창원) 토동(兎洞)의 외가에서 태어났지만 이후 주로 서울에서 살면서 선배 선비들과 교유하면서 성인으로 성장했다. 이때 『성리대전』을 읽고 큰 깨달음을 얻어 성리학 공부에 매진하였다. 부친상을 계기로 귀향하였고, 이후 처가가 있는 김해 탄동(炭洞)에 산해정(山海亭)을 짓고 그곳에 머물며 학문과 수양에 힘썼다. 모친상 이후에는 다시 삼가현 토동으로 돌아와 계복당(鷄伏堂)과 뇌용정(雷龍亭)을 짓고 그곳에 머물며 학문과 수양에 힘썼다. 또한 많은 제자를 받아 교육에 힘쓴다. 이 시기부터 경상좌도(慶尙左道)의 이황과 더불어 경상우도(慶尙右道) 조식의 명성도 점점 높아져 갔다. 조선의 왕들은 종종 지역의 고명한 선비들에게 벼슬을 내리고 출사(出仕)를 권하였다. 그래서 그에게도 여러 차례 벼슬을 내렸지만, 모두 사직 상소를 올리며 거절했다. 이런 상소 중에 가장 유명한 2개의 상소를 보자.

하나는 1555년 「을묘년에 사직하는 상소문(乙卯辭職疏)」이다. 단성 현감 직을 사직하는 상소라고 「단성현감사직소(丹城縣監辭職疏, 일명 "단성소")」라고도 한다. 먼저 자신에게 현감 제수는 너무 과분하다는 말부터 시작한다. 이유는 자신은 이미 과거시험에 3차례 낙방했고, 지금은 나이가 60이 넘어 과거시험을 감당할 학문이 없다는 것이다. 그리고 자신을 추천한 관리가 잘못 판단해 왕이 오판하여 벼슬을 제수한 것이라고 하였다. 만약 잘 알지도 못하고 왕이 자신을 임명하면 나라의 수치라는 것이다. 여기까지는 그냥 겸양으로 볼 수 있지만 진짜 거절의 이유는 다음 문장부터다. 솔직하고, 명쾌하고, 격정적으로 토해낸다. '전하의 나랏일은 이미 그릇되었고, 나라의 근본은 이미 망했으며, 하늘의 뜻은 이미 떠나버렸고, 민심도 이미 이반 되었습니다'라고 썼다. 이후 문장은 더욱 가혹하게 당시 조정의 신료들을 비판한다.

'소관(小官)은 아래에서 히히덕거리며 주색(酒色)이나 즐기고, 대관(大官)은 위에서 어물거리면서 오직 재물만을 불린다.', '백성들의 고통은 아랑곳하지 않으며, 내신(內臣)은 후원하는 세력을 심어서 용(龍)을 못에 끌어들이듯이 하고, 외신(外臣)은 백성의 재물을 긁어 들여 이리가 들판에서 날뛰듯이 하면서도, 가죽이 다 해지면 털도 붙어 있을 데가 없다는 것을 알지 못합니다.'

압권은 이제부터다. '자전(慈殿, 명종의 모친 문정왕후)께서 생각이 깊으시지만 깊숙한 궁중의 한 과부(寡婦)에 지나지 않으시고, 전하께서는 어리시어 단지 선왕(先王)의 한낱 외로운 아들(즉, 고아)에 지나지 않습니다. 그러니 천백(千百) 가지의 천재(天災)와 억만(億萬) 갈래의 인심(人心)을 무엇으로 감당해 내며 무엇으로 수습하겠습니까?' 고대 역사서인 『국어(國語)』, 경전인 『예기(禮記)』 등에 나오는 여러 망국(亡國)의 조짐들을 인용하며, 고대의 성인인 주공(周公), 소공(召公)이라도 국정을 감당할 수 없다고 당시 조선의 상황을 평가한다. '위로는 만에 하나도 위태로움을 붙들 수 없고, 아래로는 털끝만큼도 백성을 보호할 수 없으니, 전하의 신하 노릇하기가 어렵지 않겠습니까? 조그만 헛된 이름을 팔아서 전하의 관작을 얻어 그 녹봉을 먹으면서도 그에 맞는 일을 하지 않는 것은 신이 원하는 바가 아닙니다'라고 밝힌다. 이것이 조식이 벼슬을 거부한 두 번째 이유다. 그가 끝으로 강조한 것은 왕의 바른 수양이다.

> "전하께서는 반드시 마음을 바로 하는 것으로써 백성을 새롭게 하는 요점으로 삼으시고, 몸을 수양하는 것으로써 사람을 쓰는 근본으로 삼아 왕도(王道)의 법을 세우십시오!"

이 상소를 본 당시 왕 명종(明宗)의 반응은 어땠을까? 자신과 어머니를 고아와 과부라고 비난했으니 당연히 불쾌하게 여겼다. 당시 실록 기록을 보면, "왕이 아무리 어질지 못하더라도 신하로서 어찌 차마 욕설을 하는

가?"라고 했다. 아마도 처벌하려 했겠지만 경상우도 감사(監事)가 이미 접수한 상소라는 점을 들어서 신하들이 만류하여 그냥 무마되었다. 굳이 시골 선비를 이런 이유로 죽여봤자 욕만 먹지 좋을 것도 없다. 당시 명종의 치세를 보면 누가 봐도 한심하고 비판받아 마땅하다. 허수아비 왕 명종(아들)을 내세운 문정왕후(文定王后, 1501~1565년)와 소윤(小尹) 세력이 국정을 농단하고 있었다. 지배자들의 탐욕으로 사회의 기강은 무너지고 수탈에 지친 백성들은 도적이 되었다. 그 대표적인 인물이 임꺽정(林巨正)이다. 또한 잠잠하던 왜구도 다시 쳐들어오기도 했다. 바로 이때, 조식의 격렬한 상소 한 장은 이 암흑의 시대에도 바른 선비가 있음을 알려주는 것이다.

하지만 더욱 주목해야 할 것은 이 상소 속 그의 출처론(出處論)이다. '조그만 헛된 이름을 팔아서 전하의 관직을 얻어 그 녹봉을 먹으면서도 그에 맞는 일을 하지 않는 것은 신이 원하는 바가 아닙니다.' 이 문장을 주목해야 한다. 성리학 이전의 유학은 공부의 목적이 뜻맞는 제왕의 조정에 출사해 포부를 펼치는 것이었다. 그러나 성리학에서는 공부의 목적이 자신의 수양과 학문적 성취다. 위기지학(爲己之學, 나를 만드는 학문)이다. 과거시험에 합격해 고관대작이 되는 것은 결코 학문의 목적이 아니다. 출사하더라도 제왕과 조정이 불의하면 즉시 버리고 떠나 은거해야 한다. 오늘날 권력이 있는 자리를 탐하는 많은 지식인은 이해하기 어려운 학문 태도일 것이다. 이 출처론을 적극적으로 실천한 조식이 많은 조선 선비들에게 존경받은 이유는 여기에 있다. 불법 무도한 정권에 출사하는 것을 괴로워하며 맡은 직무를 수행한 이황과는 전혀 다른 태도다. 그러면 조식은 세상사와 담을 쌓고 사는 그냥 고고한 사람일까? 그것은 아니다. 다음의 상소를 보며 그가 어떤 선비였는지 생각해보자.

다른 유명한 상소는 1568년 「무진년에 올리는 봉사(戊辰奉事)」, 또는 「무진대사(戊辰對事)」이다. 이 상소는 막 즉위한 선조에게 올린 것이다. 이유는 앞서 이황이 『성학십도』를 올린 것과 같다. 상소는 먼저 자신이 곧 죽을 노인임을 밝히며 시작한다. 그리고 강조하는 것은 수신이다. 그런데 수신은 경(敬)으로 해야 함을 강조한다. 이어서 시국에 대해 많은 말을 한다. '예로부터 권신이 나라를 마음대로 했던 적도 있었고, 외척이 나라를 마음대로 한 적이 있었고, 부녀자와 환관이 나라를 마음대로 한 적이 있었기도 합니다. 그러나 지금처럼 서리(胥吏, 행정실무를 보는 하급관리)가 나라를 마음대로 했던 일이 있었다는 것은 듣지 못했습니다'라고 당시 조선의 상황을 진단하였다. 특히, 군정(軍政)과 민정(民政) 분야를 거론한다. 뒤로 뇌물을 챙기고 문서를 조작하기도 하고 그 서리의 자리를 제 자식들에게 세습한다고 비판한다. 방납(防納)의 폐도 따져보면 다 서리의 부패로 백곱절이 된다는 것이다. 마침내 이자들은 도적이 되어 왕의 내탕고(內帑庫)도 노릴 것이고 국맥(國脈)을 모두 절단할 것이라 경고한다. 바로 이 상황을 왕이 나서서 제대로 다스리라고 하였다.

조선의 서리가 저지르는 농간과 부패는 심각했다. 물론 그들의 부정은 국가로부터 제대로 보수를 받지 못하여 발생하는 구조적인 문제이기도 하다. 그러나 민주주의를 구가하는 오늘날에도 수많은 국가 권력기관에서 똬리를 틀고 앉아서 선출되지 않는 권력자로 행세하는 관료, "관료주의" 문제는 심각하다. 이제는 녹봉도 많이 받아먹는 관료가 책임을 다하지 않는 것에 대한 경고는 오늘날에도 심각하게 볼 필요가 있다.

이 상소의 다른 면은 그가 세상 문제에 아주 예민하게 반응했고 상소를 통해 '사회적 참여'를 하는 선비였다는 점이다. 흔히들 여러 차례 사화(士禍)로 온 집안이 도륙당한 체험으로 조식이 벼슬길을 멀리했다고 말한다. 정말 의문스러운 통념이다. 그는 당시 유행하던 "이기심성(理氣心性) 논쟁"에 대해 '하학인사(下學人事, 사람이 사는 일들을 배우는 것)'을 배우지 않고, '상달천리(上達天理, 위로 하늘의 이치에 도달)'로 비약했다고 비판했다. 그는 '하학이상달(下學而上達)'이란 상식적이고 보다 실천적 학문을 주장했다. 공자도 『논어(論語)』 「헌문(憲問)」 편에서 '아래로 인사(人事)를 배워서 위로 천리(天理)를 통달한다(下學而上達)'고 했다. 그의 실천적 학문 태도는 사후 그의 제자들이 임진왜란 때 의병 활동에 적극적으로 나선 것으로 이어졌다.

조식은 나이 60이 넘어서 지리산 기슭 산청에 산천재(山天齋)를 짓고 죽을 때까지 그곳에서 찾아오는 제자들에게 강학을 하였다. '산천'이란 이름은 『주역(周易)』 「대축괘(大畜卦)」의 괘상에서 인용한 말이다. 대강의 의미는 '강건하고 독실하게 공부하여 그 빛이 덕을 날로 새롭게 한다'라는 뜻이다. 그의 사후 제자들은 조선에 하나의 흐름을 형성했는데, 그들이 북인(北人)이다. 북인은 광해군 즉위 전후로 대북(大北)과 소북(小北)으로 분화되었다. 대북은 광해군 정권의 여당으로써 국정을 독단하다가 1623년 인조반정(仁祖反正) 때 모두 도륙당했다. 그러나 소북 중 일부는 인조반

산천재

정 때 남인으로 '전향'하였다. 그들을 근기남인(近畿南人)이라고 하여 이황의 직계이며 정통 남인 세력인 영남남인(嶺南南人)과 구분되었다. 한편, 조식을 향사하는 대표적인 서원은 산청의 덕산서원(德山書院)이다.

이제 끝으로 조식 사상의 요체라는 경(敬)과 의(義)에 대해 잠시 보자. 그는 일생을 방울인 성성자(惺惺子)를 허리 달고 다니며 그 소리가 울릴 때마다 자신을 가다듬었다. 또한 경의검(敬義劍)이란 칼을 차고 다녔다. 그 칼에는 두 개의 문장이 새겨져 있었다. 그 문장은 '안으로 마음을 밝히는 것은 경이요(內明者敬), 밖으로 행동을 결단하는 것은 의이다(外斷者義)'라는 것이다. 그리고 산천재의 왼쪽 벽에는 경자를, 오른쪽 벽에는 의자를 써 붙였다고 한다. 경은 내면의 수양방법을, 의는 경을 바탕으로 사회적 실천의 원칙을 말한다고 한다. 조식의 이 경과 의의 의미를 도식화한 것이 「신명사도(神明舍圖)」이고, 그 해설이 「신명사명(神明舍銘)」이다. 쉽게 설명하면 '신명'이란 마음을 의미하고, 이 신명을 싸고 있는 집 즉 '사'를 그리고 글로 새긴 것이다. 사실 상징과 비유가 많아 많은 설명이 필요하다. 「신명사명」을 보면 이렇다.

> 태일진군(太一眞君)이 명당(明堂)에서 정사(政事)를 편다.(明堂布政)
>
> 집 안에서는 총재(冢宰)가 관장하고(內家宰主), 밖에서는 백규(百揆)가 살핀다.(外百揆省)
>
> 추밀(樞密)을 받들어 말의 출납을 맡아(承樞出納), 진실되고 미덥게 언어로 표현한다.(忠信修辭)
>
> 네 글자의 부절(符節)을 발부하고(發四字符), 백 가지 금지(禁止)의 깃발을 세운다(建百勿旂).
>
> 아홉 구멍의 사악(邪惡)함도(九竅之邪), 세 군데 요처(要處)에서 처음으로 나타난다(三要始發).
>
> 낌새가 있자마자 용감하게 이겨내고(動微勇克), 나아가 반드시 섬멸(殲滅)토록 한다(進敎殲殺).
>
> 승리를 임금께 보고하니(丹墀復命), 요순(堯舜)의 세월이로다(堯舜日月).
>
> 세 관문을 닫아두니(三關閉塞), 깨끗한 들판이 끝없이 펼쳐져 있다(淸野無邊).
>
> 하나로 되돌아가니(還歸一), 시동(尸童)과도 같으며 연못과도 같도다(尸而淵).
>
> 나라에는 두 임금이 없으며(國無二君), 마음에는 두 주인이 없다(心無

二主).

삼천 명이 한마음이 되면(三千惟一), 억만의 군사도 쓰러뜨린다(億萬
則仆).

사악한 마음을 막아 정성을 보존하며(閑邪存), 언어의 표현을 다듬어
정성스런 마음을 세우라(修辭立).

정밀하고 한결같은 경지를 추구하려거든(求精一), 경(敬)을 통하여 들어
가라(由敬入).

마음의 소리는 메아리와 같고(心聲如響). 그 자취는 인장(印章)과 같으니
라(其跡如印).

『성학집요(聖學輯要)』

율곡 이이 (출처 : 위키피디아)

율곡(栗谷) 이이(李珥, 1536~1584년)가 1575년 홍문관 부제학으로서 선조의 경연(經筵, 학자인 신하가 왕에게 경전과 역사 등을 강연하는 것)을 담당하였다. 이때 경연을 위해 저술하여 진상한 책이 『성학집요』이다. 조선의 제왕학이라고 말할 수 있다. 수신에서 치인으로 이어지는 『대학(大學)』을 기본으로 수많은 경전의 요체와 역사적 사실들을 정리한 조선의 제왕학을 대표할 만한 저서다. 이전 고려 때부터 경연의 제왕학 교재는 전통적으로 『정관정요(貞觀政要)』를 많이 사용하였고, 고려 말 수입된 『대학연의(大學衍義)』도 조선 전기부터 많이 애용하였다. 『정관정요』는 당나라의 역사가 오긍(吳兢)이 성군이라는 당태종(唐太宗)과 신하들이 나눈 대화를 정리한 책이다. 『대학연의』는 남송(南宋)의 주자학자 진덕수(眞德秀, 1178~1235년)가 『대학』의 주석서로 쓴 책이다. 조선 중기 이후 이 『성학집요』는 왕의 제왕학 수업은 물론 출사를 꿈꾸는 선비들이 읽어야 하는 책으로 인정받았다.

이이는 무도한 정권의 지배에서 멀리 벗어나 자신의 학문과 수양에 전념하려던 이황, 조식 등의 선배 세대와는 다른 후배 세대의 선비다. 그가 조정에 등장할 때 '1, 2, 3차 과거시험에서 내리 9번을 장원(壯元)을 하였다'는 전설(九度壯元公) 같은 이야기가 전해지는 것을 보면, 당대에 가장 주목받는 인물이었음이 틀림없다. 이후의 인생을 보더라도 분명 천재였다는 것을 알 수 있다. 평생 다방면에 팔색조 같은 다채로운 빛을 내며 화려한 삶을 살았다.

널리 알려진 것처럼 어머니는 신사임당(申師任堂, 1504~1551년)이다. 반면 아버지 이원수(李元秀, 1501~1561년)는 별로 알려진 것도 없고 일부 전해지는 이야기도 평이 좋지 않다. 이이는 13세의 나이로 1차 과거시험 진사시(進士試)에 합격했고, 학문은 조광조의 제자 휴암(休菴) 백인걸(白仁傑, 1497~1579년)에게 배웠다. 어머니 사후에는 불교에 입문해 금강산(金剛山)으로 들어가 1년을 수행한 후, 다시 성리학으로 돌아와 학문에 전념했다. 이 시기 이황을 찾아가 성리학에 관해 토론도 나누었다. 그리고 과거에 합격하여 조정에 출사하였다. 이후 다양한 조정의 직책을 수행했다. 하지만 이때부터 하나였던 사림이 동인(東人)과 서인(西人)으로 분화되었고, 서인의 영수 역할을 했다. 이 때문에 이이는 자주 탄핵당하며 사직도 여러 차례 한다. 이때부터 길고 긴 당쟁의 시작되었고 이이의 거친 언사도 당쟁의 한 가지 원인이 되기도 한다. 그의 거친 언사는 이후 설명할 그의 변통론(變通論) 때문이다. 이이는 당쟁의 폐해를 걱정하며 "조제보합(調劑保合論)", 즉 양쪽 모두 옳은 것과 그른 것이 있다는 양시양비론(兩是兩非論)을 통해 시비 논쟁을 끝내고 집권 세력의 주도하에 당색에 구애받지 않고 인재를 등용하자고 제안했지만, 반대 당인 동인 측이 거부했다. 이 시기 서인은 이

이와 우계(牛溪) 성혼(成渾, 1535~1598년), 송강(松江) 정철(鄭澈, 1536~1593년), 구봉(龜峯) 송익필(宋翼弼, 1534~1599년) 등이 대표적인 인물이다. 특히 송익필은 노비 출신(아버지가 기묘사화 사건의 밀고자)으로 평생을 관직에 나온 적이 없지만, 선조 시대 수많은 정치적 사건의 배후 음모가라는 의심을 받기도 한다. 그러나 학문과 문장, 시가 훌륭하여 많은 제자를 길렀다. 같은 시기 반대 당인 동인의 대표적 인물은 아계(鵝溪) 이산해(李山海, 1539~1609년), 서애(西厓) 류성룡(柳成龍, 1542~1607년) 등이 있다. 뒤에 동인은 서인 세력에 대한 태도 등을 둘러싸고 북인과 남인으로 나뉜다.

사후에는 파주의 자운서원(紫雲書院) 등 전국 20여 개 서원과 문묘에 배향(配享, 신주를 모시고 제사를 지냄)되었다. 저서도 많이 남겼는데 『성학집요』와 아동용 도서 『격몽요결(擊蒙要訣)』, 『경연일기(經筵日記)』 등이 유명하다. 또한 「동호문답(東湖問答)」, 「만언봉사(萬言封事)」 등의 상소도 기억하고 꼼꼼히 읽어볼 만하다. 사후에는 『율곡문집(栗谷文集)』도 간행되었다.

『성학집요』의 내용을 보면, 맨 앞에 저술 목적과 선조에게 이 책을 배워야 할 이유를 설명한 「진차(進箚)」, 주요 내용을 소개하는 「서(序)」, 일러두기 같은 「범례(凡例)」, 수록된 목록을 한눈에 알아볼 수 있는 「목록도(目錄圖)」, 본문 내용을 전체적으로 이끄는 총론 같은 「통설(統說)」이 있다. 그리고 본문에 해당하는 것들이 이어진다. 본문은 크게 「수기(修己)」, 「정가(正家)」, 「위정(爲政)」, 「도통(道統)」, 이 네 분야로 나누었다. 수기는 『대학』의 수신(修身)을 의미하며, 본격적인 학문 이전에 사물에 대한 진리 탐구 자세와 내면의 수양하는 태도를 말한다. 정가는 『대학』의 제가(齊家)로 집안

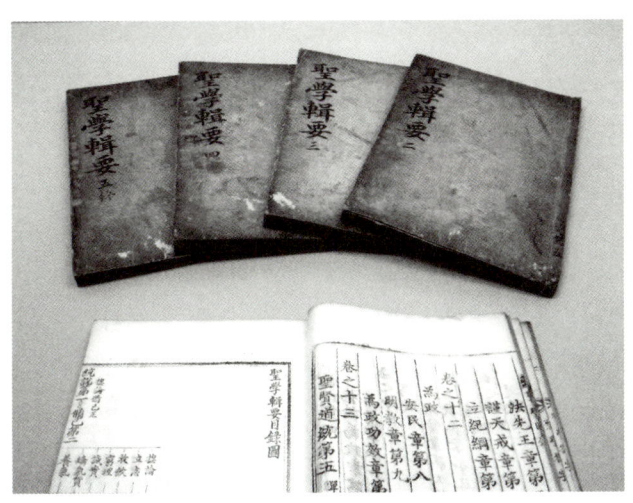

「성학집요」 (출처 : 위키피디아)

을 바로 다스린다는 의미이다. 위정은 『대학』의 치국(治國)에 해당한다.

「수기」 편은 다시 총론(總論), 입지(立志, 뜻을 세움), 수렴(收斂, 위엄이 서린 몸 가짐과 신중한 말, 거두어들임), 궁리(窮理, 진리 탐구), 성실(誠實), 교기질(矯氣質, 기 질을 바로잡음), 양기(養氣, 기운을 기름), 정심(正心, 마음을 바로잡음), 검심(檢身, 몸가 짐 점검), 회덕량(恢德量, 덕의 역량을 넓힘), 보덕(輔德, 덕을 보좌함)·돈독(敦篤, 도탑 고 독실함), 수기공효(修己功效, 자기 수양의 효과)로 나누어 설명한다. 「정가」 편 은 총론, 효경(孝敬, 효도와 공경), 형내(刑內, 아내에게 본보기가 됨), 교자(敎子, 자식 교육), 친친(親親, 친족과 친하게 대함), 근엄(謹嚴, 삼가고 엄격함), 절검(節儉, 절약과 검 소), 공효로 나누어 상세히 설명한다. 「위정」 편은 총론, 용현(用賢, 현명한 자 를 등용), 취선(取善, 선을 취함), 시시무(識時務, 시급한 일부터 알기), 법선왕(法先王,

고대의 성군을 따라 배움), 근천계(謹天戒, 하늘의 경계를 조심함), 입기강(立紀綱, 기강
세우기), 안민(安民, 백성의 생활 안정), 명교(明敎, 왕의 교화를 밝히는 것), 공효로 세
분하여 자세히 서술한다.

마지막 「도통」은 전설 속 성군인 삼황오제(三皇五帝) 중 요제(堯帝)와 순
제(舜帝), 역사상 성군인 하(夏)나라 우왕(禹王), 은(殷, 또는 商)나라 탕왕(湯
王), 주(周)나라 문왕(文王) 등 이제삼왕(二帝三王)으로 시작되는 유교의 도
통에 관한 설명이다. 대부분 앞의 위정편 내용을 보강하는 경전과 역사,
송나라 이후 주자학자를 소개하는 성격이다.

이이가 지금까지도 높이 평가받는 것은 제왕학의 요체를 정리한 것과
이기심성론(理氣心性論) 논쟁에서 과감하게 "기발리승일도설(氣發理乘一途
說)"을 주장했기 때문만은 아니다. 또한 이이는 당시 막 시작된 동서분당
과 당쟁의 중요한 단서를 제공했다. 그가 과도한 자신감을 드러내거나 극
단적인 비판을 쏟아내는 말과 글은 선조조차 심한 거부감을 느꼈다. 당
시 이런 이이의 태도는 수많은 오해와 거센 비난을 초래하였다. 보통 이 3
가지로 이이의 가치를 평가하지만 그것만으로는 부족하다.

그가 조선의 역사에서 중요한 위치를 차지하는 이유는 바로 제도개
혁, 즉 변통론(變通論)을 주장했기 때문이다. 당시 경장론(更張論)이란 말도
많이 쓰였다. "궁하면 변하고, 변하면 통하며, 통하면 오래 간다(窮則變 變
則通 通則久)"는 주역 해설서 「계사하전(繫辭下傳)」의 '변통'이란 말에서 유래
했다. 그리고 "느슨해진 거문고 줄을 다시 맨다.(解弦更張)"에 나온 '경장'이
란 말은 『한서(漢書)』의 한(漢)나라 동중서(董仲舒)의 고사에서 유래했다. 그

는 조선 전기의 여러 제도들은 200년 전 건국 시기에 만들어졌기 때문에 당시에는 이미 낡았고, 연산군 이래로 훈척과 공신세력의 탐욕과 부패로 엄청난 적폐가 누적되었다고 인식했다. 그 때문에 지금 빨리 개혁하지 않으면 조선은 곧 망할 것이라고 극언하였다. 그러나 처음에는 선조도 조정의 반대파(동인)도 거부했다. 그가 특히 힘주어 개혁을 주장한 분야는 공납(貢納)과 군정(軍政) 문제였다. 그의 문제 제기로부터 조선 후기 대동법(大同法)과 균역법(均役法)이 시작된 것이다.

『윤지당유고(允摯堂遺稿)』

흔히들 조선 시대 성리학이 여성을 차별하고 억압했다고 한다. 일부는 맞고 일부는 틀린 말이다. 선비(남성)들의 전유물이라고 여겨졌던 성리학을 연구하고 책을 펴낸 여성 성리학자들도 있었다. 널리 알려진 인물로는 임윤지당(任允摯堂, 1721~1791년)과 강정일당(姜靜一堂, 1772~1832년)을 꼽을 수 있다. 조선 시대 여성이 시를 썼다거나 그림을 그렸다는 이야기는 많다. 하지만 이들은 심오한 성리학을 연구하고, 당당히 자신의 이름으로 저작물을 남겨 수많은 남성 성리학자들에게 존경받았다. 임윤지당이 남긴 『윤지당유고』의 내용 중 무엇이 고명한 성리학자들의 주목을 받았고, 오늘날에도 깊은 감동을 주고 있는지 살펴보자.

임윤지당은 함흥판관(咸興判官) 등을 지낸 아버지 임적(任適, 1685~1728년)의 부임지에서 태어났고, 아버지가 사직한 후는 한양 송현방(松峴坊, 종로구 수송동 일대) 셋방에서 살았다. 가족 중 오빠 녹문(鹿門) 임성주(任聖周, 1711~1788년)가 당대 유명한 성리학자였다. 그녀의 당호(堂號)인 "윤지당"도 임성주가 지어주었다. 9세에 아버지가 병으로 세상을 떠나자 남은 가족은 충청도 청주 근처 산골 마을(玉華, 옥화)로 이사해 가난하게 살았다. 그녀는 오빠 임성주에게 『효경(孝經)』, 『열녀전(列女傳)』, 『소학(小學)』을 처음 배웠고, 이후 유교 경전인 사서(四書)와 역사도 배웠다. 19세에 강원도 원주에 사는 선비 신광유(申光裕, 1722~1747년)와 결혼했다. 하지만 결혼 8년 만에 남편과 사별했다. 슬하에 자식도 없었고 시동생 아들을 양자로 삼았

임윤지당 선양관

지만 그도 불행히 일찍 죽었다. 곧이어 믿고 의지했던 친정 오빠 임성주도 죽었다. 이후 다른 명문가 며느리들처럼 절개를 지키며 살며 학문과 수양, 집필 활동을 꾸준히 했다. 그렇기에 개인적인 불행에도 사후에 훌륭한 유고집을 남길 수 있었다.

『윤지당유고』는 임윤지당이 죽고 3년 뒤 친정 동생 임정주(任靖周, 1727~1796년)와 시동생 신광우(申光祐)가 평생 저술했던 그녀의 글을 모아 1796년에 발간한 것이다. 임정주는 훗날 정조의 스승이 되었다. 책은 상하 2권이고, 상권은 인물 전기 「전(傳)」 2편, 인물 평론 「논(論)」 11편, 책의 후기 「발(跋)」 2편, 성리학에 대한 논문 「설(說)」 6편, 하권은 스스로 경계하는 운문 「잠(箴)」 4편과 「명(銘)」 3편, 인물 칭송 「찬(贊)」 1편, 죽은 오빠들과 양아들에게 올린 「제문(祭文)」 3편, 서문에 해당하는 「인(引)」 1편, 유교 경전 해석 「경의(經義)」 2편,

부록에 임윤지당의 「언행록(言行錄)」 19조, 임정주와 신광우가 쓴 「유사(遺事)」 16조와 「발문(跋文)」 2편이 수록되어 있다. 이중 가장 중요하다고 평가받는 부분은 세 가지다. 성리학 논문 「설」 6편과 인물 평론인 「논」 11편, 그리고 「자와 저울에 새기는 명문(尺衡銘)」이 유명하다. 특히, 「자와 저울에 새기는 명문」은 충청도 유학자들에게 칭송받으며 전승되어 내려오고 있다.

『윤지당유고』 내용에서 가장 핵심이라는 「설」 6편을 보자. 그 6편은 「이기심성설(理氣心性說)」, 「인심도심사단칠정설(人心道心四端七情說)」, 「예악설(禮樂說)」, 「극기복례위인설(克己復禮爲仁說)」, 「오도일관설(吾道一貫說)」이다. 이 중 「이기심성설」은 임윤지당이 가장 심혈을 기울여 쓴 논문이다. 분량도 5,300여 자에 이른다. 그녀가 성리학 연구에서 집중했던 10가지 질문이 있다. 첫째, 사람만이 천지의 도(道)를 체득하여 그 덕(德)에 합치고 다른 사물(事物)은 그러하지 못한 이유는 무엇인가? 또 천지조화(天地造化)의 도는 어떠한 것인가? 둘째, 태극(太極)이 음양(陰陽)을 낳고 음양이 변하고 합하여 오행(五行)이 생기니, 거기에는 선후(先後)가 있는 것인가? 셋째, 사물에는 천차만별이 있는바 지각(知覺)이 없는 사물에도 (하늘로부터) 명부(命賦, 명을 부여받다) 받은 성품(또는 본성)이 있는가? 넷째, 사람의 자질에 성인과 우인(愚人)의 차이는 무엇 때문인가? 다섯째, 보통 사람 중에 지혜롭고 우매하거(明暗)나 착하고 악한 것이 각기 다른 것은 무슨 까닭인가? 여섯째, 덕은 없으면서 재능이 극히 훌륭한 사람들이 왕왕 있는 것은 무엇 때문인가? 일곱째, 금수(禽獸)와 초목(草木)의 마음은 왜 그렇게 편색(偏塞,

『윤지당유고』 (출처 : 한국민족문화대백과사전)

치우치고 막힘)되었으며, 성인과 범인(凡人)의 마음이 똑같지 않은 이유는 무엇인가? 여덟째, 정자(程子, 송나라 성리학자 형제)는 "선과 악은 모두 본성(性)이다"고 했고, 맹자(孟子)는 "사람의 본성은 모두 선하다"고 했으니, 정자의 말은 틀린 것인가? 아홉째, 고자(告子)와 정자는 모두 "태어난 그대로가 성(生之謂性)"이라 하였으니 그 뜻은 같은가, 다른가? 열째, 이기(理氣)가 서로 떨어져 있지 않다면 천지가 생기기 전에는 리(理)가 어디에 붙어 있었는가? 이런 질문에 답을 다는 문답체(問答體)로 기술하였다.

한편, 그녀의 스승이며 둘째 오빠인 임성주는 당시 큰 논쟁이 진행되고 있던 인물성동이론(人物性同異論) 분야에서 명성을 떨친 성리학자였다. 앞서 짤막하게 거론한 바 있는데, '사람과 사물(동식물 등)의 본성(性)은 같은가, 다른가'라는 논쟁을 말한다. 하늘이 부여한 모든 성은 본래부터 다 같다는 본연지성(本然之性)과 기질마다 다르다는 기질지성(氣質之性)이라는 견해를 두고 논쟁한 것이다. 인물성동이론이 형성된 배경에는 평소 금수(禽獸)로 여겼던 오랑캐, 청(淸)나라가 중원(中原)을 차지하고 천하의 중심이 된 국제 정세의 변화도 있었다. 임성주는 처음에 스승 도암(陶菴) 이재(李縡, 1680~1746년)와 마찬가지로 성은 본래부터 다 같다는 "인물성동론"의 견해를 가졌다. 하지만 학문이 더 성숙해지고 일가를 이루면서 다른 견해를 밝힌다. 이 논쟁의 양쪽 주장은 이이(李珥)의 '이(理)는 하나로 통해 있지만 기(氣)는 국한되어 개별적으로 존재한다'는 이통기국론(理通氣局論)에 대한 집착에서 시작된 것이라고 비판하며 새로운 견해를 주장했다. 그 새로운 견해란 기(氣)가 우주의 본질이다. 이(理)는 단지 이 기(氣)의 속성이고, 작용 법칙에 불과하다는 것이다. 결코, 이(理)는 기(氣)의 상대적 또는 대등한 개념일 수 없다고 주장한다. 나아가 '기(氣)의 차별 없는 담일성(湛一性, 맑고 깨끗한 근본이 되는 성)과 기질(氣質)의 순선성(純善性, 한점 악도 없는 착한 성)에 주목하여, 기(氣)로 이루어진 심성(心性)에서 자발적인 도덕성이 발현된다'는 주장을 하였다. 사실 이런 학설의 연원은 송나라의 장재(張載)와 조선의 화담(花潭) 서경덕(徐敬德, 1489~1546년)이다. 이런 학설을 주장한 이들은 임성주와 함께 기일원론자(氣一元論者)로 평가받고 있다. 임윤지당도 기본적으로 스승인 임성주와 견해를 같이하고 있다. 그녀는 '근원적으로 사람과 사물의 모든 성은 같은데, 다만 각자가 부여받은 기가 치우치고(偏) 바르고(正) 통하고(通) 막힌(塞) 차이 때문에 나타나는 같고 다른 성으로 차별(구별)'이 된다고 보았다.

　이런 주장은 '기의 차별성이 가져오는 윤리의 가변성'으로 이어진다. 이 관점이 잘 드러나는 부분은 역사적 인물에 대한 평론인 「논」 등에서 다. 진(晉)나라 온교(溫嶠, 288~329년)의 출정이 원제(元帝, 재위 318~322년, 동진의 초대 황제)의 명령이 아닌 병주자사(幷州刺史) 유곤(劉琨, 270~317년)의 명령이었다는 「논온교절(論溫嶠絶)」, 전국시대(戰國時代) 예양(豫讓)의 암살을 다룬 「논예양(論豫讓)」, 진회(秦檜, 1090~1155년)의 사주로 남송의 고종(高宗, 재위 1127~1162년)이 내린 회군 명령을 따른 악비(岳飛, 1103~1141년)를 다룬 「논악비봉조반사(論岳飛奉詔班師)」에서 이 3인의 행동은 모두 충(忠)이 아니라고 비판한다. 그녀가 평론한 인물 중에는 송나라의 왕안석(王安石, 1021~1086년)도 있다. 왕안석은 오늘날 개혁가라고 말하지만, 그는 지난 1천 동안 간신으로 비판받아 왔다. 그녀도 왕안석을 강하게 비판하는데, 구양수(歐陽修)가 쓴 유명한 논설 「붕당론(朋黨論)」을 인용했다. 붕당론의 내용은 붕당의 발생은 필연이며, 군자(君子)는 군자끼리 모여 군자당을 만들고 소인(小人)은 소인당을 만든다는 것이다. 이를 제왕은 현명하게 분별하여 조정에 군자당만 남기고 소인당은 모두 내쫓으란 주장이다. 아마도 임윤지당이나 그녀의 친정 집안이 모두 노론(老論) 강경파에 속하였고, 당시 영조가 추진한 탕평책(蕩平策)에 비판적이었기 때문에 이런 글을 남겼다고 보인다. 그녀의 큰 오빠 임명주(任命周, 1705~1757년)도 반대파인 소론(少論) 탄핵을 주장하다가 영조에게 탄압받아 죽을 뻔하기도 했다.

　임윤지당이 오늘날 주목받는 이유는 여성 성리학자라는 점도 작용한다. 그렇다면 그녀의 여성관을 볼 수 있는 글에도 주목해볼 필요가 있다. 『윤지당유고』에는 2명의 여성에 대한 전기가 수록되어 있다. 「송씨능상부전(宋氏能相婦傳)」과 「최홍이녀전(崔洪二女傳)」이다. 「송씨능상부전」은 송능상의 아내 한씨(韓氏)가 남편을 학문의 세계로 이끌어 주었고 남편도 훌륭한 선비가 되었다고 한다. 스승이요, 벗이었던 아내를 그리워하는 송능상이 쓴 제문이 오늘날까지 전해진다고 한다. 「최홍이녀전(崔洪二女傳)」은 모녀가 남편과 아버지의 원수를 여러 해 동안 기회를 엿보다가 죽이고 자수한 이야기다. '사람이 짐승과 다른 점은 효성과 절개가 있기 때문'이라 것이다. 동생 임정주가 쓴 「유사」를 보면 임윤지당이 직접 표현한 '남녀 동류의식'이 드러난다.

누님은 항상 말씀하셨다. '하늘의 도는 강건하고 땅의 도는 순하여 각각 그 법도가 있다. 태사(太姒)와 문왕(文王)이 하신 일이 각기 달랐던 것은 분수(分殊)가 달랐기 때문이다. 그러나 본성을 끝까지 파고 들어가면 서로 같으니 이는 이치가 하나이기 때문이다. 처지가 바뀌었다면 각자는 또 그렇게 했을 것이다. 그러므로 부인이 되어서 태임(太妊)과 태사가 되기로 다짐하지 않는 자는 모두 자포자기하는 것이다.'

문왕은 주나라의 문왕을 말하고 성군이며 성인이다. 태임과 태사는 왕비다. 여기서 분수(分殊)라는 말은 '이치는 하나이지만 그 나뉨(分殊)은 다양하다'라는 성리학의 유명한 명제에서 온 말이다. 보편성과 다양성(차별성)의 관계에 대한 말이다. 이이 등은 "이일분수(理一分殊)"를 주장했지만, 임성주와 임윤지당은 "기일분수(氣一分殊)"라고 하였다.

끝으로 그녀가 남긴 자와 저울에 새기는 명문을 보자. 자와 거울이란 바른 마음의 기준으로 비유한 것이다. 시시각각 들쭉날쭉한 마음을 측정하고 편벽된 마음을 저울질하여 바로잡겠다는 것이다.

척형명(尺衡銘)_자와 저울에 새기는 명문

아! 높으신 상제여, (維皇上帝)

충심을 사람들에게 내리시니, (降衷下民)

그 충심은 어떤 것인가? (其衷伊何)

기대지도 치우치지도 않는 것이라네. (不倚不偏)

노력을 쌓아서 본체를 이루면, (蘊之爲體)

바르고 화평한 덕성이 되네. (中和德性)

발동하여 작용하게 되면, (發之爲用)

바르게 말하고 바르게 행하네. (庸言庸行)

오직 성인만이 저절로 이루고, (惟聖則安)

범인들은 노력할 뿐이라네. (而衆勉焉)

노력에는 무엇이 표준인가? (勉之曷遵)

너희로서 재고 달 것이니, (爾度爾權)

가볍고 무거움과 길고 짧은 것을, (輕重長短)

한결같이 네 법칙에 따르게 하네. (一循爾則)

오직 정성이 되고 오직 한결같이 하여, (惟精惟一)

만 가지 변화에 응수하리. (萬變是酢)

우 임금과 안자는 쉽게 이루었으니, (禹顔易然)

중용을 얻었다고 하네. (曰中之得)

털끝만큼이라도 틀리게 되면, (差毫繆千)

양주(楊朱)·묵적(墨翟) 이단이 되리. (非楊則墨)

『사변록(思辨錄)』

학문이란 기존의 주류 학설을 비판하고 새롭게 해석하며 성장한다. 앞서 말한 것처럼 성리학도 마찬가지다. 주자학 이전의 경전 해석 또는 경전을 연구하는 새로운 흐름이 조선 중기부터 나타났다. 이를 "고학(古學)"이라고 한다. 이수광(李睟光, 1563~1628년), 최명길(崔鳴吉, 1586~1647년), 장유(張維, 1588~1638년), 윤휴(尹鑴, 1617~1680년), 허목(許穆, 1596~1595년), 정약용(丁若鏞, 1762~1836년) 등 수많은 학자와 선비들이 고학을 연구하였다. 명나라와 청나라의 중국과 에도시대 일본에서도 마찬가지였다. 즉, 고학은 시대의 새로운 조류였다.

그러나 이러한 새로운 조류에 격렬하게 반발하며 주자학의 정통을 지키려는 사람들도 당연히 있을 수밖에 없다. 그들은 송시열(宋時烈, 1607~1689년)과 그 후예인 노론(老論)이었다. 그래서 『중용설(中庸說)』을 지은 윤휴를 송시열이 사문난적(斯文亂賊)이라고 비판하였다. 그런데 송시열 사후 그의 제자들이 또 한 사람을 사문난적으로 지목하며 비판했다. 이번에는 죽이려고까지 했다. 그 사람은 서계(西溪) 박세당(朴世堂, 1629~1703년)이었고, 1703년에 쓴 그의 저서 『사변록』 때문이었다.

박세당은 장원으로 문과급제하였고 현종(顯宗, 재위 1659~1674년)과 숙종(肅宗, 1674~1720년) 때 활약한 인물이다. 그가 송시열과 노론과 갈등하기 시작한 사건은 "수이강(壽而康)" 사건 때문이다. 과거 현종이 재상인 이경석(李景奭, 1595~1671년)에게 영예로운 궤장(机杖, 의자와 지팡이)을 하사하고 그것

박세당 (출처 : 위키피디아)

을 기념하는 글을 송시열에게도 짓게 하였다. 그러자 송시열이 '잘 먹고, 잘 살았다(壽而康)'는 식으로 비아냥거리는 표현을 담아 글을 써서 준 일이 있었다. 수이강은 1126년 북송이 금(金)의 침략으로 망한 정강의 변(靖康之變)에서 항복 문서를 지어 구차한 목숨을 부지한 한림학사(翰林學士) 손적(孫覿, 1081~1169년)를 훗날 주자가 비판하며 쓴 말이다. 1637년 병자호란(丙子胡亂) 패전 직후, 이경석이 굴욕적인 삼전도비(三田渡碑)를 당시 왕이었던 인조(仁祖, 재위 1623~1649년)의 명으로 지었던 일 때문에 송시열은 이런 비난을 한 것이다. 이경석이 죽은 후, 1702년 박세당이 그 이경석의 신도비명(神道碑銘)을 지으며 송시열의 그러한 행태를 맹비난하고 이경석을 칭찬하는 내용을 신도비명에 담았다. 그리고 그 신도비는 당대의 명필 이광사(李匡師, 1705~1777년)가 쓴 글로 새겨졌다. 이에 송시열의 제자들은 박세당을 크게 원망하게 되었다.

숙종 때 어지러운 환국(換局)이 연달아 일어나고 마침내 서인·노론이 집권하자, 1697년 박세당은 나이 40세에 은퇴하고 양주 석천동(石泉洞, 지금의 도봉산)에 들어가 살았다. 여기서 자유로이 학문을 연구하고 글을 쓰며 지냈다. 이때 탄생한 책이 『사변록』이다. 이외에도 도교 사상을 연구한 『신주도덕경(新註道德經)』과 『남화경주해산보(南華經註解刪補)』를 남겼고 농업경작을 연구한『색경(穡經)』도 저술하였다.

『사변록』이 세상에 나오자 송시열의
제자와 노론은 반발했고 박세당을 사문
난적으로 지목했다. 그의 책은 불태우고
유배형을 보내라 요구했다. 그러나 박세
당은 이미 고령이란 점과 아들 정재(定齋)
박태보(朴泰輔, 1654~1689년)의 공로 때문에
유배형은 받지 않았다. 박태보는 1689
년 인현왕후(仁顯王后, 1667~1701년)가 폐서
인 되자 이를 항변하였고 화가 난 숙종

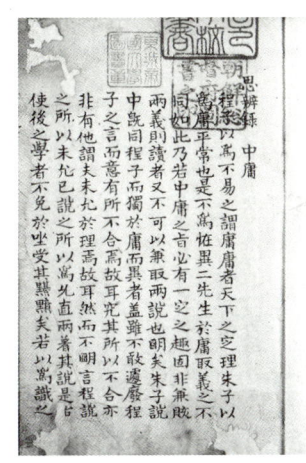

『사변록』 (출처 : 한국민족문화대백과사전)

의 친국(親鞫)에서 곤장을 맞고 장독(杖毒, 곤장 상처 감염)이 생겨 죽었다. 뒤
늦게 후회한 숙종이 공신의 시호를 내린 것이다. 이런 사문난적 소동이
있고 얼마 후 박세당은 죽었다. 그리고 경종이 즉위하여 소론이 집권하자
복권되었다. 그래서『사변록』은 조선 후기 송시열의 제자, 노론을 제외하
고 금서로 취급당하지 않았다.

이제『사변록』의 주된 내용을 보자. 이 책은 유교의 6경(經) 즉,『대학
(大學)』,『중용(中庸)』,『논어』,『맹자』,『서경(書經)』,『시경(詩經)』을 새롭게 주해
한 것이다. 이런 경전에 대해 주자가 기존의 학설들을 집대성하고 정리하
여 주해한 책들이 이미 있었다.『대학장구(大學章句)』,『중용장구(中庸章句)』,
『논어집주(論語集注)』,『맹자집주(孟子集注)』 등이다. 주자학은 바로 주자가
정리한 이런 책들을 연구하는 것이고, 주자학자는 이 주자의 견해로 유

교 경전을 이해하는 것이 기본이었다. 그런데 박세당은 주자가 아닌 자신의 견해로 6경을 주해하여 14책 분량의 『사변록』을 낸 것이다. 특히 『사변록』의 1, 2권의 내용이 노론의 반발을 불러온 것이다.

1권에는 먼저 저자가 쓴 「서문」이 있다. 먼저 6경의 큰 가치를 말한다.

"6경의 글은 모두 요(堯)·순(舜) 이하 여러 성인의 말을 기록한 것으로써, 그 이치가 정밀하고 그 뜻(義)이 구비가 되었고, 그 생각(意)은 깊고 그 취지는 심원(深遠)하다. 대개 그 정미한 것을 논한다면 털끝만큼도 어지럽힐 수 없으며, 그 구비한 것을 말한다면 섬세한데도 빠진 것이 없다."

이 위대한 6경을 연구하는 것에서 여러 문제와 어려움을 논한다. 또 송나라의 정자(程子)와 주자에 대해서도 헌사를 아끼지 않는다. 『사변록』 집필 목적은 "선유(先儒)들이 세상을 깨우치고 백성을 도와주는 뜻에 티끌만 한 도움이라도 주기를 바란 것이니, 이론(異論)을 좋아하여 하나의 학설을 수립하려는 의도에서 나온 것은 아니다"라며 겸양의 말로 「서문」을 마무리한다.

하지만 본격적으로 『대학』을 설명하면서 주자의 학설과 다른 이론을 제시한다. 일반적(주자학)으로 『대학』은 3 강령(三綱領)과 8 조목(八條目)으로 구성되어 있다고 한다. 이것에 해당하는 구절은 2개. 첫 구절은 大學之道(대학지도), 在明明德在新民(재명명덕재신민), 在止於至善(재지어지선)이다. 여기서 명명덕(明明德, 밝은 덕을 밝히는 것), 신민(新民, 백성을 세롭게 하는 것),

지어지선(止於至善, 지극한 선에 그치는 것)이 3 강령이다. 다음 구절은 古之欲明明德於天下者(고지욕명명덕어천하자), 先治其國(선치기국), 欲治其國者(욕치기국자), 先齊其家(선제기가), 欲齊其家者(욕제기가자), 先修其身(선수기신), 欲修其身者(욕수기신자), 先正其心(선정기심), 欲正其心者(욕정기심자), 先誠其意(선성기의), 欲誠其意者(욕성기의자), 先致其知(선치기지)이다. 여기서 致知(치지), 在格物(재격물). 평천하(平天下), 치국(治國), 제가(齊家), 수신(修身), 정심(正心), 성의(誠意), 치지(致知), 격물(格物)이 8 조목이다. 이 중 박세당이 문제 삼은 것은 3 강령이다. 그는 '밝은 덕을 밝히는 것'과 '백성을 새롭게 하는 것'은 아래의 8 조목에 다 해당하지만, '지극한 선에 그치는 것'에 해당하는 8 조목이 없다는 것이다. 즉, 밝은 덕을 밝히는 것은 수신, 정심, 성심, 치지, 격물에 해당하고, 백성을 새롭게 한다는 것은 평천하, 치국, 제가에 해당한다. "이 책에 명덕을 밝히는 조목이 다섯이 있고, 백성을 새롭게 하는 조목이 셋이 있으나, 지선에 그치는 조목은 마침내 찾아볼 수 없으니, 이로써 이 책의 강령이 둘뿐인 것을 알겠다"라고 했다. 이뿐 아니라 '물에는 근본과 말단이 있고, 일에는 시초와 종말이 있다.(物有本末 事有終始)'는 구절 등에서도 기존의 주자학과 다르게 해석한다.

다음 『중용』에서도 기존의 주자학과 다른 해석을 한다. 일단 "중용"이란 제목부터 논의를 시작한다. 정자(程子)는 용(庸)을 불변이란 의미로 천하의 정리(定理)라고 하였고, 주자(朱子)는 평상(平常)이라고 하였다. 하지만 박세당은 용을 항상(恒常)이라고 해석했다. 『서경』의 정일(精一)이란 개념을 인용해 중용이란 중을 항상 유지하되 잠시라도 혹 잃지 않고자 하는 것이라고 했다.

『중용』의 첫 구절은 아주 유명하다. "하늘이 명한 것을 성(性)이라 하고 성을 따르는 것을 도(道)라 하며 도를 닦는 것을 교(敎)라 한다(天命之謂性 率性之謂道 修道之謂敎)"라는 것이다. 인간의 도덕은 하늘로부터 부여된 것이고, 인간은 마땅히 도덕을 수양해야 한다는 의미라고 할 수 있다. 바로이 대목부터 박세당은 기존의 주자학과 다른 견해를 밝힌다. 여기서 하늘이 명한 것(天命)을 주자학에서는 "명(命)은 명령(令)이다"라고 주해했고, 박세당은 명(命)이란 "준다(授與)"는 말로 풀었다. 이외에도 두 번째 구절의 성(性) 등에서도 이견을 드러낸다.

　성리학은 태동기부터 논쟁의 사상이며 토론의 학문이었다. 처음에는 불교와 도교가 대상이지만 이후로는 같은 성리학자(동료, 선후배, 스승)도 예외는 없다. 이단(異端), 사문난적(斯文亂賊) 같은 심한 비판을 쏟아내기도 한다. 그 대상에는 주자도 예외는 아니다. 주자가 일방적인 숭배 대상이라는 것은 편견에 가까운 말이다. 성리학은 이러한 논쟁과 토론으로 더욱 확장되고 충실하게 그 모습을 갖추어, 마침내 방대한 사상체계를 이룩하고 동아시아를 지배하게 된 것이다. 공자의 말처럼, "사람이 도를 넓히는 것이지 도가 사람을 넓히는 것은 아니다.(人能弘道 非道弘人. 『논어』 「위령공(衛靈公) 편」)" 이런 양상은 조선도 마찬가지다.

　그런데 성리학의 사상투쟁, 당쟁이나 사화 같은 정치권력 투쟁, 왕(왕실)과 군권(軍權)에 관련된 역모(逆謀)와 대역(大逆) 사건, 이 3가지는 서로 다른 범주의 것이다. 혼동하면 결코 안 된다. 또한 종교와 관련되어 유럽과 미국의 근대까지도 계속된 "종교재판", "마녀사냥" 같은 무고한 양민 학살 사건도 아니다. 오직 성리학자, 선비, 조선의 소수 지식인 사회에서 발생한 사상투쟁일 뿐이다. 과도한 비유와 비판은 잘못이다.

　조선의 성리학자가 사상논쟁을 시작한 때는 건국 시기부터이다. 그 첫 대상은 불교인데 정도전이 대표 주자다. 관련된 그의 저서로 『불씨잡변(佛氏雜辨)』이 있다. 부모봉양 등 인륜을 지키지 않고 출가하고 군역과 요역을 회피하는 불교는 반인륜적이고 반국가적 집단이라는 것이 주요 비판이다. 이런 비판은 불교가 중국에 전래가 된 초기 위진남북조(魏晉南北朝) 때부터 있었던 동아시아의 아주 오래된 논쟁이다.

다음 흥미로운 것은 앞서 이황 저서를 소개하면서 잠깐 언급한 "태극 논쟁"이다. 이것도 시작은 남송 때 주자와 육구연(陸九淵, 1139~1193년)의 1175년 아호사(鵝湖寺) 논쟁이다. 무극과 태극의 관계를 둘러싼 오랜 논쟁이 조선에서도 있었다. 회재(晦齋) 이언적(李彦迪, 1491~1553년)과 망기당(忘機堂) 조한보(曺漢輔, ?~?)가 태극 논쟁의 중심인물이다.

이 논쟁부터는 조선성리학이 성숙해 지면서 높은 수준의 사상논쟁이 전개된다. 그것은 지금도 많이 알려진 이황과 기대승이 한 "주리vs주기(主理主氣) 논쟁"이다. 하지만 이 주리론과 주기론이란 용어와 개념, 이런 개념으로 주리론자와 주기론자라는 학파로 구분하는 것은 문제가 있다. 특히 이들을 정치파벌인 사색당파와 직접 연결하는 태도도 도무지 이해되지 않는다. 요즘은 현대의 정치 언어인 '진보'와 '보수'로 "기철학", "리철학"을 구분하는 하기도 하는데 모두 맞지않다. 이런 용어와 학파 구분 개념은 일제 식민지 시절 조선총독부 시학관 다카하시 도루(高橋亨, 1876~1976년 『조선유학대관』의 저자)의 '작품'이다. 이런 개념에 대한 비판 때문에 용어는 "사단칠정론(四端七情論)"으로 바로 잡아 쓴다.

사단칠정을 둘러싼 논쟁은 추만(秋巒) 정지운(鄭之雲, 1509~1561년 성리학자)의 「천명도(天命圖)」의 내용을 이황이 일부 수정하면서 시작되었다. "사단은 이가 발현하는데 기가 거기에 따르는 것이고, 칠정은 기가 발한 것으로 이가 거기에 타는 것이다(四端理發而氣隨之 七情氣發而理乘之)." 이 이황

176

이 수정한 주장이다. 사단은 사덕(四德)이라는 인의예지(仁義禮智)가 단서가 되는 4가지 마음, 즉 측은지심(惻隱之心), 수오지심(羞惡之心), 사양지심(辭讓之心), 시비지심(是非之心)을 말한다. 맹자의 성선설(性善說)을 구성하는 논리다. 칠정은 기쁨(喜), 노여움(怒), 슬픔(哀), 두려움(懼), 좋아함(愛), 싫어함(惡), 바램(欲)의 7개의 감정이다. 『예기(禮記)』「예운편(禮運篇)」에서 정의를 내린 인간의 감정들인데, 성

정지운의 『천명도설』
(출처 : 한국민족문화대백과사전)

리학자들은 주로 『중용(中庸)』에서 언급하는 기쁨(喜), 노여움(怒), 슬픔(哀), 즐거움(樂)의 4개의 감정에 대해 논의한다. 이기(理氣)는 여러 가지로 해석되지만, 리는 우주의 본체로 기는 그 현상 정도로 일단 이해하기 바란다. 기대승은 앞서 이황이 밝힌 것은 '사단(四端)은 이(理)에서 발현(發)하는데 기(氣)는 거기에 따르는 것(隨)이고, 칠정(七情)은 기가 발한 것으로 이가 거기에 타는 것(乘)이란 주장(理氣互發說)에 대한 비판을 가하는 서신을 보낸다. 서신의 요지는 이는 선이지만, 기는 선하기도 하고 악하기도 하며, 이 둘이 다른 것처럼 주장한 것은 동의할 수 없다는 것이다. 즉 '이와 기는 섞일 수도 나눌 수도 없다(不相離不相雜)'는 주자의 정의를 들어서 비판한 것이다. 그러자 이황이 반박을 하는 답신을 보내며 이 논쟁이 시작된다. 훗날 이이도 이 논쟁에 자신의 독자적인 견해를 밝힌다. 이이는 기가

(스스로) 발한다는 주장을 하면서, 이 주제는 성인-주자부터 잘못되었다고 말한다.

"발(發)하는 것은 기(氣)요, 발하는 까닭(所以)은 이(理)이다. 기가 아니면 발할 수 없고, 이가 없으면 발할 것도 없다. 發之이하 23자는 성인(주자)이 다시 태어나더라도 고치지 않을 것이다.(發之氣者也 所以發者理也 非氣則不能發 非理則無所發 發之以下二十三字 聖人復起 不易斯言)"

_『기발이승일도설』리통기국론(氣發理乘一途說, 理通氣局論)

이 논쟁으로 조선 특유의 조선성리학이 본격적으로 발전한다.

시대를 달리하며, 조선의 수많은 성리학자가 참여한 사상논쟁 중의 하나로 "인심도심(人心道心) 논쟁"도 꼽을 수 있다. 인심, 도심이란 말은 『서경』「대우모편(大禹謨篇)」에 나오는 말이다. "사람의 마음은 위태롭고 도심은 미묘(희미)하니, 오직 정성으로 하나로 그 가운데를 잡으라(人心惟危 道心惟微 惟精惟一 允執厥中)."라는 문장에서 유래하였다. 고대의 성군 요제가 순제에게 선양(禪讓, 왕위를 평화롭게 전함)하며 한 말이다. 이 인심과 도심은 유학에서 오래전부터 사용한 개념인데, 주자의 「중용장구서(中庸章句序)」에서도 강조한 개념이다. 인심은 인간의 욕망을, 도심은 하늘이 내려준 도덕심 같은 것으로 단순하게 말할 수 있을 것이다. 그런데 인간의 욕망을 긍정하는 명나라의 양명학이 조선에도 전래가 되면서 이 인심·도심 논쟁은 더욱 다채롭게 전개된다. 처음 문제가 된 것은 명나라 나흠순(羅

欽順, 1465~1547년)의 학설 수입이다. 기본적으로 나흠순은 '비판적'으로 주자학을 계승한 주자학자이며, 양명학에 대해 비판을 가한 사상가이다. 그는 이기일원론, 심성(心性)일물설, 그리고 인심·도심을 일원론적 체용(體用, 실체와 응용)관계설 등을 주장하였다. 이것이 조선에서 논쟁거리가 되었다. 나흠순의 사상을 당시 소재(蘇齋) 노수신(盧守愼, 1515~1590년)이 수용하자, 이황이 비판에 나서며 인심도심 논쟁이 시작되었다. 이후 오랜 친구 사이였고, 조정에서도 같은 서인 중진이던 이이와 성혼도, 서로의 다른 견해를 밝히며 토론하였다. 이 두 사람은 앞서 소개한 사단칠정론에서도 견해가 달랐다. 이처럼 성리학자들 사이의 치열한 논쟁과 비판은 당파적 견해나 개인적 친분과는 무관한 것이다. 그냥 선비, 성리학자의 학설, 그들 간의 순수한 논쟁으로 이해해야 옳다. 이 인심도심 논쟁은 이후에도 계속되는데, 교산(蛟山) 허균(許筠, 1569~1618년)과 백호(白湖) 윤휴(尹鑴, 1617~1680년), 갈암(葛庵) 이현일(李玄逸, 1627~1704년) 등도 참여한다.

조선 후기 중요한 논쟁 중에는 "인물성동이(人物性同異)" 논쟁을 꼽을 수 있다. 일명 호락논쟁(湖洛論爭)이라고도 하는데, 충청도(湖) 지역학자들과 서울(洛) 지역학자들이 참여했기 때문이다. 쉽게 말하면 '인간과 사물(인간 이외의 존재)은 같은 성(性)을 지녔는가?'라는 논쟁이다. 수암(遂庵) 권상하(權尙夏, 1641~1751년)의 문하인 남당(南塘) 한원진(韓元震, 1682~1751년)과 외암(巍巖) 이간(李柬, 1677~1737년) 등이 유명한 논자들이다. 이처럼 같은 스승에게 배운 제자들도 다른 철학과 사상으로 논쟁하며 함께 발전하는 것이다.

또 다른 주요 논쟁으로 "심설(心說) 논쟁"을 꼽을 수 있다. 心, 즉 마음의 문제를 연구하는 심학(心學)은 주자학과 양명학을 나누는 핵심 문제이지만, 주자학에서도 심성 수양을 주장하고 있기에 역시 중요한 주제다. 주자학에서는 심학을 마음의 문제를 규명하고 수양하는 것에 있다. 그렇다면 마음은 성(性)과 정(情), 또는 리(理)와 기(氣)와 어떤 관계일까? 이런 것을 두고 논쟁하였다. 조선성리학에서 주로 다룬 주제이지만, 이 문제가 19세기 조선 말 철학·사상의 논쟁으로 크게 발전하였다. 화서(華西) 이항로(李恒老, 1792~1868년), 한주(寒洲) 이진상(李震相, 1818~1886년), 간재(艮齋) 전우(田愚, 1841~1922년) 등의 학자가 이 논쟁에 참여하였다.

끝으로 조선 성리학자들의 기독교 비판으로 이 장을 마무리한다. 왜냐하면 오늘날에도 깊이 생각해 볼 것들이 많다고 보이기 때문이다. 16세기 말 스페인의 천주교 선교사 마테오 리치가 말기의 명나라에 들어가 전도하며 교리서 『천주실의(天主實義)』를 발간하였다. 이 책의 특

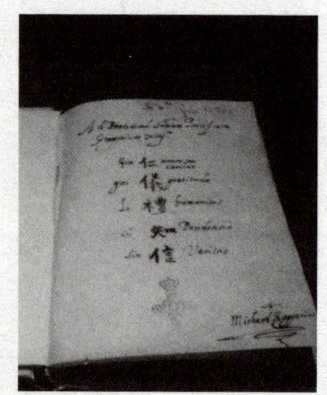

『천주실의』 (출처 : 위키피디아)

징은 선진(先秦, 진나라 이전) 시대의 유학에서 말하는 상제(上帝)와 기독교의 하나님 또는 천주(天主)는 같다는 것이다. 동아시아 전통 사상과 외래 종교와의 타협을 내세운 것이다. 그러나 로마의 교황청은 이 내용을 부정하며 동아시아 전통과 타협을 거부하였다. 자신들의 교리에 어긋난다는 이

유였다. 그러나 이 책은 국내에 도입되며 많은 반향을 일으켰다. 그런데 처음에는 종교보다 새로운 서구의 학문, 일명 "서학(西學)"이라고 생각해 공부하는 학자들이 많았다. 그중에서 유럽의 선교사들이 들여온 17세기 과학혁명의 결과물, 특히 전통적인 천문학이 아닌 새로운 유럽의 천문학에 열광했던 조선 성리학자들도 많았다. 하지만 18세기부터 기독교를 둘러싸고 찬반 논쟁이 일어났다. 찬성 측을 신서파(信西派), 반대 측을 공서파(攻西派)라고 부른다. 흥미로운 점은 이 2개 파의 대부분은 모두 성호(星湖) 이익(李瀷, 1681~1763년)의 제자들이다. 신서파의 대표 논자들은 초기 기독교 역사에 나오는 인사들이다. 그리고 공서파 대표 논자로 하빈(河濱) 신후담(愼後聃, 1702~1761년)과 순암(順菴) 안정복(安鼎福, 1712~1791년)을 꼽을 수 있다. 전통적인 성리학의 입장에서 반대 논리가 만들어졌다. 그중 대표적인 것 2가지만 소개한다.

첫째, 기독교는 유교의 핵심 윤리인 충과 효를 부정한다는 것이다. 지상의 권력, 즉 왕권의 정당성을 부정하고 천상의 절대신(하나님)을 숭배하는 것은 충에 어긋나는 것으로 본 것이다. 또, 부모와 조상에 대한 제사를 우상숭배라며 거부하는 것은 효에 어긋나는 것으로 본 것이다. 그 때문에 기독교를 '무부무군(無父無君)'의 반인륜, 반국가의 종교로 규정하고 부정하였다.

둘째, 기독교의 천당·지옥설은 혹세무민(惑世誣民)의 주장으로 사회의 혼란을 초래하는 반사회적인 내용이라는 것이다. 기독교는 인간은 나면서부터 원죄가 있어서 살아있는 동안 늘 하나님의 말씀대로 살아야 하며, 사후에 그 보상으로 천당에서 영원히 잘 산다(따르지 않으면 지옥에서 영원히 고통)는 식으로 무지한 대중을 현혹한다고 보았다. 이런 주장은 유교의 인간관과 사후관으로 볼 때 당연한 비판이다. 유교는 인간은 하늘로부터 착한 성품(性善)을 받았고, 살면서 끝없는 수양(修養)을 하여 궁극적으로 성인(聖人)이 되어야 한다고 가르치고 있다. 사실 동아시아의 전통 사상과 종교는 다 마찬가지다. 불교는 불성(佛性)을 지닌 인간으로 태어나 수행(修行)을 통해 부처가 되는 것을 지향한다. 도교도 끝없는 수련(修練)으로 신선(神仙)이 되라고 한다. 이렇듯 동아시아의 전통 사상과 종교는 외부의 절대신에게 의존해 현재의 고통에서 벗어나겠다는 기독교나 이슬람교 등과는 도저히 화해하기 힘든 차이가 있다. 한편, 19세기 유럽의 제국주의 침략과 맞물린 기독교 선교와 18세기경의 서학 찬반 논쟁은 차원이 다른 문제라는 점을 아울러 지적하며 이 장을 마무리한다.

3장

'왕이 재물을 긁어모으면 백성들이 흩어지고,

재물을 고르게 나누어 쓰면 백성들이 모여든다.'

치인(治人)

정치란 당대에 드러난 여러 심각한 문제를 해결해야 한다. 문제를 해결하지 못하면 아무리 거창한 이념을 내세우고 훌륭한 인격을 지닌 자가 정치를 해도 모두 쓸데없다. 이번에 소개할 책들은 당시 최고의 선비들이 조선이 당면한 문제를 해결하고, 평화로운 치세를 이룩하기 위해 치열하게 배우고 고민해서 내놓은 노작(勞作)들이다. 주로 가족과 사회, 국가의 제도와 의식(儀式)을 연구하는 예론(禮論)과 국가와 세계를 경영하는 경세론(經世論) 등이 여기에 해당한다. 오늘날로 말하면 제도사 연구 또는 제도개혁 같은 이야기이다.

조선이 고려와 다른 점 중의 하나가 문과 과거에서 문학적 재능을 드러나는 사장(詞章, 문장과 시부)이 아닌 경세론과 그 학문적 근거인 경학(經學, 유교 경전) 지식을 더 중시했다는 점이다. 특히 마지막으로 치르는 3차 시험인 전시(殿試)에서는 책문(策文)을 과제로 제시했다. 책문이란 왕이 직접 묻는 정책적 물음에 답하는 논술고사이다. 여기서 등수를 부여받고 이후 관직을 받는다. 그리고 전시 이전의 초시와 복시 과정에서도 모두 세 차례 시험이 있는데, 그 마지막에는 항상 책문 과제가 제시된다. 그만큼 과거에서 중요한 것이 국가정책에 대한 선비의 식견이다.

앞부분에 소개한 책은 주로 조선 초 성종(成宗) 때까지 조선의 예악 문물(禮樂文物)과 전장 법도(典章法度)가 완성되는 부분이다. 그래서 성종의 묘호가 완성을 시켰다는 성(成)이다. 조선왕조를 이해하기 위해 꼭 필요한 기본적인 것들이다. 이 책들은 주로 왕명으로 관학파 문신들이 여러 자료를 모아서 편찬(編纂)하고, 국가 기관이 간행(刊行)한 것이 특색이다.

그 뒷부분은 주로 조선 중후기 때의 책들이다. 이 시대는 왜란(倭亂)과 호란(胡亂)이라는 연이은 대규모 전쟁과 거듭되는 기후재난으로 위태롭던 시기다. 또한 전쟁과 재난으로 사회도 혼란스러웠다. 그러자 초야의 선비부터 조정의 대신까지 모두 사회개혁을 위해 앞다투어 개혁 방안을 제출하고 치열한 토론을 하였다. 뒷부분의 책은 이들 선비가 각각의 주장과 일부는 하나의 국가정책으로 이어진 것들이다.

• • •

『경국대전(經國大典)』

이 책은 기본적으로 정부조직법, 행정법 같은 성격이 있는 법전(法典)이다. 동시에 조선왕조의 정치·경제·문화·군사 등의 전반적인 제도 규정이기도 하다. 국가는 결코 주먹구구로 운영될 수 없는 법이니, 조선왕조는 개국과 더불어 『경국대전』과 비슷한 내용을 담은 법전들을 만들기 시작했다. 1394년에 정도전(鄭道傳)이 편찬한 『조선경국전(朝鮮經國典)』, 1397년 조준(趙浚)이 편찬한 『경제육전(經濟六典)』, 1413년 호정(浩亭) 하륜(河崙, 1347~1416년)이 편찬한 『속육전(續六典)』 그리고 시행 법령들이 있었다.

하지만 세월이 지나며 여러 법령이 계속 나오자 서로 모순되는 점들

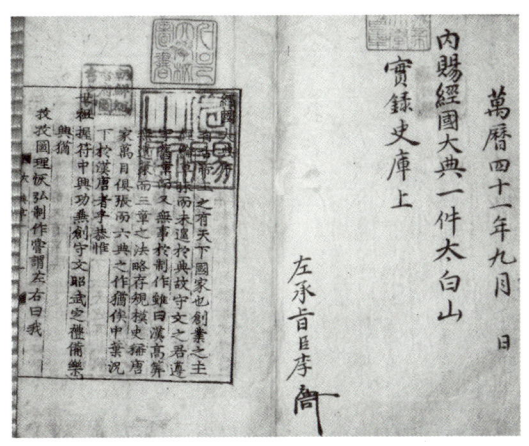

『경국대전』 (출처 : 한국민족문화대백과사전)

도 발견되고 현실에 맞지 않는 미비한 부분들도 나타났다. 이에 세조(世祖)가 육전상정소(六典詳定所)를 설치하여 통일된 법전, 세조의 표현으로는 '자손만대의 성법(成法)'을 만들고자 했다. 이런 노력의 결실로 성종 때인 1485년 만세불변의 완성된 법전 『경국대전』이 편찬된 것이다.

『경국대전』을 보면, 맨 앞에 사가정(四佳亭) 서거정(徐居正, 1420~1488년)이 쓴 법전의 서문과 태허정(太虛亭) 최항(崔恒, 1409~1474년)이 왕에게 올리는 전문(箋文)이 있다. 두 사람은 조선 전기 대표적인 문신이었다. 국가의 편찬 사업에서 주도적인 역할을 했으며 당대 학문의 영수 문형(文衡, 대제학)이었다. 또한 대표적인 관학파 인물이라는 평가도 당시에 받았다.

내용은 대체로 역대 왕들이 만세불변의 완성된 법전을 편찬하고자 노력했던 내용이 공통으로 들어있다. 다른 공통점은 '주(周)나라의 법 제도

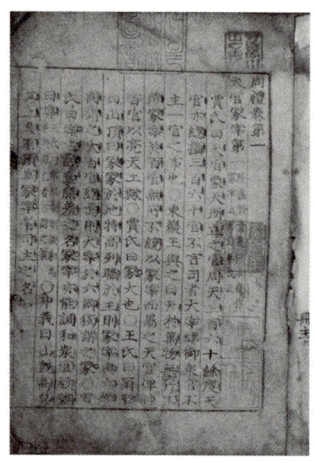

『주례』 (출처 : 한국민족문화대백과사전)

와 비교하여 손색이 없다'는 표현이 여러 번 나온다. 이 주나라의 법 제도를 정리한 법전이 『주례(周禮)』이다. 그래서 『경국대전』을 이해하려면 이 『주례』에 대한 약간의 이해가 필요하다.

『주례』는 기원전 1,046년부터 기원전 256년까지 존재했던 고대 주나라의 정부 조직법 문물제도 등을 담은 법전이다. 이 법전은 주 무왕(周武王, ?~기원전 1043년)의 동생이며, 개국공신인 주공(周公, ?~기원전 1100년)이 편찬했다고 한다. 공자 이래로 모든 유학자는 주나라를 이상 국가로, 이 이상 국가의 문물제도를 만든 주공을 성인(聖人)으로 숭배하였다. 또한 『예기(禮記)』, 『의례(儀禮)』, 『주례』를 "삼례(三禮)"라고 하며 모든 유학자는 반드시 공부해야 한다. 여기서 말하는 예라는 것은 국가의 예법과 제도, 왕실과 사대부의 의례를 말한다. 『주례』 등을 통해 배운 지식과 원리는 주나라 이후의 동아시아 모든 나라는 같거나 비슷한 예법 제도 규정, 정부 조직 원리가 되어 지배하였다. 이것은 성인이 제정한 예이니 그 원리는 영원불변이다. 다만 각 시대와 왕조마다 자신들의 사정에 따라 구체적인 규정을 개혁해 제정한 것이다. 한국도 『주례』가 처음 도입되었던 삼국시대부터 이에 따른 제도와 법을 만들기 시작했을 것이고, 가장 완벽한 형태로 완성된 때는 조선이다. 이제 『주례』의 내용을 잠시 보자.

『주례』의 시작은 이렇다. '왕은 나라를 건국하며 방향을 분별하고 위치를 바르게 하여, 나라의 땅을 나누어 구획하며 관청을 세우고 직분을 나누어 백성이 지켜야 할 표준으로 삼았다.(惟王建國 辨方正位 體國經野 設官 分職 以爲民極)' 이때 모든 신하는 6개의 관청으로 나누어 소속시킨다고 되어있다. 천지춘하추동(天地春夏秋冬)이란 육상(六象)의 원리에 따라 천관(天官), 지관(地官), 춘관(春官), 하관(夏官), 추관(秋官), 동관(冬官)으로 관청을 나눈다. 그리고 각 관청에 속한 모든 관리의 관직과 직무를 규정하였다. 그 책임자를 6경(卿)이라고 한다. 『주례』의 각 편명을 보면, 「천관총재(天官冢宰)」, 「지관사도(地官司徒)」, 「춘관종백(春官宗伯)」, 「하관사마(夏官司馬)」, 「추관사구(秋官司寇)」, 「동관고공기(冬官考工記)」로 되어있다. 천관총재는 전체 모든 관원을 통솔하고 국정(궁궐 사무 포함)을 관장한다. 또한 총재는 이후 재상처럼 왕을 도와 나라를 다스린다고 되어있다. 지관사도는 문교와 농상(農商)을, 춘관종백은 제사와 전례(典禮)를, 하관사마는 군사와 병마(兵馬)를, 추관사구는 법(獄事)과 형벌(刑罰)을, 동관사공은 토목과 건축, 치수를 담당하였다. 이 관청에 소속된 관직은 모두 372개로 직무 내용과 관장 업무의 범위를 정리하여 수록하였다.

이 원리를 조선 조정에 비추어 보면, 천관은 의정부(議政府)와 이조(吏曹), 지관은 호조(戶曹), 춘관은 예조(禮曹), 하관은 병조(兵曹), 추관은 형조(刑曹), 동관은 공조(工曹)에 해당한다. 또한 총재는 의정부의 영의정(領議政)과 좌·우의정, 육경은 판서(判書)에 해당한다고 말할 수 있다. 이제 다시 조선의 『경국대전』을 보자. 법전의 체제는 기본적으로 『주례』와 같다. 「이전(吏典)」, 「호전(戶典)」, 「예전(禮典)」, 「병전(兵典)」, 「형전(刑典)」, 「공전(工典)」으로 구성되어 있다.

　전체 내용을 모두 소개하기는 어렵지만, 가장 중요한 이조의 「이전」만 보자. 먼저 이조에 소속된 관청(屬衙門)을 짧게 수록하였다. 충익부(忠翊府, 공신 관리부서), 내시부(內侍府), 종부시(宗簿寺, 왕실 족보 제작, 왕족 감찰 부서), 사옹원(司饔院, 궁중 음식과 도자기 제작 부서), 내수사(內需司, 왕실 재정 담당 부서), 액정서(掖庭署, 왕명 전달과 궁궐관리부서)다. 그리고 정일품(正一品) 빈(嬪)에서 종구품(從九品) 주변치(奏變徵, 최하위 궁녀)까지는 후궁과 궁녀들, 궁중에서 관직 있는 여성을 담당하는 내명부(內命婦)로 정리되어 있다. 이어서 왕의 유모(奉保夫人), 왕비의 어머니(府夫人), 왕의 딸(公主, 翁主), 세자의 딸(郡主, 縣主), 종친의 아내(府夫人, 郡夫人), 고관의 아내(貞敬夫人) 등 궁중 밖에서 작위를 받은 여성을 담당하는 외명부(外命婦)에 관한 사항이 이어진다. 이때 아내의 작위는 남편의 관직에 따라서 받는 것이며, 왕실의 부부인과 세자의 딸은 작위 앞에 읍호(邑號)를 붙인다. 모든 품계와 관직명을 표로도 정리해 놓았다. 품계(品階)란 정1품에서 종9품까지의 서열로 모두 18품계다. 같은 품계로도 정(正)이 높고, 종(從)은 그 아래이다.

　다음은 중앙관직(京官職)이다. 기술 방식은 품계, 소속 관청 이름, 벼슬 직함(職銜)으로 되어있다. 업무 내용과 인원도 규정되어 있다. 마찬가지로 표로도 정리되어 있다. 여기서 직함이란 직무와 직위를 말한다. 한편, 품계가 높고 벼슬이 낮으면 행(行), 품계는 낮아도 벼슬이 높으면 수(守)라고 했다. 전체적인 내용은 책임자가 정1품에 해당하는 종친부(宗親府)와 의

정부 등의 관청들부터, 양현고(養賢庫, 성균관 지원)와 전생서(典牲署, 제사용 짐승 사육) 등 종6품에 해당하는 관청까지 규정하였다. 관리의 승진 규정을 보면 출근 일수가 그 기준이다. 6품 이상은 900일, 7품 이하는 450일이다. 또 이런 규정도 있다. 재임 기간에 상을 당한 사람, 직무 없는 벼슬 즉 산관(散官), 언관(言官)으로 공적인 죄를 범하고 산관이 되었다가 복직하면 그전까지 출근 일수까지 전부 계산해 준다. 이외에도 여러 규정이 있다. 연좌제 규정도 있다. 탐장죄(貪贓罪, 공금횡령과 백성 재물 강탈 등)를 저지른 관리의 아들과 손자, 정조를 지키지 못하고 재가한 여성의 아들에 대한 관직 진출을 제한하였다.

그 외에 원로 대신 15명을 임명하는 봉조하(奉朝賀), 140명의 내시부, 다양한 기술직에 해당하는 잡직(雜職)을 규정하였다. 잡직은 중인조차 꺼리는 일을 하는데, 그나마 마의(馬醫), 도류(道流), 화원(畵員) 정도가 정직(正職, 녹봉을 받는 정식 관리)의 품계를 받았다.

다음은 지방관직(外官職)이다. 먼저 근무 일수 규정이다. 관찰사(觀察使)와 도사(都事, 보좌관)는 360일, 고을 원(員, 수령)은 1,800일, 가족을 동반하지 않는 고을 원과 훈도(訓導, 향교 스승)는 900일을 채워야 다른 지방 또는 중앙관직으로 인사이동을 하게 되어있다. 또 나이 65세 이상이면 지방관직으로 보내지 않고, 부모 나이가 70세 이상이면 300리 밖의 먼 고을로 보내지 않는다고 되어있다. 그 외에 흥미로운 규정으로 고려왕조의 역대 왕을 제사 지내는 숭의전(崇義殿)의 담당자 임명 규정, 왕릉과 전(殿)의 참봉(參奉)은 해당 지역의 사람을 이조의 심사 없이 관찰사가 왕의 비준을 받아 임명한다는 것 등이 있다. 이어서 8도의 지방관직을 표로 만들어 놓았다. 종2품의 관찰사부터 종6품의 찰방(察訪, 역참 관리)과 현감(縣監)까지 지역, 벼슬 직함, 인원수 등을 규정하였다.

토관직(土官職)이란 규정이 있다. 중앙의 조정이 지방의 토호 세력을 회유하고 지배를 강화할 목적으로 내리는 관직이다. 해당 지역은 평안도와 함경도다. 앞서 참봉과 마찬가지로 관찰사가 지역민으로 추천하였다.

다음은 경아전(京衙前)이다. 아전이란 지방 관청 소속 실무자들이다. 지방과 달리 수도 한양의 관청 아전은 특별히 경(京) 자를 붙이고 규정을 둔 것이다. 여기에는 많은 녹사(錄事)와 서리(書吏)가 있었다. 녹사는 조선 중기쯤 사라지고 서리만 남았다.

다음부터는 중요한 관리 임명 고시들이다. 먼저 취재(取才) 규정이 나온다. 그런데 여기의 취재는 앞서 거론한 잡과(雜科)와는 대상이 다르다. 음서제(蔭敍制)로 출사하는 공신의 자제들이 대상이다. 이들이 진출할 관직은 지방의 하급 관리인 고을 원, 지방향교의 교수와 훈도, 역승(驛丞, 도로 관리자), 도승(渡丞, 나루터 관리)과 실무자인 녹사, 서리, 서제(書題, 내수사의 고급서리), 소격서의 도류다. 바로 이것을 규정한 것이다. 다음은 천거(薦擧) 규정이다. 3품 이상 고위 관직자는 3년마다 3명의 인재를 추천하도록 했다. 만약 천거된 사람이 탐장죄, 윤리를 문란하게 만든 강상죄(綱常罪)를 저지른 자라면 천거한 사람(擧主)도 함께 처벌받았다. 이들에게는 고을 원의 임무를 맡기게 되는데, 경전 중 1가지를 시험 보이는 절차는 있었다.

정식 과거시험인 제과(諸科) 규정이 이어진다. 여기에 문과(文科)와 잡과

(雜科) 규정이 나온다. 내용은 합격자의 등수별로 내린 품계 규정이 대부분이다. 다만 잡과 시험의 과목과 절차 등은 해당 관청이 있는 뒷부분에 규정되어 있다. 그 예로 통역관 시험 역과(譯科)는 예조의 「예전」에 나온다.

그리고 합격자를 관리로 임명하고 평가하는 절차가 이어진다. 관리 임명(除授), 사헌부와 사간원의 동의 절차(署經) 후 왕이 내린 임명장(告身, 직첩)의 수여, 출신(出身)과 내력을 자세히 기록한 관리대장(政案) 등록, 인수인계 문서(解由)에 대한 조사, 해당 관청의 상급자가 아래 관리의 업적에 대한 등급을 매긴 등제(等第)를 왕에게 보고하는 포폄(褒貶), 근무 실태에 대한 조사(考課), 오늘날 봉급에 해당하는 녹봉(祿俸)을 받을 수 있는 녹패(祿牌) 규정을 하고 있다. 한편, 서얼(庶孽) 출신 관리에 대한 승진할 수 있는 최대 품계를 규정한 한품서용(限品敍用)이 별도 항목으로 있다. 서얼은 둘 다 첩의 자식이지만, 서자는 어머니가 양인(良人)이고 얼자는 어머니가 천인(賤人)이다. 그래서 그 둘은 서로 다른 수준의 차별을 받았다.

임시직무를 배정받는 경우인 차정(差定), 교대로 근무하며 복무 기간에만 녹봉을 받는 체아(遞兒)의 녹봉과 품계 규정이 있다. 또, 80세 이상의 노인에게 내린 벼슬(老人職), 고위 관리의 3대 조상들에게 벼슬을 내리는 추증(追贈), 고위 관리에게 시호를 내리는 증시(贈諡) 규정이 있다.

이외에 관리에게 주는 휴가(給假), 이름을 고치면 보고하는 규정(改名), '혐의를 피하'는 상피(相避), 지방의 아전(鄕吏) 규정이 있다. 여기서 간략히라도 이해하면 좋을 제도가 상피제다. 말 그대로 서로 피한다는 말인데, 가까운 친척과 이런저런 벼슬을 함께 못한다는 규정이다. 부정부패의 혐의를 처음부터 피하기 위한 제도다. "본종(本宗, 동성동본)으로는 아홉 달(大功) 이상 상복을 입을 집안 사람, 사위, 손자사위, 손위나 손아래의 매부, 외가로는 석 달(緦麻) 이상 상복을 입을 친척, 처가로는 장인, 처의 할아버지, 동서, 손위나 아래 처남에 대해서는 모두 혐의를 피한다"고 규정되어 있다. 해당 관청은 아주 넓은데, 의정부와 인사를 담당하는 이조와 병조의 관료들, 사법기관의 관료들, 군부의 관리 등이 대상이다.

하지만 영원한 법은 없다. 『경국대전』도 세월이 지나 개정한다. 1746년(영조 22년)의 『속대전(續大典)』, 1785년(정조 9년)의 『대전통편(大典通編)』, 1865년(고종 2)의 『대전회통(大典會通)』으로 편찬되었다. 그러나 이들 법전은 기본적으로 『경국대전』 위에 새로 신설된 조항과 폐기된 조항을 삽입해 넣은 것이다.

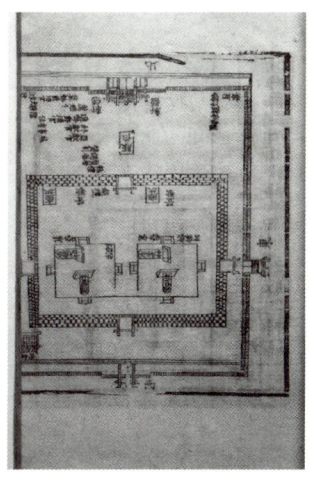

「국조오례의」 (출처 : 한국민족문화대백과사전)

『경국대전』과 마찬가지로 유교 국가 조선의 정치를 위해 꼭 필요한 책이 『국조오례의』다. 책의 의미는 조선의 5가지 예제(禮制)를 규정한 예전(禮典)이란 것이다. 여기서 말하는 예는 단순히 제사 지내고, 상갓집에서 절하는 수준의 말이 아니다. 앞서 『논어』 「위정편」을 인용했듯이 예는 국가의 정치를 말하는 것이다. 그리고 5가지 예제는 앞서 거론한 『주례』 「춘관종백」에서 규정된 것을 따르고 있다.

5례란 이렇다. 먼저 길례(吉禮)란 정성스러운 제사를 말한다. 이 길례는 제사의 대상으로 나누면 인귀(人鬼)·천신(天神)·지기(地祇)에 대한 제사가 있고, 제사 규모에 따라 대사(大祀)·중사(中祀)·소사(小祀)로 나눈다. 그리고 가례(嘉禮)가 있는데 백성과 기쁨을 함께 나누는 의례를 말한다. 왕비, 왕세자 등의 책봉(冊封), 왕세자와 왕세손의 관례(冠禮), 국왕과 왕세자의 혼례(婚禮) 등이 여기에 속한다. 다음은 빈례(賓禮)가 있는데 주변의 친선국인 중국, 일본, 유구(琉球) 등의 사신을 맞이하는 예다. 다음은 나라를 한 가지로 하는 군례(軍禮)이다. 군대와 군마를 돌아보는 열병식, 군사 조련하는 강무(講武), 출정식, 적을 죽이고 귀나 목을 잘라 바치는 헌괵(獻馘),

전쟁의 승리를 위해 베나 비단에 글씨를 써서 매다는 노포(露布) 등이 있다. 한편, 『국조오례의』의 이 군례를 통해 조선 전기 조선군의 편제와 진용, 무기 등을 연구하기도 한다. 마지막은 흉례(凶禮)인데 국가의 상장(喪葬, 초상과 장례)에 관한 예이다.

아마도 국가의 예제를 갖추어야 한다는 개념은 『주례』가 도입된 삼국시대 이래로 있었지만 완벽한 형태로 완성된 때는 조선시대이다. 개국초 정도전(鄭道傳)이 시작했고 세종 때도 착수했지만 불발되고, 완성은 성종 5년 1474년 보한재(保閑齋) 신숙주(申叔舟, 1417~1475년)와 정암(整菴) 정척(鄭陟, 1390~1475년) 등에 의해서이다. 책은 강희맹(姜希孟)이 쓴 「서문」과 신숙주의 「진국조오례의전(進國朝五禮儀箋)」이 있고 8권 6책으로 구성되어 있다. 「서문」을 보면 편찬에 참고한 예제 관련 책들을 소개하고 있다.

"모두 두우(杜佑, 735~812년)의 『통전(通典, 역대 왕조 제도를 편집한 책)』을 모방하고, 두루 여러 서적에서 채집하였으며, 겸하여 중국 조정의 『제사직장(諸司職掌, 명나라 행정법)』, 『홍무예제(洪武禮制, 명나라 예제)』와 우리나라의 『고금상정례(古今詳定禮)』 등을 참작해서 빼고 더하였다."

여기서 『고금상정례』란 최윤의(崔允儀, 1102~1162) 등이 고려 인종(仁宗, 재위 1122~1146년)의 명으로 고금의 예문을 정리한 『상정고금예문(詳定古今禮文)』을 말한다. 한국 최초의 금속활자로 인쇄된 바로 그 책이다. 현재 전해지지 않는 책이지만 강희맹 때는 있었고 그는 봤다는 말이다.

내용을 보면, 「길례」는 1권 30개조와 2권 26개조, 「가례」는 3권에 21개 조와 4권 29개조, 「빈례」는 5권 6개조, 「군례」는 6권에 7개조, 「흉례」는 7 권에 59개조와 8권 32개조로 되어있다. 여기에는 주로 국가와 왕실이 대 상이지만 관료와 백성을 대상으로 한 규정들도 있다. 길례의 "대부사서 인사중월시향의(大夫士庶人四仲月時享儀, 시향제사)", 가례의 "양로연(養老宴, 노 인잔치)", 흉례의 "대부사서인상의(大夫士庶人喪儀)" 등이 그러하다.

의례에는 "서례(序例)"와 "의식(儀式)"이 따로 있어서 각각을 서술하였 다. 가령, 길례를 보면 길례서례(吉禮序例)와 길례의식(吉禮儀式)이 따로 있 다. 서례란 의식에 필요한 준비물, 제도와 참고 사항 같은 것이다. 의식이 란 구체적인 절차를 시간순으로 서술한 것이다. 그리고 "도설(圖說)"로도 설명했다. 여기에는 행사 참가자의 복장, 참가자의 위치도, 악기, 제기, 손 에 드는 도구(악기, 무기 등), 장식, 건물, 가마 등 모든 것이 (마치 설계도처럼) 그 림으로 상세히 그려져 있고 설명이 있어서 지금이라도 모두 재현할 수 있 을 정도다. 그런 이유는 예라는 가치를 시각화해서 드러내야 하기 때문이 다. 입는 의복에서 사는 곳인 실내의 인테리어와 건축의 디자인, 죽어서 들어가는 무덤까지 사람이 있는 모든 곳에 예를 구현한 나라가 조선이 다. 이후에도 조선은 예제를 더욱 보완하여 새로운 예전을 계속해 제정 하였다. 1744년『국조속오례의(國朝續五禮儀)』, 1751년『국조속오례의보(國 朝續五禮儀補)』 등이 후속 예전들이다.

끝으로 길례인 국가의 제사에 대한 유교 국가 조선의 태도가 이전 고 려와 다른 점 한 가지를 지적하고자 한다. 당시 용어로 더러운 제사, 즉

'음사(淫祀)'를 배격한다는 것이다. 제사란 성(誠)과 경(敬)을 갖추어 도리에 맞게 받들어야지, 성과 경이 없이 지나치게 귀신을 섬기면 오히려 화를 자초한다고 보았다. 즉, '치성보다 잿밥에 관심이 많은' 허례허식으로 지내는 제사는 옳지도 않고 나쁜 것이다. 그래서 개국과 동시에 고려 때의 무수히 많은 제사를 축소하여 버렸다. 조선은 제사에 대해 합리적인 태도를 지녔다. 그래서 국가가 주관하는 제사를 대사·중사·소사만 남기고 나머지 허다한 잡사(雜祀)는 모두 철폐했다. 대사는 역대 왕과 왕비의 신위(神位)를 모신 사당인 종묘에서 지내는 제사, 태조의 4대조와 정전(正殿)을 떠난 왕과 왕비의 신위를 모신 영녕전(永寧殿)에서 지내는 제사, 국토와 곡식의 신을 모신 사직(社稷)에서 지내는 제사이다. 이 대사는 국왕이 직접 참여하여 진행되는 국가 행사다. 참고로 고려 때는 이런 대사가 7종이 있었다. 그리고 중사는 바람(風), 구름(雲), 산(岳), 바다(海) 같은 자연신들에 지내는 제사, 농업의 신(先農)과 양잠의 신(先蠶) 같은 생산의 신에 지내는 제사, 성인인 공자(文宣王)와 단군(檀君) 같은 역대 왕조의 시조에게 지내는 제사 등 12종의 제사가 있다. 마지막으로 소사는 말의 병을 예방하고자 말의 조상인 천사성(天駟星)에 지내는 마조(馬祖) 제사, 풍년을 기원하고자 천전성(天田星)에 지내는 영성(靈星) 제사, 명산대천(名山大川)에 지내는 제사, 출정을 앞둔 군대의 군기 앞에서 지내는 둑제(纛祭), 불운하게 죽었거나 후손이 없이 죽어 여귀(厲鬼)가 된 것을 위로하는 여제(厲祭) 등 11종이다. 예조에 속했던 관청인 소격서(昭格署)에서 도교의 신들에게 도류(道流)들이 지내는 제사 문제는 다른 차원이었다. 소격서는 고려의 유풍이었다. 하지만 사림세력이 등장하자 철폐 논쟁에 시달렸고 선조 때 사라졌다.

『국조오례의』를 간략히 설명했지만 여기에 중요한 한 가지가 빠졌다. 그것은 음악이다. 음악이 없다면 유교 국가의 예제는 미완성이다. 이에 해당하는 말이 있다. 『예기(禮記)』「악서(樂書)」 편에 "악은 천지의 화합이고, 예는 천지의 질서이다(樂者天地之和也 禮者天地之序也)"라는 구절이다. 즉, 예와 악은 유교 정치에서 필수상관의 관계란 것이다. 대부분의 국가 행사에서는 반드시 그 성격에 꼭 맞는 음악을 연주하였다. 이런 음악을 오늘날 "궁중음악"이라고 한다. 다만 흉례 때는 악공(樂工)이 참여하지만 연주하지 않았다. 이를 "진이부작(陳而不作)"이라고 하였다.

유교 정치의 논리로 이 음악을 좀 더 보면 흥미로운 점들이 많다. 길례에서 울려 퍼진 음악에는 보본반시(報本反始)라는 가치를 부여하였다. 의미는 나를 낳아준 천지와 부모의 은혜를 갚는다는 것으로 역시 『예기』에서 규정된 것이다. 가례와 빈례에서 행해지는 연회(잔치)의 음악 연향(宴享) 음악에는 『맹자』에 나오는 여민동락(與民同樂, 백성과 더불어 즐긴다)이라는 가치를 부여하였다. 그래서 연회가 있을 때는 세금을 줄여(탕감해)주거나 빈민들에게 쌀을 나누어주기도 했다. 군례에서 연주가 되는 음악에는 균일절제(均一節制)라는 가치를 부여하였다. 여기서 음악이란 연주음악은 물론 노래와 춤까지도 포괄된 개념이다. 따라서 노랫말이나 춤에서도 유교적 가치를 부여했다.

이제 조선의 악전(樂典) 『악학궤범』을 보자. 성종 때인 1493년 예조판

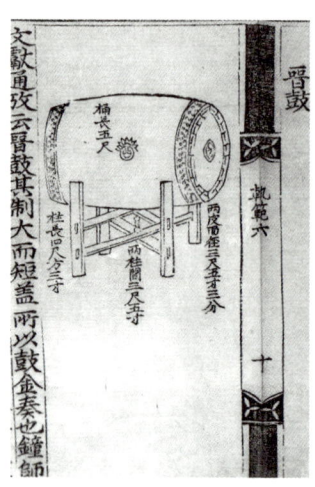

『악학궤범』 6권 (출처 : 한국민족문화대백과사전)

서 겸 음악 담당 기관인 장악원(掌樂院) 제조(提調, 책임자) 허백당(虛白堂) 성현(成俔, 1439~1504년)이 중심이 되어 편찬하였다. 성현은 이 시기의 대표적인 관학파 문신 중 한 명이다. 책은 「서문」과 9권 3책으로 구성되어 있다.

「서문」에는 이 책의 요지를 이렇게 밝히고 있다. "먼저 율(律) 만드는 원리(原理)를 말하고 다음에는 율(律) 쓰는 법을 말하였으며, 악기·의물(儀物)의 형체(形體)를 제작(制作)하는 일, 무도(舞蹈)·철조(綴兆, 樂人의 행렬 또는 느린 춤)하는 진퇴(進退)의 절차에 이르기까지 모두 기재하였다."

이어서 가장 기본적인 음률인 5음(音)과 12율(律)에 대한 약간의 설명도 한다.

"5음과 12율은 악(樂)의 근본이다. 물(物)이 생기면 감정(感情)이 있게 되고, 감정이 발하여 음이 된다. 음에는 다섯 가지가 있어서 오행(五行)에 분배되며, 관(管)의 길고 짧음에 따라 청성(淸聲, 맑은 소리)과 탁성(濁聲, 탁한 소리)이 있으며, 율에는 열둘이 있어서 12월(月)에 분배되고, 5음과 12율이

서로 맞아 12율을 삼분손일(三分損一)하여 하생(下生)하고, 삼분익일(三分益一)하여 상생(上生)하여 그 쓰임이 무궁하여 여덟 가지의 악기에 붙이는 것이 다 법칙에 맞는다. 노래는 말을 길게 하여 율에 맞추는 것이고, 춤은 팔풍(八風)을 행하여 그 절조를 이루는 것이다. 이것은 모두 자연의 법칙이지 개인의 지혜로 할 수 있는 것이 아니다."

이 의미를 조금 풀어보자. 『예기』에 보면 5음인 궁(宮), 상(商), 각(角), 치(徵), 우(羽)는 각각 왕, 신하, 백성, 일, 사물을 상징한다. 유교의 정치처럼 이들 음이 어지럽지 않고 조화를 이루게 하는 것이 음악이다. 만약 이 음들의 조화가 깨지면 국가적으로 큰 혼란이 된다. 그리고 12율은 다시 양(陽)의 소리인 6률(六律)과 음(陰)의 소리인 6려(六呂)로 나눈다. 6율은 황종(黃鐘)·태주(太簇)·고선(姑洗)·유빈(蕤賓)·이칙(夷則)·무역(無射)을, 6려는 대려(大呂)·협종(夾鐘)·중려(仲呂)·임종(林鐘)·남려(南呂)·응종(應鐘)이다. 여기에 옥타브가 높은 소리 청성과 낮은 소리 탁성을 붙여 구분한다. 끝으로 삼분손익법(三分損益法)이란 것이 있는데, 먼저 황종에 해당하는 관(黃鍾律管)의 길이를 기준으로 정한다. 그 길이는 90알의 기장을 일렬로 늘어놓은 것과 같다고 한다. 이 관의 길이에 1/3을 더하거나 줄여서 나머지 11개의 율관을 만든다. 이 황종율관과 편경(編磬, 옥돌)이 기준이 되는 음을 잡는 것이어서 이 두 악기 제작이 가장 중요하다.

1권은 주로 음악이론이다. 음률을 만든 원리에 대한 설명이 나온다. 2권은 「아악진설도설(雅樂陳設圖說)」과 「속악진설도설(俗樂陳設圖說)」이다. 연회와 제례 등에 악기와 악공의 배치도를 그리고 설명한 것이다. 악보(樂譜)와 악장(樂章)도 수록하였다. 3권은 「당악정재(唐樂呈才)」와 「속악정재(俗樂呈才)」가 소개되었다. 당악은 중국 음악, 속악은 국산 음악이란 의미이고 정재란 춤이다. 이 정재는 『고려사(高麗史)』의 「악지(樂誌)」에 수록된 것으로 고려의 음악 전통을 조선이 계승했다는 의미다. 4권은 「당악정재도의(唐樂呈才圖儀)」인데 박(拍)을 통해 춤 사위가 변하는 것을 보여준다. 또한 고려에서 계승된 당악 정재 5종목과 조선 시대 새로 추가된 9종목이 함께 실려 있다. 5권은 「향악정재도의(鄉樂呈才圖儀)」인데, 향악 정재 10종목이다. 여기에는 "동동", "정읍사", "처용가" 등 한글로 쓴 향악이

박(拍) (출처 : 한국민족문화대백과사전)

실려 있다. 6권에는 「아부악기도설(雅部樂器圖說)」이, 7권에는 「당부악기도설(唐部樂器圖說)」이 수록되었는데 악기와 무의(舞儀)에 사용된 기물을 그리고 설명한 것이다. 8권에는 「당악정재의물도설(唐樂呈才儀物圖說)」과 「향악정재악기도설(鄉樂呈才樂器圖說)」이다. 9권에는 「관복도설(冠服圖說)」로서 악사(樂師)와 악공(樂工)들이 입었던 관복과 처용(處容)과 무동(舞童) 등의 복식에 대한 그림과 설명이다.

『동국통감(東國通鑑)』과 『동국병감(東國兵鑑)』

유교에서 역사를 기술하고 평가하는 것은 매우 중요한 가치를 지닌다. 역사는 인간이 존재하는 한 영원한 것이고, 역사의 평가는 최종적이고 절대적이기 때문이다. 마치 기독교에서 말하는 신과 같고 오늘날 대법원의 최종 판결과 같은 효력이 있다. 역사는 현재의 정당성 또는 부당함을 평가하는 기준이 된다. 역사서 제목에 거울 감(鑑)자가 많이 쓰이는 이유는 역사에 오늘날의 나(우리)를 비추어 보라는 의미다. 이런 이유로 동아시아의 역대 왕조 국가들은 개국초에 예외 없이 이전 왕조 국가의 역사를 편찬하였다. 목적은 이전 왕조가 멸망할 수밖에 없는 이유를 설명하는 것이다. 동시에 현 왕조를 개국한 역성혁명(易姓革命) 세력을 역사 서술의 중심에 두고 이들에게 정당성을 부여한다. 주로 사마천의 『사기(史記)』처럼 기전체(紀傳體)로 기술하는데 본기와 열전을 중심으로 어떤 범주로 묶은 인물사를 주로 다룬다. 그래서 과거 왕조 말기의 역사를 읽을 때는 늘 조심해야 한다. 이렇게 완성된 역사서로 새로운 세대 - 후대의 왕, 사대부, 백성을 교육하는 것이다.

조선도 마찬가지다. 개국과 동시에 고려의 역사를 자신들의 사관으로 정리하고 편찬한다. 태조 때인 1395년 정도전(鄭道傳) 등이 편찬한 『고려국사(高麗國史)』가 처음이었다. 그러나 정도전 등이 태종의 정변으로 제거된 후 다시 고려사를 편찬하는 작업이 시작된다. 당시 논란은 크게 두 가지이다. 개국 과정에 대한 객관적 사실을 기술해야 한다는 평가와 사대

(事大)를 표방하는 유교 국가의 역사서에서 황제처럼 고려 왕을 서술한 것이 정당한 것인지에 대한 것이다. 세종 때 집중적인 작업을 거쳤지만 많은 우여곡절 끝에 1454년 단종 때 정인지를 최종 편찬자로 해서 『고려사(高麗史)』를 인쇄해 반포하였다.

조선 전기 역사 서술에서 또 주목해야 하는 책들이 있다. 먼저 1403년 양촌(陽村) 권근(權近, 1352~1409년) 등이 편찬한 『동국사략(東國史略)』이 중요하다. 고려사뿐 아니라 그 이전의 역사서들도 유교 국가 조선이 새로 표방한 가치관으로 다시 정리할 필요가 있었기 때문에 이 책을 편찬한 것이다. 략(略)이란 제목은 기존의 역사서가 너무 내용이 많고 번잡해서 줄였다는 의미이기도 하다. 단군조선부터 삼국시대까지를 편년체(編年體)로 서술하되, 주자의 강목체(綱目體)를 가미하였다. 편년체란 연대순, 시간순으로 역사를 서술하는 것인데 대표적인 역사서로는 『조선왕조실록』이다. 여기서 중요한 것은 강목체라는 것으로 보인다. 강목체는 사건을 중심으로 역사를 서술하는 것이다. 먼저 사건의 큰 줄거리를 서술하고 다음에 그 상세한 사항을 작은 글씨로 서술하는 방식이다. 대표적인 역사서는 주자의 『자치통감강목(資治通鑑綱目)』이 있다. 이후 1452년 문종 때 절재(節齋) 김종서(金宗瑞, 1383~1453년) 등이 편찬한 『고려사절요(高麗史節要)』, 1476년 성종 때 『삼국사절요(三國史節要)』를 완성하였다. 여기서 절요(節要)란 의미도 전체 분량을 줄이고 중요한 요체를 정리했다는 것이다.

이렇게 조선 전기의 역사 서술을 먼저 설명한 이유는 성과를 중심으로 쓴 역사서가 『동국통감』이라는 점을 강조하기 위해서이다. 『동국통감』

은 세조로부터 시작되었다. 세조는 '우리 역사도 중국만큼 유구하므로 『자치통감(資治通鑑)』과 같은 거대한 통사(通史)가 필요하다'고 생각했다. 통사란 각 왕조와 국가를 넘어 전체 역사 시대를 모두 서술한 역사를 말한다. 『자치통감』이란 송나라 사마광(司馬光, 1019~1086년)이 장장 20여 년에 걸쳐 쓴 총 294권 분량의 편년체

「동국통감」 (출처 : 한국민족문화대백과사전)

역사서이다. 시대는 전국시대(戰國時代)인 기원전 403년부터 5대 10국 시대 후주(後周) 960년까지 1362년간에 이른다. 이 긴 기간을 연대순으로 정리한 편년체 형식으로 서술하였다. 이를 약칭해 "통감(通鑑)"이라고 하는데 후대에 미친 영향이 큰 역사서이다. 하지만 세조 때는 완성하지 못하고 결국 성종 때인 1484년에 완성하였다.

전체 분량은 56권이다. 서거정(徐居正) 등의 「진동국통감전(進東國通鑑箋)」, 이극돈(李克墩, 1435~1503년)의 「동국통감서(東國通鑑序)」, 서술 원칙을 실은 범례와 목차에 해당하는 「목록(目錄)」이 앞에 있다. 이극돈은 후대에 간신으로 평가받는 인물이었지만 조선의 중요한 역사서 서문을 썼다는 것이 흥미롭다. 내용은 「외기(外紀)」, 「삼국기(三國紀)」, 「신라기(新羅紀)」, 「고려기(高麗紀)」로 구성되어 있다. 이 「외기」에는 단군(檀君)조선, 기자(箕子)조선, 위만(衛滿)조선, 사군(四郡), 이부(二府, 平州都督府과 東府都督府), 삼한(三韓)이 기록되어 있다. 사군은 한나라 무제(武帝)가 위만조선을 멸망시키고 기

원전 108년 설치한 군현이고, 서기전 82년 소제(昭帝)가 한사군 후속으로 설치한 군현이다. 「삼국기」는 고구려, 신라, 백제의 역사를 말하는데 삼국 중 어느 하나의 나라를 지정해 정통(正統) 왕조라고 평가하지 않았다. 「신라기」는 오늘날 말하는 "통일신라" 시대이다. 발해(渤海)의 역사는 기록이 없다.

역사서에서 가장 중요한 것은 편찬자들의 사론(史論)이다. 사론이란 편찬자, 즉 사관의 평론이다. 대개 3가지 주제다. 첫째, 한 왕조의 멸망과 한 명의 제왕이 승하한 후 그 시대를 평론하는 총평이 있다. 둘째, 기존의 역사서 기술에 대한 오류를 지적하고 바로잡는 고증(考證)이 있다. 셋째, "춘추대의(春秋大義)"에 입각하여 난신적자(亂臣賊子)를 '붓으로 죽이는' 필주(筆誅)를 하고 충신, 효자, 열녀를 칭송하는 것이다. 즉, 포폄(褒貶)이 있다. 춘추대의란 공자가 『춘추(春秋)』에서 밝힌 대의라는 의미로 포폄을 보면 이 시대의 주류 역사관을 이해할 수 있다.

그런데 『동국통감』의 사론은 기존 역사서의 사론을 그대로 실었다. 주로 『삼국사기(三國史記)』의 저자 김부식(金富軾, 1075~1151년)과 『동국사략』의 저자 권근의 사론이다. 그래서 성종은 『동국통감』에 대해 만족하지 못했고 사론을 새롭게 보강해 1485년 『신편동국통감(新編東國通鑑)』을 편찬했다. 전체적으로 382편의 사론이 있는데, 178편은 기존 역사서에서 뽑은 것이고, 나머지 204편은 편찬자들이 새로 쓴 것이다. 이 사론 중 반이 넘는 118편의 사론을 금남(錦南) 최부(崔溥, 1454~1504년)가 썼다. 성종 때부터 사림세력이 중앙 정치에 등장하는데 그중 한 명이 최부이다.

조선 전기의 대표적인 역사서들을 소개하였다. 이런 역사서를 왕명으로 국가가 편찬했다고 해서 관찬사서(官撰史書)라고 한다. 사림세력이 등장한 이후부터는 수많은 선비가 각자 자신의 역사서를 쓰는 사찬사서(私撰史書)의 시대로 발전한다. 그뿐 아니라 당대의 역사, 자신들이 사는 조선의 역사를 쓰기도 한다. 또한 당쟁이 극심해지자 각 당파는 자신들의 정당성을 알리기 위해 많은 역사서를 출간한다. 역사서의 백가쟁명(百家爭鳴) 시대가 열린 것이다.

조선 전기에 편찬된 중요한 역사서로는 '전쟁사'를 꼽을 수 있다. 난해한 공자의 『춘추』를 해석한 『춘추좌전(春秋左傳)』에 "국가의 대사는 제사와 전쟁이다(國之大事 在祀與戎)"라는 구절이 있다. 유교는 출발할 때부터 종묘(宗廟)와 사직(社稷)에서 제사를 지내는 것과 전쟁을 국가(왕)의 중요한 책무로 인식했다. 유교 국가 조선이 무학과 전쟁을 중시한 것은 그 때문이다. 즉 역대 전쟁사를 연구해 국정에 중요한 자료로 활용하기 위해 전쟁사를 편찬했다. 1453년 수양대군(首陽大君)이 중국과 한국의 주요 전쟁을 13권 13책으로 엮은 『역대병요(歷代兵要)』와 이제부터 소개하려는 『동국병감』 등이 조선 전기에 편찬되었다.

1450년 의정부에서 당시 왕인 문종에게 전쟁사 편찬을 상주하여 편찬된 것이 『동국병감』이다. 상주 배경을 먼저 보면 1449년 명나라에서 "토목의 변(土木之變)"이 일어나 북방정세가 위태로워지자 조선도 대비해야 할 필요가 대두되었고, 그중 한 가지가 전쟁사를 편찬하자는 것이다. 주로 북방 민족과 전쟁을 다루었다. 『문종실록』 1권 문종 즉위년 3월 11일 1

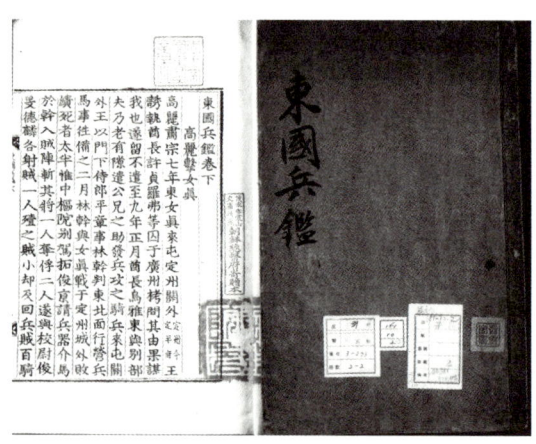

「동국병감」 (출처 : 한국민족문화대백과사전)

번째 기사를 보면 "외적의 침략과 우리나라에서 미리 준비하고 방어한 계책의 수미(首尾)와 득실(得失)을 자세히" 정리하여 국정에 참고하자는 것이다.

『동국병감』의 분량은 2권 2책이다. 1권에는 한무제(漢武帝)의 고조선 침략전쟁부터, 고구려의 선비(鮮卑)와 한사군 공격, 위(魏)나라 관구검(毌丘儉)의 고구려 침략, 전연(前燕)의 고구려 침략, 수(隋)나라의 고구려 침략, 당나라의 고구려 침략, 신라와 당의 백제·고구려 멸망, 신라와 당의 결전, 거란의 고려 침략 등 총 20가지의 전쟁사를 다루고 있다. 2권은 고려의 여진 침략, 몽골의 고려 침략, 고려의 원 세력 공격, 고려의 홍건적(紅巾賊) 공격 등 모두 17가지의 전쟁사를 다루고 있다.

아쉬운 것은 『동국병감』에는 서문, 표(表), 전(箋) 등이 없어서 누가 편찬했는시 알 수 없다. 다만 무학에 밝은 문종이 편찬에서 중요한 역할을 하지 않았을까 추측한다. 전쟁이 일어난 경위부터 전개 과정, 결과까지 기록하였다. 대체로 기존의 사서 기록을 거의 그대로 옮긴 것이 많다. 고려의 전쟁사는 기존의 정사보다 더 상세한데, 특히 이성계의 전쟁 기록이 그렇다는 평가를 받고 있다. 그러나 구체적인 작전전개 과정 등의 서술이 조금 부족하다는 느낌도 있다. 이 『동국병감』은 선조 때인 1608년 간행된 것이 오늘날 전하는데 그 이전에도 책의 내용은 알려진 것 같다.

한편, 조선의 전쟁사 책인 『국조정토록(國朝征討錄)』도 조선 전기에 편찬되었다. 앞의 『동국병감』은 주로 외적의 침략을 격퇴하는 전쟁을 다룬 것이라면, 이 『국조정토록』은 조선이 선제적으로 대외정벌 전쟁을 한 역사를 다루고 있는 것이 다르다. 1419년(세종 1년) 일본 쓰시마(對馬島) 정벌 때부터 5차례 만주의 여진족 정벌(1433년, 1467년, 1479년, 1491년, 1492년), 1510년(중종 5년) 삼포왜란(三浦倭亂)까지 총 7차례 대외정벌 전쟁사를 다루고 있다. 정확한 편찬 시기, 편찬자 등은 알 수 없다. 임진왜란 때 일본이 탈취해간 것을 보면 그 이전에 발간된 것은 분명해 보인다.

『신증동국여지승람(新增東國輿地勝覽)』

국가(지방) 통치에 꼭 필요한 것 중 하나가 지도와 지리지다. 이번에 소개할 책은 국가가 편찬한 지리지다. "지리지(地理志)"란 지리적 특징과 지방적 특징 등을 담은 책이며, 일명 "지지(地誌)"라고도 한다.

지도와 관련해 조선 말 고산자(古山子) 김정호(金正浩, 1804?~1866년?) 이전의 조선은 사실적인 지도를 제작할 줄 몰랐고, 신화의 세계 등을 담은 『원형천하도(圓形天下圖)』 같은 것만 있었다고 오해하는 경우가 종종 있다. 전혀 사실이 아니다. 조선은 조선 초부터 체계적인 행정과 국방상 중요성 때문에 국가가 과학적인 지도를 제작해 왔다. 이중 『조선방역지도(朝鮮方域之圖)』와 『동국지도(東國地圖)』 등이 유명하다. 흥미로운 점은 이런 지도를 보면 맨 위쪽에는 흑룡강(黑龍江)이, 윗부분 서쪽 끝에는 요하(遼河)가 그려져 있고, 그 아래의 만주 지역은 아주 축소되어 그려져 있다. 가운데 중앙 부분에는 아주 상세한 한반도가 있고, 한반도 남쪽에는 좌우로 제주도와 쓰시마가 있다. 조선 시대 사람들의 자국 영토 의식은 흑룡강 이남과 요하 동쪽, 남쪽의 쓰시마를 포함하고 있었다는 증거다. 실질적 지배는 아니지만 고려 이래로 조선은 해동(海東)의 천자국으로서 만주의 여진족과 일본 쓰시마로부터 조공(朝貢)을 받고 그들을 제후(諸侯)로 책봉(冊封)해 주었다고 이해한 것이다. 그뿐 아니라 당시 최고의 세계지도로 평가받는 『혼일강리역대국도지도(混一疆理歷代國都之圖)』도 만들었고 수많은 지리지를 편찬했다.

조선이 최초로 편찬한 지리지는 1432년 세종의 명으로 춘정(春亭) 변계량(卞季良, 1369~1430년) 등이 편찬한 『신찬팔도지리지(新撰八道地理志)』이다. 불행히도 이 책은 경상도 편만 남고 모두 소실되었다. 이 『신찬팔도지리지』를 증보하여 1478년 편찬한 지리지는 『팔도지리지(八道地理志)』다. 세조의 명으로 직제학 눌재(訥齋) 양성지(梁誠之, 1415~1485년) 등이 편찬 작업을 시작해 성종 때 완성된 것이다. 마찬가지로 경상도 편만 남고 나머지는 사라졌다. 성종은 이에 만족하지 않고 다시 보진재(葆眞齋) 노사신(盧思愼, 1427~1498년), 서거정 등에게 명해서 만든 지리지가 1481년 『동국여지승람(東國輿地勝覽)』이다. 하지만 지금은 이것도 없다. 중종 때인 1530년 용재(容齋) 이행(李荇, 1478~1534년), 묵재(默齋) 홍언필(洪彦弼, 1476~1549년) 등이 편찬한 『신증동국여지승람』이 현존하는 조선 시대 최고의 지리지가 되었다.

「권수(卷首)」와 1권부터 총 55권으로 구성되어 있다. 「권수」에는 『신증동국여지승람』과 『동국여지승람』의 편찬 책임자가 왕에게 올리는 보고문처럼 쓰인 "전(箋)"이 있고, 서문과 편찬 참여자의 직책과 이름이 있다. 각 권은 경도(京都), 한성부, 개성부, 경기도, 충청도, 경상도, 전라도, 황해도, 강원도, 함경도, 평안도 순으로 각 지방의 지리지가 있다. 서문을 보면 편집 방식을 알 수 있다.

"경도에서부터 아래로는 각 도까지의 연혁의 차이와 풍속의 다름을 실었으며, 높은 것으로는 묘사(廟社)·능침(陵寢)과 엄한 것으로는 궁궐과 관청이고, 학교는 가르치는 곳이고, 토산물은 의식(衣食)의 근원이고, 인

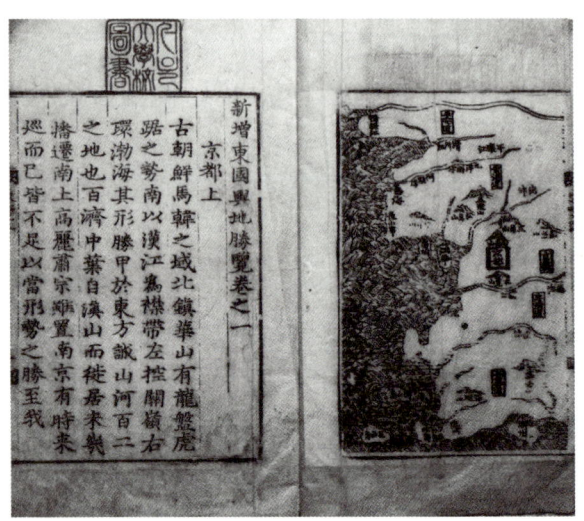

「신증동국여지승람」 (출처 : 한국민족문화대백과사전)

물을 논하는 데는 효자 열녀를 으뜸으로 하고, 형승(形勝)을 말하는 데는 성곽과 산천을 요긴한 것으로 삼았고, 누(樓)·정(亭)·사(寺)·사(社)·역(驛)·원(院)·교량(橋梁), 명현(名賢)의 사적과 문인(文人)의 제영(題詠, 제목을 붙이고 시를 지음)의 섬세하고 은미한 것까지도 두루 기록해서, 비록 시대가 오래된 것이나 사경(四境)의 먼 것이라도 한번 책을 펼치면 환히 손바닥에 놓고 가리키는 것……"

경도 상하 편을 보면 수도 서울의 위치와 연혁, 성곽, 궁궐, 단묘(端廟), 중앙의 각 관청 등을 소개한다. 이어서 한성부는 당시 서울-한양(漢陽) 관할 지역을 다루었다. 위치는 '동쪽은 양주(楊州) 경계까지 10리, 남쪽은 과

천현(果川縣) 경계까지 10리, 서쪽은 고양군(高陽郡) 경계까지 10리, 북쪽은 양주 경계까지 10리'라고 기술하였다. 즉, 도성의 사대문(四大門) 안과 도성 주변 성저(城底) 10리 지역이다. 또한 판윤(判尹) 이하 한성부의 관리 직책과 인원을 소개한다. 이외에 자연지리, 인문 지리, 공공건물과 거리들을 소개하고 있다. 흥미로운 점들을 몇 가지만 더 보자. 이 당시 한성부에 본적(本籍)을 둔 성씨를 보면 촌성(村姓)으로 한(韓)·조(趙)·민(閔)·신(申)·애(艾)를, 내성(來姓)으로 함(咸)·박(朴)·홍(洪)·부(夫)·최(崔)·정(鄭)으로 구분해 정리하였다. 생각보다 적다는 생각이 든다. 그리고 홍계산(洪戒山) 등 효자들과 성종의 공신옹주(恭愼翁主) 등 열녀들의 이름과 사연, 국가가 붉은 정문(旌門)을 이들의 집 앞에 세워 표창하였다는 사실을 일일이 기록한 점도 흥미롭다.

모든 지방을 다 기록할 수는 없고 45권의 강원도와 46권의 춘천도호부(春川都護府)를 마지막으로 간략하게 소개한다. 부족 국가인 예맥(濊貊) 시대부터 이어지는 강원도의 연혁과 강원도에 속한 지역으로 부(府) 1개 지역, 목(牧) 1개 지역, 도호부(都護府) 5개 지역, 군(郡) 7개 지역, 현(縣) 12개 지역이라고 소개하고 있다. 이 당시에는 현재 경상북도의 울진, 평해 지역은 강원도 관할지였다. 당시 정식 관원으로 관찰사 1인(병마절도사와 수군절도사도 겸임), 도사(都事, 관찰사 보좌관), 심약(審藥, 궁중 납품 약제 검수관), 검율(檢律, 법률관) 각 1인이 있다고 기술하고 있다. 이들은 중앙에서 부임한 관원으로서 정해진 임기와 정식 품계(品階, 관료의 등급)를 가진 자들이다. 그 지역 출신으로 대대로 지방 관청에 소속되어 실무를 맡은 관리인 향리(鄕

吏)와는 다르다.

당시 춘천 지역의 위치는 '동쪽은 양구현(楊口縣) 경계까지 89리, 남쪽은 홍천현(洪川縣) 경계까지 65리, 서쪽은 경기(京畿)의 가평현(加平縣) 경계까지 59리, 북쪽은 낭천현(狼川縣, 현 화천군) 경계까지 64리이다. 서울과의 거리는 2백 5리'이다. 연혁은 예맥에서 출발해 신라 때 우수주(牛首州, 또는 牛頭州)로, 조선에 들어서는 "도호부"가 되었다고 기록하고 있다. 정식 관원은 부사(府使)와 향교의 교수(敎授) 각 1인이었다. 당시 본적을 둔 성씨들을 보면 최(崔)씨·박(朴)씨·신(辛)씨·허(許)씨·김(金)씨 등 많은 성씨가 있다. 바로 이어서 '풍속이 순후하고 아름답다'라고 기록하였다. 진산(鎭山)을 봉산(鳳山)이라 했는데 지금의 봉의산(鳳儀山)을 말하는 듯하다. 청평산(淸平山) 등 주요 산천을 소개하였는데 아름다운 춘천 경치를 노래한 선비들의 시들도 함께 소개하고 있다. 당시 토산물은 옻, 잣, 오미자, 영양(羚羊), 꿀, 지치(紫草), 석이버섯, 인삼, 지황(地黃), 복령(茯苓), 누치(訥魚), 여항어(餘項魚), 쏘가리(錦鱗魚), 송이라고 기록하고 있다.

그 외에 누정, 향교, 역(驛), 조창(漕倉), 절(佛宇), 사묘(祠廟), 고적(古蹟) 등의 위치, 연혁, 관련 시문들을 소개하고 있다. 사묘로는 토지신과 곡식신에게 제사하는 사직단(社稷壇)은 부(府)의 서쪽에 있고, 공자와 유교 성현에게 제사하는 문묘(文廟)는 향교에, 고을 토착신에게 제사하는 성황사(城隍祠)는 봉산에 있다. 자손이 없이 불행히 죽은 자들과 전염병 신에게 제사하는 여단(厲壇)은 부의 북쪽에 있다고 기술되어 있다. 고려의 개국공신 신숭겸(申崇謙) 장군 묘의 위치와 공적이 특별히 기록되어 있고, 대몽

항쟁에서 항전으로 온 가족과 함께 죽은 문학(文學, 세자 교육관) 조효립(曹孝立) 같은 유명한 관리(名宦)와 고려 초 활약한 왕유(王儒, 원래 朴儒) 같이 춘천에서 배출된 위인, 고려 때 부창 역리(富昌驛吏)의 아들 조금(趙錦) 같은 효자 등도 소개하고 있다.

...

「만언봉사(萬言封事)」

이이의 변통론이 지닌 역사적 가치와 지위는 앞서 이미 언급한 바 있다. 이이의 변통론이 가장 잘 드러난 글은 1569년 「동호문답(東湖問答)」과 1574년 상소 「만언봉사」다. 여기서는 「만언봉사」를 중심으로 살펴볼 것이다. 일 만자(11,600여 자)의 봉사라는 의미다. 외부에 알리지 말라고 밀봉해서 왕에게 올리는 글이 '봉사'다. 어떻게 밀봉된 봉사가 지금까지도 알려져 있을까? 역사에는 '무슨 무슨 봉사'라는 제목으로 원로 대신이나 재야의 고명한 선비가 올린 글이 많다. 즉, 봉사라는 글은 대개 중요한 가치를 가지고 있어서 공개되는 경우가 많았다는 이야기다. 이 「만언봉사」의 여러 내용 중 가장 주목할 부분은 공납(貢納) 개혁과 군정(軍政) 개혁 주장이다.

　그보다 먼저 알아야 할 것은 세금부과와 노동력 동원 제도, 즉 수취(受取)제도다. 과거 동아시아는 당나라의 조용조(租庸調) 제도를 기본으로 이후의 나라들은 수취제도를 설계했다. 앞의 조(租)는 경작지별로 소유자가 내는 전세(田稅)다. 다음 용(庸)은 국가가 정남(丁男, 16~59세 남성)의 노동력을 징발하는 것을 말하는데 노동력 동원(徭役)과 군에 복무하는 것(軍役) 등이 있다. 마지막 조(調)는 지방의 제후(諸侯)가 자신의 봉토(封土)에서 나는 특산물을 중앙의 황제에게 진상하는 것이다. 이것이 공납이다. 앞의 두 가지는 제왕이 백성들에게 직접 부과하는 것으로 조선에서도 무난히 시행할 수 있는 것이다. 특히 전세는 세종 때 개혁으로 그 부담이 많이 낮아졌고, 왕도정치라는 통치 원리로 볼 때 처음부터 큰 부담을 줄 수 없는 것이다. 그러나 마지막 공납은 작은 국토와 제후도 없는 조선은 처음부터 잘 맞지 않았을 것이다.

　조선에서 수취 대상은 양반과 양인(良人)이다. 토지 소유주와 양반은 토지세를 납부해야 한다. 원래의 논리대로라면 현직 관리인 양반을 제외한 모든 양반은 군역은 부담해야 했다. 그러나 군역에서 이런저런 이유로 대다수 양반은 제외되었고 이것은 조선 500년간 많은 문제와 논란을 일으켰다. 끝으로 전체 백성 중 개인과 국가에 예속되어 신공(身貢, 의무적 노동력 제공)을 바치는 노비(奴婢)는 국가의 수취 대상에서 제외하였다. 그 때문에 국가의 통치 체계가 정상적으로 작동하는 시기에는 수취 부담에서 절대적 비중을 차지하는 양민은 보호받았고 그 숫자도 많았다. 하지만 지배계급인 소수 양반이 탐욕을 부려 소유한 경작지 규모와 노비 숫자도 늘어나면 국가는 위태로워졌다. 조선 중기까지 세금은 모두 쌀이나 포(布) 같은 현물로 납부를 했다. 금, 은, 구리 같은 비철금속은 매장량이 극히 적어 화폐경제가 발달하지 않았기 때문이다. 조선 후기 숙종(肅宗, 재위 1674~1720년) 때부터 상평통보(常平通寶) 유통이 늘면서 상업도 발달하고 조세의 금납화도 차차 진행되었다.

이제 가장 큰 문제인 공납을 보자. 중앙에서 각 지방의 실정에 맞게 부과하고 좋은 지방관이 공정하게 잘 관리했다면 큰 문제는 없을 것이다. 하지만 문제의 연산군 때부터 왕과 왕의 친인척, 공신과 대신들의 탐욕으로 특산물 부과량도 늘어나기 시작했다. 납부 과정도 온갖 부정과 협작이 난무하였다. 이 폐단은 중종반정 후 개혁은커녕 왕실과 훈척(勳戚) 세력의 탐욕으로 더욱 심각해졌다. 이 때문에 이이는 공납 개혁을 주장하였다.

이제 「만언봉사」에서 이 부분을 어떻게 썼는지 보자. 후반부 대책안에서 두 번째가 공안 개혁 주장이다. 제목은 "공안을 고쳐 가혹하게 거두어들이는 폐해를 없애야 한다.(改貢案以除暴斂之解)"는 것이다. 공납의 폐해가 시작된 것은 연산군의 탐욕 때문이고, 그 이후 74년 동안 전혀 개혁되지 않은 것을 탄식한다. 이어서 공납의 구체적 실상을 폭로한다. 문제는 자신의 마을에서 생산되지 않는 물품을 공납해야 하는 것이었다. 결국 그 물품을 구매하기 위해 다른 지역에서 사 올 수밖에 없었다. 이 과정에서 공납 물품 구매대행-방납(防納)을 하는 자들이 생기는 데, 그들은

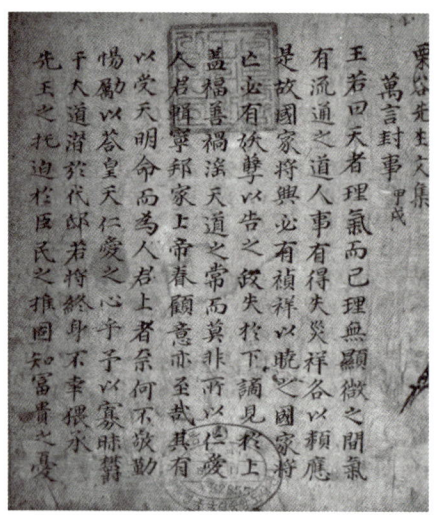

「만언봉사」 (출처 : 한국민족문화대백과사전)

더 많은 이익을 위해 가격을 턱없이 부풀렸다. 그 결과 마을 전체가 황폐해졌고 공안(貢案)을 개정하자고 주장했다. 공안이란 중앙과 지방의 각 관부에서 필요로 하는 공물의 품목과 수량을 정리한 공문서다. 이 공물의 품목과 수량을 원래대로 줄이자는 것이다.

결국 이이의 공납 개혁 주장은 선조도, 조정의 정적들도 거부하여 시행되지 못한다. 그러나 이후 왜란과 호란, 대기근 같은 국난을 겪으며 민생이 파탄나자 그 필요성이 다시 등장하게 된다. 여기서 중요한 점은 국가 통치를 위해서는 조세와 부역을 위한 정확한 토지대장과 호적대장 같은 기초 자료들이 필요하다는 점을 먼저 이해해야 한다. 이런 통치를 위한 기초 자료들은 거듭되는 전란으로 훼손되었고 수많은 백성이 죽고 납치되어 적국에 끌려가거나 전국을 유랑하면서 토지는 황폐해졌다. 그래서 새롭게 토지대장과 호적대장 등을 작성하기 위해 거국적 사업들을 시도하지만 매번 새로운 위기로 인해 무산되기를 반복한 것이다. 토지대장을 당시 용어로 양안(量案)이라 하는데, 양안이 비로소 새롭게 작성이 되는 시기는 1634년 인조(仁祖)

후반기다. 바로 이런 기초 자료가 있어야 조세개혁도, 병역 개혁도 가능한 것이다. 하지만 조선의 재난은 이후에도 계속되었다.

이이 사후, 그의 개혁 주장은 공안을 개정해 원초적으로 공납 부과량 자체를 줄이는 것과 기존의 전세로 통합해 부과하여 쌀로 걷는 것, 이 2가지 방향으로 논의가 진행된다. 이중 후자가 바로 대동법(大同法)이다. 이 대동법을 둘러싸고 열띤 논쟁이 조선의 조야에서 진행되었다. 대체로 재야의 선비들인 산림(山林)은 공안개정을, 전세로 통합하는 대동법은 한양의 조정 대신들이 주장한다. 전자는 신독재(愼獨齋) 김집(金集, 1574~1656년)과 우암(尤庵) 송시열(宋時烈, 1607~1689년), 후자는 당시 잠곡(潛谷) 김육(金堉, 1580~1658년)으로 대표된다. 이들 모두는 이이의 정책과 사상을 계승한 서인이지만, 이 당시 효종(孝宗) 때는 호란 이후의 국가정책을 둘러싸고 입장 차이를 드러내며 산당(山黨)과 한당(漢黨)으로 분리되어 있었다. 아마도 재야의 선비들은 지역민 입장으로만 이 문제를 본 것이고, 조정의 대신들은 공납 물품에 대한 각 관부의 수요는 이미 제도와 관행으로 굳어져 부과량 자체를 줄이는 것은 어렵다고 판단한 한 것으로 보인다. 하지만 정책 수립과 집행은 관료가 하는 것이다. 결국 김육이 이겼고 대동법은 전면적으로 시행되었다. 이로써 조선의 민생은 다시 안정을 되찾기 시작한다.

다음은 다섯째로 거론한 군정 개혁을 보자. 제목은 "군정을 개혁하여 내외의 방비를 튼튼히 해야 한다(改軍政以固內外之防)"이다. 전국 국경지대 요충지에 주둔하는 유방군(留防軍) 문제를 거론한다. 여기서 엉망인 군적

(軍籍)의 문제, 원 거주지에서 멀고 험한 지역 근무해 발생하는 문제, 군포(軍布) 징수에서 부패 문제를 지적한다. 이 당시는 조선 전기의 군정 제도가 무너지고 있었다. 기존에는 군역을 직접 수행하는 양인을 위해 다른 양인-보인(保人)이 그 대가를 지불했다. 그러나 이때부터는 아예 다른 사람을 돈으로 사서 대신 군역에 내보내는 대립(代立), 군역 대신 해당 관청과 지방 진영(鎭營)에 군포 납부로 대체하는 방군수포(放軍收布)로 변질이 되어 갔다. 군사적 긴장이 줄어들면서 양인의 군역 기피가 늘어난 것이다. 이런 현상은 국방력 약화로 이어졌다. 바로 이 문제점을 이이가 강력하게 제기한 것이다. 그의 대책은 우선 상벌제도 강화로 강력한 유방군을 유지해야 한다고 주장했다. 또 엉터리 군적을 정리해 부정부패를 없애라고 한 것이다. 이후 임진왜란 때부터 기존의 군제가 개편되고 정규군은 전문적인 '직업군인'으로 대체되며 유방군 문제는 사라진다. 이제는 직업 군인을 위한 과세의 문제로 군정 개혁 문제는 전환된다. 그것이 군포 개혁이다. 군포 납부를 둘러싸고 양역변통론(良役變通論), 호포론(戶布論)이라는 이름으로 많은 토론과 논의 끝에 조선 후기 균역법(均役法)으로 결론이 난다.

마지막으로 이 글의 배경과 전후 사정을 조금 보자. 16세에 왕이 된 선조가 즉위 7년째인 1574년 1월 4일 구언(求言)의 교지를 내린다. 이에 출사한 지 10년, 39세의 이이가 승정원(承政院, 비서실 같은 곳) 우부승지(右副承旨)로서 응답한 것이다. 글의 핵심은 자신의 변통론을 강력하게 주장하는 것이다. 그리고 조정 관료들의 근무태도와 부족한 왕의 수양을 길게 지적하고, 이어서 개혁안(공안 개정, 절약과 풍속 개혁, 선상 제도 개혁, 군정 개혁 등)을 제출한다. 선상(選上)이란 지방 관부 소속 공노비를 서울로 불러 일을 시키는 제도다. 언로(言路)를 더 개방하라고 요구한다. 글의 마무리를 보면 자신의 제안을 '3년만 시행해보고 효과가 없으면 그때 자신에게 벌을 주라'고 호언장담한다.

그러나 이이에게 수양이 부족하다고 지적받은 선조, 근무태도가 문제라고 비판받은 대신들은 냉담했다. 어쩌면 당연한 반응이다. 결국 이이는 조정을 떠나 버린다. 자신의 의견을 왕이 거부하면 떠나는 것이 선비의 도리이다. 그렇게 끝은 아니었다. 후일 다른 계기로 이이는 다시 복귀한다.

「병자봉사(丙子封事)」와 『남한기략(南漢紀略)』

1636년 겨울. 고립된 남한산성에서 일어난 지천(遲川) 최명길(崔鳴吉, 1586~1647년)과 청음(淸陰) 김상헌(金尙憲, 1570~1652년)의 논쟁은 한국사에서 가장 극적인 순간이라고 말할 수 있다. 이들의 치열한 논쟁을 단순히 '실리' 대 '명분'으로 규정짓고 단 몇 줄로 정리할 수는 없다. 국가와 개인의 존망을 결정짓는 순간, 자신들이 평생 추구해온 가치관과 실천을 걸고 그들은 싸운 것이다. 그 당시 상황뿐 아니라 긴 역사적 안목으로 평가해야 한다.

「병자봉사」는 새해 벽두부터 전운이 조선과 동아시아 전체를 감돌았던 병자년(1636년) 한 해 동안 최명길이 올린 세 차례의 상소를 묶어 놓은 책이다. 정확히는 최명길의 문집 『지천집(遲川集)』 11권 「차(箚, 상소문)」에 실린 것이다. 이 세 개의 상소를 통해 당시 최명길은 어떤 생각으로 다가올 전쟁을 보았고, 어떻게 대응하려 했는지 알리려는 것이다. 나아가 병자년 전후로 보인 최명길의 정치 행보도 잠시 살펴볼 필요가 있다.

최명길과 대척점에 섰던 인물 김상헌도 문집을 남겼는데 『청음전집(淸陰全集)』이다. 여기에 수록된 책에는 병자호란을 겪으며 기록한 『남한기략(南漢紀略)』이 있다. 『남한기략』에서 척화(斥和)라는 명분이 그냥 옳다고 말한 것이 아니라 당시 청군의 상황을 판단해 내린 결론이라고 주장하였다. 당시 청군은 시간에 쫓기고 있었기에 최명길 등의 성급한 강화(講和)는 맹목적 항복에 불과하여 조선이 오판하도록 만든 것이라 본 것이다.

동국여도(19세기 초)의 남한산성도 (출처 : 경기도박물관 소장)

최명길과 김상헌은 모두 광해군 정권에 반대했던 서인이다. 그러나 여러모로 이 두 사람은 다른 인생을 살았다. 최명길은 1623년 인조반정(仁祖反正)에 적극적으로 참가하여 반정 1등 공신으로 출세 가도를 달렸다. 이귀(李貴), 김류(金瑬, 1571~1648년), 김자점(金自點, 1588~1652년) 등 다른 공신들과 함께 공서파(功西派)라고 하였다. 그가 유능한 인물이었다는 것이 대체적인 평가다. 반면 김상헌은 광해군에게 반대하고 인목대비(仁穆大妃, 1584~1632년)의 아버지 김제남(金悌南, 1562~1613년)과 사돈이었지만 인조반정에 참여하지는 않았다. 이후 인조의 조정에 참여하지만 시비(是非)와 선악의 엄격한 구별을 주장하는 청서파(淸西派)의 영수가 되었다. 재야 선비들인 산림(山林)의 지지를 받았다. 김상헌은 공서파들이 인조의 아버지 정원군(定遠君, 1580~1619년)을 원종(元宗)으로 추존하려는 데 반대하고 사직하기도 하였다. 이렇듯 시비를 따지고 옳지 않으면 벼슬에서 물러나길 반복해, 당시 그를 대로(大老)라며 존경하는 사람이 많았다. 이렇게 서로 다른 그들이 병자년에 다시 격돌한다.

먼저 「병자봉사」의 내용을 살펴보자. 때는 1636년 2월 26일이다. 당시 후금(後金)-청의 사신 용골대(龍骨大, 타타라 잉굴다이 1596~1648년)와 마부대(馬夫大, 하다나라 마푸타 ?~1640년), 그리고 몽골인들이 인열왕후(仁烈王后, 1594~1635년 인조의 첫 왕비)의 장례에 문상을 와서 3장의 문서를 조선의 왕 인조에게 주었다. 첫째 글은 국상에 대한 조문과 위로다. 다른 두 장 중 하나는 후금의 집정대신(執政大臣)의 글이고, 다른 하나는 팔고산(八高山)과 몽골 왕들의 글이다. 여기서 집정대신(執政大臣)이란 당시 내비서원대학사(內秘書院大學士)였던 한족 출신 재상 범문정(范文程, 1597~1666년)이다. 팔고산은 청의 주력부대 팔기군(八旗軍)을 말한다. 또한 여기서 몽골 왕이란 청나라의 제후가 된 내몽골 부족장을 말한다. 편지에는 그들이 조선 왕과 동급이라는 것을 보여주기 위해 각자의 이름을 적었다. 그 내용은 조선을 더욱 당황하게 만든다. '팔고산과 몽골이 당시 후금의 칸(汗) 홍타이지(皇太極)를 황제에 오르도록 추대하려는데 조선과 먼저 상의하겠다'는 것이다. 조선 조정은 발칵 뒤 집어지고 한겨울 국상 준비로 병석에 누었던 최명길이 상소를 올린 것이다. 핵심 주장은 대강 이렇다. 먼저 의례적인 답장 외에 따로 편지 한 통을 써서 조선의 대의(大義)를 밝히라는 것이다. '(청에) 위호(僞號)를 참칭하지 말라는 것과 (명에 대한) 신하의 절개를 바꿀 수 없다'는 내용으로 말이다. 그리고 '명나라 도독부(都督府)에 청의 서신과 조선의 답신을 보내주고 전국 8도에 명령을 내려 군사적 방비를 하자'는 내용이다. 이때 최명길은 전쟁이 불가피하다고 판단하고 대의명분을 밝히고 전쟁에 대비하자는 생각으로 보인다. 그런데 사신들이 조선의 강경한 분위기 놀라서 갑자기 도망치는 사태가 발생하였다. 4월에는 홍타이지가 정식으로 황제에 등극하고 연호를 숭덕(崇德), 국호를 후금에서 청(淸)으로 바꾸었다. 6월에는 조선이 대의명분을 밝히고 일전도 불사하겠다는 격문(檄文)을 청에 보낸다. 이로써 양국 관계는 완전히 파탄이 났고 전쟁 개시는 초읽기에 들어갔다.

두 번째 상소는 9월 5일이다. 그보다 먼저 최명길은 5월 병조판서를 제수받았다. 상소에서 먼저 대각(臺閣, 사헌부 사간원)은 청에 대한 척화(斥和)만 주장하고 대신들은 부화뇌동하고 있다고 비판한다. 이어서 구체적인 군사적 대비를 제안한다. 체찰사(體察使)와 수군절도사(水軍節度使)는 모두 평안도에 지휘소(幕府)를 개설하고, 병마절도사(兵馬節度使)도 의주에 주둔하여야 한다는 것이다. 다른 한편으로 청에 서신을 보내고 정탐해야 한다는 것이다. 누가 보아도 곧 개전할 것이 분명한 상황에서 먼저 적극적으로 움직이자는 주장이었다. 명나라도 비슷한 의견을 보내오기 시작한다. 명과 함께 군사적인 행동을 하자는 것과 적극적으로 청에 사신을 보내 정탐하라는 내용이다. 그런데 최명길은 청야입보(淸野入堡, 적의 보급을 끊고 거점 성을 중심으로 방어) 같은 기존 군사 전략과 달리 대규모 군대를 청의 예상 공격로에 미리 전진 배치하고 결전을 치르겠다는 것이다. 때마침 명나라도 군사 동맹을 재확인하고 전쟁 전에 청을 정탐하자는 것이다. 이때까지도 최명길은 청과의 전쟁에 적극적인 태도로 임하고 있었다.

이런 최명길의 태도가 180도 바뀌는 것은 11월 6일의 세 번째 상소 때부터다. 이보다 먼저 9월 19일 열린 경연(經筵)에서 최명길의 발언 때문에 조야에 큰 파란이 일어났다. 경연은 왕과 경전 연구와 정책현안을 토론하는 자리다. 여기서 그는 정탐할 사람을 청에 파견하는 것이 지연되는 것에 대해 개탄하며, 청에 보낼 국서에 '청국'이라 표기하고 군사 기밀은 다른 사람을 배제하고 오직 왕과 심복인 대신만 논의하자고 주장한 것이다.

이 중 마지막 주장이 조야의 반발을 일으킨다. 그의 우려는 공개된 조정 회의에서 논의된 군사 기밀이 조보(朝報)에 실려 민간에 유포되면, 국경 지역은 물론 수도 한양에 체류하던 여진족에 의해 청나라에도 전달되는 심각한 일도 발생할 수 있다는 이유였다. 실제로 앞서 용골대 등이 조보를 통해 조선 내의 강경한 분위기를 알고 도망쳤다는 기록도 있다. 그런데 최명길이 일으킨 이 논란의 주제는 이때가 처음이 아니고 여러 번 등장했다. 오늘날에도 군사 기밀 유지와 "언론의 자유"는 논란이 크다. 1518년 당시 왕 중종과 재상, 군부 장군이 비밀리에 모여 여진부족 속고내(束古乃)를 기습 선제공격을 논의하는 것이 외부에 알려지자, 조광조(趙光祖)와 언관(言官)들이 몰려가 명분 없는 선제공격을 반대하여 중단했던 사례는 유명하다. 또, 1582년 이이가 선조에게 올린 개혁안 「진시폐소(陳時弊疏)」에도 "정사(政事)는 부의(浮議, 쓸데없는 당쟁) 때문에 어지러워 진다"고 비판을 했는데, 병조판서로서 동인(東人) 소속 언관의 부당한 탄핵을 받았던 경험이 반영된 것이다. 그러나 선전포고 없는 전쟁은 오늘날에도 불법무도한 만행이다. 더욱이 공개적이고 떳떳한 왕도정치를 추구하는 조선에서 최명길의 '비밀 논의' 주장은 도저히 받아들일 수 없는 주장이었다.

11월 6일 길고 긴 한성판윤(漢城判尹) 사직 상소를 올린다. 공자의 『춘추(春秋)』 연구가로 유명한 송(宋)나라 호안국(胡安國, 1074~1138년)과 임진왜란 때 성혼(成渾)의 주장을 인용하며 척화론을 비판한다. 그리고 주화(主和)에 대해 이런 주장을 한다. '대체로 일을 수행하는 방도에는 정상적인 것과 임기응변적인 것이 있으며, 급한 일과 늦게 할 일이 있고, 때가 어디에 있든 의(義)도 때에 따라 달라진다.' 즉, 자신의 주화는 시세(時勢)를 참작하고 의리(義理)를 따져서 나온 것이라는 것이다. 지금은 청과 전쟁이 아닌 강화를 하는 것이 옳다는 주장이다. 아마도 이때부터 최명길은 이전 1627년 정묘호란 때처럼 자신이 또다시 나서 전쟁이 아닌 강화를 주도해야 한다고 결심한 듯하다. 이때가 전쟁 개시 한 달 전이다.

그리고 모두가 예상했던 병자호란은 일어났다. 이제 『남한기략』의 김상헌 주장을 보자. 『남한기략』은 병자호란 중 일기, 상소, 편지, 남한산성의 장수들, 왕을 호종(扈從)한 신하들 명단 등이 수록되어 있다. 이 중 핵심은 1636년 12월 12일 경기도 남양주 석실(石室)에서 전란 소식을 듣는 것부터, 왕을 호종하고자 남한산성에 들어가 활동하고, 이듬해 1637년 조선이 패전하자 자결을 시도하

『남한기략』 (출처 : 한국민족문화대백과사전)

였으나 실패하고, 2월 2일 성을 떠날 때까지의 일기가 가장 중요하다. 일기를 보면 당시 그는 몸이 무척 아팠던 것 같다. 막사에 누웠다는 글을 자주 볼 수 있다.

일기 서술의 흐름은 모두가 아는 전란 과정과 같다. 다만 척화파 김상헌을 중심으로 서술되었다. 동시에 주화론을 주장한 최명길과 김류 등을 거의 역적을 대하듯이 분노에 찬 표현으로 서술하였다. 그러나 기존의 통념과 달리 척화라는 것이 '오직 대의명분을 위해 모두 죽자는 헛소리'가 아니라는 것을 분명하게 알게 된다.

12월 17일, 남한산성의 행궁(行宮)에서 왕이 처음 인견(引見, 왕이 불러 봄) 하는 자리에서 그가 한 첫 일성을 보자.

"이미 지나간 일은 없다고 하더라도, 오늘날의 계책은 반드시 먼저 끝까지 싸우다가 패할 때면 화친(和親)해야 합니다. 만약 비굴하게 아첨하는 말로만 강화(講和)를 청한다면 그 강화조차 가망이 없을 것입니다. 송나라의 오잠(吳潛, 1196~1262년)은 '화친으로 모양새를 만들고, 지키는 것으로 실질을 삼으며, 전쟁으로 응대한다'는 말을 했습니다. 이 말은 오늘날에 가장 절실합니다."

상식적으로 당시 병자호란 전체를 꿰뚫어 보는 맞는 말이다. 싸워보지도 않고 강화를 주장하는 것은 그냥 항복하는 것과 같다는 주장이다. 역사를 보면 상대를 절멸시키고자 하는 전쟁이 아니라면 대부분 정치적 목적을 위한 제한된 전쟁을 하게 된다. 전쟁은 이후 외교 교섭에서 유리한 지위에 올라서려는 방편일 뿐이다. 먼저 청과 전쟁하여 작은 승리라도 한 후 강화를 요청하는 것이 순서다. 누구나 인정하는 한국사 최고의 외교 성과인 993년 서희(徐熙, 942~998년)의 외교담판도 안융진(安戎鎭)에서 고려가 작지만 소중한 승리를 하였기에 가능한 것이었다. 이런 상식에 비추어 보면 처음부터 화친을 주장한 최명길 등은 잘못된 판단을 한 것이다.

22일에는 이런 기록도 보인다. 누군가의 말을 인용하며 '오랑캐는 남의 나라를 차지한 뒤에 형편상 오래 머물지 못한다'는 것이다. 이것도 고려 때 거란 침략 등의 역사를 비추어 볼 때 아주 타당한 주장이다. 당시 청나라 군대 전체 병력은 15만이라고 하지만 실제 전투력을 지닌 주력부대는 총 5만을 넘지 않았다. 당시 청의 주요 공격 대상은 조선이 아닌 명이다. 청이 조선에 전체 병력을 오래 묶어 둘 이유는 없다. 또한 한겨울 얼어붙은 압록강을 도강한 청군의 회군 시점은 아무리 길게 잡아도 3개월 이내, 봄이 오기 전이다. 그 이후에도 청군이 조선에 머문다면 고립되어 조선의 반격으로 오히려 몰살될 것이다. 마치 1019년 귀주대첩(龜州大捷)처럼 말이다. 그때도 한겨울 12월에 침략한 지 2개월 만에 도망치듯 빠져나가던 거란을 공격해 고려가 승리한 것이었다.

20일에는 비변사(備邊司) 회의에서 김신국(金藎國, 1572~1657년)과 함께 군사적 계책도 내놓는다.

"오랑캐는 밤낮으로 달려와 모두 지쳐있을 것이므로, 오늘 밤 그 선봉을 쳐서 꺾으면 아마도 스스로 물러날 것이오. 그러나 만일 10일이 지나면 반드시 오랑캐는 반드시 원군을 보낼 것이니, 칠 기회를 놓쳐서는 안 되오."

이 주장도 병자호란 전개 과정을 볼 때 아주 타당한 군사적 계책이다. 당시 남한산성까지 왕과 조정을 추격해 온 부대는 마부대가 이끄는 소규모 선발대에 불과했다. 그러나 후속 부대들이 속속 들어왔고 마지막으로 그 해를 넘겨 1월에 청나라 황제 홍타이지가 이끄는 본진이 도착했다. 그렇게 청군은 남한산성을 더욱 단단히 포위했고 고립시켰다. 그러나 영의정 김류, 최명길 등 화친파는 김상헌과 김신국의 주장을 처음부터 거부하였다. 여기서 김신국을 친근하게 그의 자인 경진(景進)으로 표기하고 있다. 김신국은 북인(北人)에서 갈라진 소북(小北)이었다. 즉, 당 색은 달라도 같은 견해를 가졌다는 것이다. 위기의 순간에 중요한 것은 현상을 제대로 파악하는 합리적 안목이지 기존의 정치진영 논리가 아니라는 것이다.

일기 곳곳에 최명길 등의 주화파가 끝까지 항전하자는 장병을 모두 죽일 음모를 꾸몄다든지, 주화파의 선동에 일선 장수들이 난동을 일으켜 척화파를 위협했다는 기록도 보인다. 모든 것이 다 사실인지 아니면 당시 그런 소문을 듣고 적은 것인지는 알 수 없다. 하지만 이 기록을 보면 청군에게 포위되어 고립당한 조선은 내부적으로 극심한 갈등에 시달린 것은 확실하다. 그러다가 마침내 패전하고 굴욕적인 강화조약을 맺으며 전쟁은 종결된다. 『남한기략』을 읽으면 기존 역사관이 전복되는 것을 느끼게 된다. 척화파는 현실성 있는 군사 전략을 구사하자는 것이고, 주화파는 처음부터 겁먹고 승리의 기회를 무산시키고 강화에만 매달렸다고 보인다. 이후 두 사람은 다시 각자의 길을 간다. 김상헌은 자신은 호종공신 명단에서 빼달라는 상소를 보내는 등 인조정권과 계속 갈등하며 은거해 버린다. 비참한 패전을 당하고도 공신이 된다면 너무도 심한 몰염치일 것이다. 한편 재상이었던 최명길은 병자호란의 패전 대가를 혹독히 치른다. 청이 요구한 인질과 공물을 보내고 명나라 공격을 위한 군대 징발하는 것 등을 꼼꼼히 집행해야 했다.

이 둘은 다시 만난다. 김상헌은 1639년 명 공격을 위한 군대 징발에 반대하는 상소를 올려 청에 압송되어 고초를 겪는다. "가노라 삼각산아~"로 시작하는 유명한 시조를 그때 남겼다. 이후 평안도 선천부사(宣川府使) 이계(李烓, 1603~1642년)가 최명길이 명과 밀통(密通)한다고 청에 고발한다. 그러나 명과 밀통한 내용은 정확히 어떤 건지는 알 수 없다. 단지 우호의 표시인지 아니면 다시 손을 잡고 청에 복수를 하자는 것인지 말이다. 이 일 때문에 최명길도 청으로 끌려가 김상헌이 이미 와있던 청나라 수도 심양(瀋陽)의 북관(北館)에 함께 억류되어 고초를 당한다. 그때 시를 주고받으며 묵은 감정을 서로 풀었다는 이야기가 전한다. 이 일은 김상헌의 『설교집(雪窖集)』 등에 기록되어 있다. 이 둘은 1645년 함께 돌아온다. 그뿐이다. 최명길은 자신을 총애하는 인조 곁으로, 김상헌은 재야로, 다시 각자의 다른 길을 간다.

『송자대전(宋子大全)』

『송자대전』은 송시열(宋時烈)의 문집이다. 송시열은 오늘날 대체로 부정적인 평가가 많다. 심지어 만악(萬惡)의 근원이라는 식의 극언과 저주를 퍼붓는 사람들도 있다. 그러면서 많이 거론하는 것이 "예송(禮訟)논쟁"이다. 이따위 쓸데없는 공리공담(空理空談)을 주도해 조선을 망하게 했다는 것이다. 그렇다면 1659년과 1673년의 두 차례 예송논쟁에 참여한 모든 조선의 사대부와 재야의 선비는 모두 죄인인가. 오히려 그들은 오늘날의 우리에게 이렇게 물을 것 같다. '한 국가의 예제(禮制)가 지닌 중대함을 모르는 너희는 금수냐, 오랑캐냐'고. 역사는 먼저 그 시대 사람들의 눈으로 읽어야 한다. 그래야 제대로 아는 것이다. 제대로 알게 되면 잘 이해하고 그런 후 비판도 제대로 할 수 있다. 이런 이유로 굳이 송시열의 『송자대전』을 소개하는 것이다.

『조선왕조실록』에 송시열은 살아서 1천 번, 죽어서 2천 번 그 이름이 등장한다고 한다. 진짜인지 헤아려 보지는 않았지만 그만큼 살아서도 죽어서도 가장 주목받는 산림(山林, 재야의 선비)의 영수였고 존경받은 인물이었다. 살아서 "대로(大老, 나이 많은 현자)", "석덕기로(碩德耆老, 덕이 높은 어른)"라고 불리며 존경을 한 몸에 받았다. 죽어서 성인으로 받들어지며 성씨에 "자(子)"가 붙었다. 조선의 유학자 중에 이 자(子)가 붙은 사람은 이황과 송시열뿐이다. 그래서 사후 그의 문집의 이름이 『송자대전』인 것이다. 전체 215권 102책의 분량으로 수많은 묘지명, 상소, 시문, 당대 유력 인물들

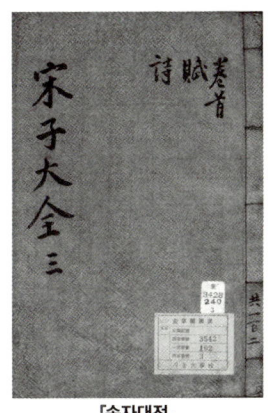

『송자대전』
(출처 : 한국민족문화대백과사전)

과 주고받은 편지, 각종 책의 서문『삼학사전(三學士傳)』충신과 효자의 전기 등으로 구성되어 있다. 원래 송시열 사후 나온 그의 첫 문집은 『우암집(尤庵集)』이었다. 여기에 『경례문답(經禮問答)』 등 다른 저서들도 합본하여 1787년 정조 11년에 『송자대전』이 다시 나온 것이다.

이렇게 된 이유는 송시열을 지극히 존경했던 정조가 전서의 간행을 명령했기 때문이다. 송시열은 유교의 성인 주자(朱子)만큼 존경받아야 한다고 생각했다. 그래서 책의 형식도 주자의 『주자대전』의 편집 방식으로 제작되었다. 즉, 『송자대전』은 오늘날 "개혁 군주"라는 칭송을 받는 정조가 왕명으로 편찬한 국책사업인 것이다. 지금도 국립중앙박물관에 걸려 있는 송시열의 초상화를 보면 정조가 1778년 쓴 열렬한 찬양의 시를 볼 수 있다.

"절개와 의리는 천년세월이 흘러도 고상하여 평생 동안 나는 존중하였다. 역대 임금들도 누차 칭찬하고 높이 평가하였으니 사림(士林)들인들 어느 누가 공경하지 않겠는가? 종횡무진으로 내뱉는 말씀은 모두 이치에 합당하여 아름답게도 학문의 우두머리가 되었다(御製 正廟朝 節義千秋高 平生我敬重 烈祖屢褒崇 士林孰不聳 橫竪皆當理 蔚然理學宗)."

송시열 (출처 : 위키피디아)

먼저 송시열의 생애를 잠시 보자. 사계(沙溪) 김장생(金長生, 1548~1631년)과 그의 아들 김집(金集)에게 학문을 배웠다. 동춘당(同春堂) 송준길(宋浚吉, 1606~1672년)과는 가까운 친척이며 벗이었다. 당시 이 둘을 함께 "양송(兩宋)"이라고 했다. 생원시에 장원 급제하여 최명길의 천거로 경릉(敬陵, 세조의 요절한 세자 부부 능) 참봉(參奉)이 되었다.(송시열은 대과 급제자가 아니다.) 하지만 경릉 참봉을 사직하고 훗날 효종이 되는 봉림대군(鳳林大君)의 스승이 되었다. 병자호란 때 남한산성에서 인조의 치욕스러운 항복을 목격한 후 낙향을 해버렸다. 효종이 즉위한 후 세자의 스승(훗날 현종)이 되어 입궐하지만 상소를 올리고 또 낙향한다. 이후 재야의 선비들을 임명하라는 신하들의 요청을 받은 왕은 그를 다시 불렀지만 또 사직하고 낙향한다. 앞서 소개한 대로, 대동법을 둘러싸고 한당의 김육에게 이견을 드러낸 산당의 김집이 사직하자 그도 따라서 사직해 낙향한 것이다. 김집이 스승이기 때문에 그와 출처(出處)를 같이 한 것이다. 이후 효종은 자신의 북벌(北伐) 계획 추진을 위해 송시열에게 이조판서로 제수하기도 하지만 나오지 않고 상소만 올린다. 이렇듯 그는 실무 관료로 활동하거나 대신으로서 국정의 한 축을 담당한 적이 없다. 인생의 대부분을 재야의 선비로 살았다. 그가 주로 머문 곳은 충청도 회덕(懷德, 현재는 대전 내)과 그 주변 지역이었고, 노년에는 화양계곡(華陽溪谷) 속 암서재(巖棲齋)라는 자신의 서재였다.

그는 평생 "세도(世道, 세상을 이끄는 바른 도리)"를 지키며 살았다. 그래서 그는 사회적 대접을 받았다. 그의 말 한마디와 한 장의 상소는 온 조선을 뜨거운 토론으로 들끓게 했다. 마치 오늘날 영향력이 큰 언론사나 인기 유튜버 같은 역할을 하였다. 그의 발언은 거침이 없었고 대상도 가리지 않았다. 송시열의 이런 태도는 조선의 많은 선비가 내세운 "직(直)"이란 사상과 연관이 있다. 직이란 곧고 사욕이 없는 깨끗한 마음과 행동을 의미한다.

앞서 거론한 두 차례의 예송논쟁은 서인(西人)의 송시열과 남인(南人)의 중심적 인물 고산(孤山) 윤선도(尹善道, 1587~1671년), 백호(白湖) 윤휴(尹鑴, 1617~1680년), 미수(眉叟) 허목(許穆, 1595~1682년) 등과 함께 이끌었다. 남인은 주로 근기남인(近畿南人)이었다. 왕실의 복상(服喪) 기간을 송시열은 기년설(朞年說 1년)을 주장했고, 허목 등은 3년설을 주장했다. 단순하게 보면 효종을 인조의 적장자(嫡長子, 정실 왕비에게 태어난 맏아들)로 볼지, 그냥 둘째 아들로 볼지에 대한 논쟁이다. 인조의 적장자는 이미 죽은 소현세자(昭顯世子, 1612~1645년)였지만 둘째인 효종이 왕이 되었으니 적장자로 보아야 한다는 논쟁이다.

송시열은 효종이 적장자가 아닌 둘째 아들이라고 했다. 나아가 당시 조선 중기의 사대부들처럼 주자의 『가례(家禮)』를 따르라고 주장했다. 다른 사람들과 비교해 왕이 그렇게 특별한 지위를 누려도 되는지 묻는 것 같다. 실제로 역사 속의 대다수 왕은 요순(堯舜) 같은 성군은 거의 없다.

역사상 수많은 왕조를 보면, 처음 왕조를 개창한 태조는 하늘의 천명(天命)을 받아 창업했다고 하니 제외하더라도, 나머지 왕은 대부분 그냥 범인(凡人)이다. 그중 일부는 폭군 또는 어리석은 암군(暗君)처럼 사람도 아닌 자도 있었다. 왕조 국가에서 '제도로서의 왕'은 필요하지만 아버지가 왕이라는 이유로 왕이 된 자들에게도 사후까지 특별한 대접을 받는 것에 대한 문제 제기였다. 이것은 일생을 학문과 수양으로 살아온 조선의 선비라면 당연히 제기할 만한 문제였다.

윤증 (출처 : 위키피디아)

그리고 명재(明齋) 윤증(尹拯, 1629~1714년)과의 "회니시비(懷尼是非, 1669~1716년)" 사건도 중요하다. 제목의 회니는 송시열이 살던 회덕과 윤증이 살던 니성(尼城, 논산)을 의미한다. 발단은 윤증의 아버지 윤선거(尹宣擧, 1610~1669년)가 병자호란 당시 보인 처신 때문이지만, 본질은 예송논쟁 때 뜨거운 예학 논쟁에서 윤선거가 남인 윤휴를 두둔한 것부터 시작이 된 것이다. 즉 예학 논쟁의 연장이다.

먼저 윤선거의 처신에 어떤 문제가 있었는지 보자. 병자호란 때 강화도에서 성문을 지키며 친구들과 함께 죽기로 맹세하고 싸워 친구들은 물론 그의 아내도 순절(殉節)했다. 그의 아들과 딸도 청의 포로가 되어 끌려갔다. 그러나 그는 혼자 살아나왔다. 이것이 문제였다. 평범한 범인이라면 용납될 일이지만 절개와 지조에 높은 가치를 두는 선비들의 세계에서는 용서할 수 없는 것이다. 윤선거도 이 점을 잘 알아 과거시험도 보지 않았고 효종의 출사 요청도 거절하며 재야의 선비로 살았다. 그런데 윤선거와 송시열, 이 둘은 모두 김집의 제자이며 처음에는 아주 가까운 교분을 나누는 사이였다. 하지만 이후 멀어졌다. 그렇다고 완전히 절교한 사이는 아니다. 아들 윤증이 송시열의 제자였기 때문이다.

윤휴 (출처 : 위키피디아)

서인의 송시열과 남인의 윤휴가 주자의 『중용장구집주(中庸章句集註)』의 해석을 둘러싸고 격렬하게 논쟁하였다. 주목할 점은 서로 친했던 30대 후반 송시열과 20대 후반 윤휴와의 논쟁이었다는 것이다. 이 논쟁에서 윤선거가 윤휴를 비호했다고 송시열이 의심한 것이다. 『중용』은 원래 예기(禮記)의 한 편이었는데 송(宋)나라 때 분리되어 독립적인 책이 되었다. 이

『중용』에 주자가 앞선 시대의 성리학자들 주석과 자신의 해석을 담은 해설서 『중용장구집주』를 저술했다. 그런데 1644년 윤휴가 자신의 관점으로 장과 절을 바꾸어 자신이 새로 해석한 『중용설(中庸說)』을 썼다. 바로 이것 때문에 송시열은 윤휴를 사문난적(斯文亂賊)으로 지목하며 격렬하게 비판하였다. 윤휴는 『중용』을 새롭고 독창적으로 해석한 것이지만 송시열은 아마도 조선의 선비라면 다 함께 주자를 성인으로 모시고, 주자의

학문을 배운 처지에서 윤휴가 감히 이 모두를 배반한 것으로 보았다. 새로운 학설이 아닌 '자신을 공자에 견주고 주자를 깎아내리는 행위'라는 것이다. 송시열의 입장을 보려면 『송자대전』 19권 「대의(大義)를 논하면서 윤증(尹拯)의 일을 진달하는 상소」를 보면 좋다.

1680년 윤휴가 유배당하고 사약을 받아 죽은 사건이 일부에서는 『중용설』을 쓴 것을 미워한 송시열이 벌인 일이라고 비판한다. 그러나 윤휴가 죽은 것은 경신환국(庚申換局) 때문이다. 남인 측이 복선군(福善君) 이남(李枏, 1647~1680년)을 왕으로 추대한다는 역모 사건으로 일어난 것이다. 특히 윤휴의 죽음은 도체찰사부(都體察使府)라는 각 군영을 통제하는 사령부의 재설립과 관련해서 윤휴와 숙종의 외5촌인 김석주(金錫胄, 1634~1684년)와 알력 싸움을 벌인 것이 직접적인 이유다. 당시 숙종은 외척 김석주를 내세워 군권을 노리는 남인을 경계하고자 했다. 군권을 노리는 신하는 왕이 의심을 반드시 사는 법이니 윤호가 죽게 된 것이다. 즉, 윤휴의 죽음이 송시열과의 36년 전 젊은 날의 논쟁 때문이라는 것은 사실이 아니다.

윤선거가 이 윤휴를 비호했다는 판단은 윤선거가 죽기 전 1669년 송시열에게 보낸 「기유의서(己酉擬書)」라는 공개적인 편지 때문이다. 윤선거는 송시열의 경직된 학문 태도와 배타적인 정치 태도를 조목조목 비판했다. 그뿐 아니라 윤휴와 허목 등 남인과 화해, 그들의 등용하라고 촉구하였다. 그런데 하필 윤증은 아버지가 죽자 윤선거의 묘갈명(墓碣銘, 무덤 앞에 작고 둥근 비석인 묘갈에 새긴 글)을 송시열에게 부탁했다. 그러자 송시열이 그 묘갈명을 남계(南溪) 박세채(朴世采, 1631~1695년)가 쓴 행장으로 대신하라고 했다. 아버지 윤선거에 대한 모욕이었다. 아버지의 친구였고 자신의 스승인 송시열을 원망했을 것이다. 이에 1681년 윤증은 작심하고 송시열을 비판하는 「신유의서(辛酉擬書)」라는 편지를 보내려고 한다. 핵심의 주장은 송시열은 의리를 말하면서 이익도 도모하고(義利雙行), 왕도를 말하면서 패도도 추구한다(王覇幷用)는 강렬한 비판이었다. 하지만 친한 박세채도 반대하였고 윤증도 고심 끝에 편지를 발송하지 않았다. 그러나 이 내용은 윤증의 친척이며 송시열의 친척이기도 한 누군가에 의해 송시열에게 전해진다. 결국 송시열과 윤증은 결별하였고 서인은 노론(老論)과 소론(少論)으로 분열하게 된 것이다.

솔직히 예송논쟁이든 회니시비든 모두 이해할 만한 논쟁이며, 그냥 사건이다. 선비이고 사대부라면 예학의 문제와 정치적 사건에 대해 자신들의 주장을 솔직히 펴야 한다. 문제는 이런 논쟁이 당대 정치권력들에 의해 격렬한 당쟁으로 비화가 된 것에 있었다. 아름다운 시조(時調) 문학을 남겼던 남인 윤선도는 송시열이 신성한 왕실을 모욕(효종의 宗統을 부정)했으니 죽이라고 상소했고, 송시열의 제자 학암(鶴菴) 최신(崔愼, 1642~1708년)은 소론의 윤증이 스승을 배반했다고 상소한다. 결국 왕이 나서 최종 심판을 해야 하는 정치 현안이 된 것이다. 학문적, 사상적 논쟁이 격렬한 정치투쟁으로 비화되자 패배한 쪽의 인사는 파직당하고 유배당하는 일까지 벌어진 것이다. 반드시 한 점의 오점도 없어야 하고 1000년이 지나도 반드시 오류는 고쳐야 하는 순수한 학문의 세계, 사상의 문제가 살벌한 정치가 된 것이다. 이런 사태에 대한 반성으로 "탕평론(蕩平論)"이 대두되었다.

그 시작은 당시 소론을 이끌던 박세채의 "황극탕평론(皇極蕩平論)"이다. 탕
평이란 말은 '왕도란 치우치고 무리를 짓는 것이 없으며 평탄하고 공평하
다'는 의미로 『서경(書經)』「홍범편(洪範篇)」 황극설(皇極說)에서 유래하였다.
훗날 영조의 "탕평책"이란 정책이나 "탕평채"란 음식도 마찬가지다. 요지
는 왕권을 강화하고 모든 당파에서 인재를 고르게 임명하자는 것이다. 하
지만 당시 조선의 극심한 당쟁 상황에서 말처럼 쉬운 정책은 아니었다.

마지막으로 들여다볼 논쟁은 숙종 때 인현왕후 민씨(仁顯王后閔氏, 1667~
1701년)와 희빈 장씨(禧嬪張氏, 1659~1701년), 그리고 장씨의 아들을 둘러싼 논
쟁이다. 숙종이 민씨를 중전에서 폐위하고, 후궁 장씨를 중전으로 세우
려 하자 송시열 등 서인은 반대했다. 단지 아들을 못 낳았다는 이유로 실
덕(失德)한 적이 없는 멀쩡한 중전을 폐한다는 것, 열 살도 안 되는 아이를
세자로 세우는 것은 너무 빠르다며 숙종의 결정을 정면으로 반대한 것이
다. 그러나 이 사건은 학문적 논쟁이 아니라 왕의 역린(逆鱗)을 건드리는
문제였다. 결과는 파직, 유배로 끝날 일이 아니었다. 1689년 83세의 송시
열은 전라도 정읍에서 숙종이 내린 사약을 받고 죽었다.

이제 송시열이 일생토록 추구했던 사상을 보자. 그것은 북벌(北伐)이며
그 바탕은 "춘추대의(春秋大義)" 또는 "존주대의(尊周大義)" 그리고 "존왕양
이(尊王攘夷)"라는 사상이다. 춘추대의란 공자가 『춘추(春秋)』를 통해 밝힌
큰 의리로써 천하의 옳고 그름을 명확히 가르고 옳은 것은 기리고 그른
것은 쳐내야 한다는 의미이다. 대의로써 어지러운 천하를 바로 잡는다는
말(大義名分)도 많이 쓴다. 존왕양이는 천명을 받은 성왕(聖王)을 받들고 오

랑캐를 물리치자는 의미이다. 그 당시는 주(周)의 천자가 천명(天命)을 받은 존재로 인식했고, 동아시아의 모든 유학자는 주나라를 이상세계나 모범 국가로 인식했다. 춘추시대(春秋時代, 기원전 770~기원전 403년)에 '주왕을 받들고 오랑캐를 물리치자'는 유력 제후인 제환공(齊桓公) 등 오패(五霸)가 내세운 정치적 슬로건에서 유래했다. 이후 유학, 성리학에서 체계적인 이론으로 발전한다. 이 개념들은 뒤에서 송시열의 입장을 통해 좀 더 설명할 것이다. 이러한 송시열의 사상은 조선 후기 국가가 지향할 사회적 가치로 발전한다. 나아가 조선 말의 위정척사(衛正斥邪) 운동의 정신, 의병(義兵) 전쟁의 사상으로 면면히 이어진다.

권상하 (출처 : 위키피디아)

송시열이 자신의 도통(道統)을 이은 수제자 권상하(權尙夏)에게 유언으로 남긴 유명한 말이 있다. "학문은 마땅히 주자를 주(主)로 할 것이요, 사업은 효종께서 실현하고자 하신 뜻을 위주로 해야 한다." 이 두 가지가 송시열이 평생 추구한 가치이다. 한편 효종의 뜻은 '북벌(北伐)'이었다. 효종은 병자호란의 치욕을 씻고 청에 대한 복수를 추진했다. 이를 복수설치(復讐雪恥)라고 한다. 효종은 즉위하자마자 송시열과 재야의 선비, 즉 산당(山黨) 세력을 대거 초빙했다. 그 이유는 그들의 명망을 이용해 자신의 북벌정책을 지지하는 조야의 여론을 만들려는 것이다. 그렇게 불려 나간 송시열의 북벌에 대한 생각, 사상을 잘 드러낸 첫 상소는 1649년 「기축봉사(己丑封事)」이다. 그리고 8년이 흐른 1657년 「정유봉사(丁酉封事)」라는 또 다른 상소를 통해서이다. 모두 『송자대전』 5권에 수록되었다. 이제 상소의 내용을 보자.

「기축봉사」는 효종 즉위년 8월에 모두 16개 조목(條目)으로 내용을 구성해 왕에게 올렸다. 남송의 주자도 평생 북벌을 주장했고 당시 남송의 2대 황제 효종(孝宗, 재위 1162~1189년)도 북벌을 추진했다. 하지만 실패하고 포기한다. 송나라는 1126년 북방의 금나라 침략으로 황제 등이 납치되는 "정강(靖康)의 변(變)"으로 강남(江南)으로 옮겨 임안(臨安, 현재 항저우)에 천도하였고 남송이라 했다. 당시 조선의 송시열과 선비, 사대부들은 이 남송의 상황과 조선의 처지가 비슷하다고 인식했다. 남송에서 1189년 주자가 효종의 뒤를 이어 제위에 오른 광종(光宗)에게 올리려고 쓴 「기유봉사(己酉封事)」 중 9개 조목을 송시열이 자신의 「기축봉사」에서 다시 원용했다고 평가받는다. 송시열은 주자의 상소에서 치지(致知, 사물의 도리를 깨우침)와 격물(格物, 사물을 궁구)의 도, 복수설치, 언로(言路) 개방 등의 주장을 원용하며 자신의 의견을 펼친다. 광종은 암군의 행태를 보이자 신하들에 의해 강제로 퇴위당했고 결국 주자는 「기유봉사」를 올리지 못했다. 「기축봉사」의 내용은 수많은 역사적 사례와 예학의 근거 등을 인용하며 인재 등용, 절약과 검소, 세자의 사부를 엄선할 것, 춘추대의로 북벌을 추진할 것 등을 주장한다. 특히 절약과 검소 부분에서 곤궁한 당시 백성들의 실정을 거론하며 강력한 개혁 추진을 강조한다. 과도한 공물의 원인인 공안(公案)부터 개정해 규모를 줄이자고 주장한다. 그것은 국가 경영이 검소해야 한다는 말이다. 또한 군정 개혁을 주장하며 조운(漕運)과 수군에서 군역을 하는 백성들의 처우 개선 등을 제시한다. 흥미로운 점은 명시적으로 "북벌"이란 말을 쓰지는 않았다. 오히려 "오늘날의 시세를 헤아리지 않고 경솔하게 강포한 오랑캐와 관계를 끊었다가 원수는 갚지 못하고 재앙과 패망이 먼저 이르게 된다면, 또한 선왕(인조)께서 수치를 참고 몸을 굽혀 조종(祖宗)의 제사를 연장 본래의 뜻이 아닙니다"라고 북벌의 경솔한 추진을 경계하는 말도 아울러 한다.

이제 「정유봉사」를 보자. 전체 내용은 19개 조목으로 정리하였는데 앞의 「기축봉사」의 개념과 논리가 비슷하다. 우선 '오늘날의 일은 폐단이 아닌 것이 하나도 없다'며 당시 효종 재위 8년에 대해 진단부터 한다. 근본적으로 왕이 마음을 바르게 해야 한다고 주장한다. 중앙 조정부터 지방까지 모두 바르게 해서 인심을 얻고 복종하게 만들면 국가의 형세는 저절로 강성해질 것이라고 역설한다. 특히 서북지방의 장수와 수령에게 직접 들은 조신(朝臣, 조정 신하)의 뇌물 요구를 거론한다.

이어서 19개 조목을 제시하는데, 주요 조목은 다음과 같다. 첫째로 나라의 형편은 시급한데 왕이 느슨한 정책을 쓴다고 지적한다. 셋째, 과거 고려가 거란의 요(遼)와 여진의 금(金)에 사대하면서 송과 통교(通交)한 것은 대의(大義)이니 지금도 그렇게 하라고 한다. 아마도 당시까지 존재했던 청나라 내외의 반청복명(反淸復明) 세력과 통교하라는 주장이다. 넷째, 김자점(金自點)의 역모 사건을 거론하며 기밀 유지를 당부한다. 인조 말기부터 권력의 중심으로 등장한 김자점이 효종이 즉위하고 산림 세력이 정국을 주도하자 불안해했고, 자신이 의지한 청을 공격할 북벌이 추진되자 위기를 느꼈다. 이에 그는 효종과 송시열이 북벌을 계획하고, 청의 연호를 쓰지 않는다며 송시열이 쓴 장릉지문(長陵誌文, 파주 인조릉의 묘지문)을 증거로 들어 청에 밀고했다. 이 사건으로 조선은 큰 곤욕을 겪는다. 결국 발각되어 김자점은 역모죄로 죽었고 지금도 조선의 간신을 대표하는 인물로 기억되고 있다. 다섯째, 궁궐의 물품을 조달하고 궁 소속 노비를 관장하는 내수사(內需司)를 혁파하라고 한다. 내수사는 연 5할의 고율, 막대한 규모의 면세 농장 등을 운영하여 그 폐해가 컸다. 왕실 재산을 관리하는 내수사는 백성들의 원성에 대상이고 당시 추진되었던 모든 민생 개혁에서 걸림돌이었다. 하지만 역대 왕들은 절대 혁파하지 않았다. 일곱 번째, 동계(桐溪) 정온(鄭蘊, 1569~1641년)에게 시호를 내려달라고 청한다. 정온은 북인의 거두 내암(來庵) 정인홍(鄭仁弘, 1535~1623년)의 제자로 임진왜란 때 부친과 의병으로 활동했고 병자호란 때 화의에 반대하며 자결을 시도했다. 이후 덕유산에 은거해 농사를 짓다가 생을 마감했다. 선비의 곧은 절의를 상징하는 인물이다. 여덟 번째, 공자의 『춘추』에서 주자의 『강목(綱目)』까지 "대일통(大一統)"이 분명하고, 이를 분명히 하여 인도(人道)의 어지러움을 바로 잡으라고 주장한다. 천하에 여러 열국(列國)이 있더라도 유교의 왕도정치(王道政治), 덕치(德治)가 실현되고 정통을 이은 주나라(또는 주나라 같은 나라)가 천하 열국을 통일할 것이라는 사상이다. 앞서 말한 존주대의-춘추대의도 같은 의미이다. 즉, 조선도 패도가 아닌 왕도정치를 해야 한다는 것이다. 열 번째 왕에게 '돈내기' 쌍륙(雙六) 놀이 등 잡희(雜戱)에 빠지지 말라고 한다. 열한 번째와 열두 번째에서 황해도 관찰사 학주(鶴洲) 김홍욱(金弘郁, 1602~1654년)을 효종이 화가 나서 곤장으로 때려죽인 일을 거론한다.

1654년 김홍욱은 소현세자의 부인 강빈(姜嬪)이 억울하게 죽었다고 신원(伸冤)을 요청하는 상소를 올렸다. 소현세자 일가의 죽음을 거론하는 것은 인조뿐 아니라 효종에게도 역린을 건드리는 심각한 문제였다. 효종이 재난을 당했다고 구언(求言, 왕이 바른말을 구함) 상 소를 올리라고 하자 김홍욱이 상소를 올린 것이 이 사건의 시작이다. 즉, 왕이 묻고 신하가 답했는데, 그 내용이 기분 나쁘다고 때려죽인 것이다. 이런 효종의 잘못된 처사를 송시열이 지적하고 시정을 요구한 것이다. 서인들은 평소 소현세자 일가의 비극에 대해 애처롭게 여겼다는 평가가 있다. 열세 번째, 나라의 수치를 아직도 씻지도 못했는데 궁궐을 증축하고, 공주의 사가를 사치스럽게 짓는 것은 부당하다고 지적한다. 『조선왕조실록』을 보면 왕실의 탐욕과 폭력으로 인한 사회적 물의를 빚은 사건들이 많다. 효종과 다음 현종 때도 그랬다. 더욱이 이때는 국가적 재난 시기였다. 열네 번째, 병자호란 때 강화도 함락 당시 강도검찰사(江都檢察使)김경징(金慶徵, 1589~1637년)과 장령(고위 장교) 이상의 군인들이 남한산성에서 병사들을 선동해서 조정 회의에 난입해 척화론자를 위협했던 구인후(具仁垕, 1578~1658년) 등을 처벌하라고 요청한다. 병자호란 때 비겁하고 무책임한 행동을 보인 김경징의 행태는 유명하다. 그는 인조 반정공신 김류(金瑬)의 아들이었지만 호란 직후 탄핵되어 죽었다. 그런데 구인후는 이때까지도 살아있었고, 제명대로 살다가 편하게 생을 마감했다. 열여섯 번째, 호서(湖西, 충청도)에 대동법실시 후 드러난 문제점을 지적한다. 처음에 농민의 세 부담이 줄 것을 기대했는데 실제로는 더 많이 걷는다는 것이다. 따라서 지방 관청은 세금을 남을 정도로 많이 걷지 말고 처음 징세 목표대로 감액해 달라고 요청한다. 재야 선비 산당의 주장인 공안개정의 맥락과 같다. 열일곱 번째, 당시 천재지변과 관련해서 정치를 잘하여 하늘을 감동하게 하라는 유교적인 재난 대응책을 말한다. 그러면서 한나라 애제(哀帝) 때 포선(鮑宣, 10~81년)이 재난에 대해 올린 긴 상소를 소개한다. 무거운 부세(賦稅), 탐관오리의 수탈, 권세가의 토지 약탈, 아전의 농간, 도적의 횡행 등의 문제를 거론하고 해결해야 한다는 내용이다. 마지막 열아홉 번째, 주자가 당시 남송의 효종에게 한 말을 인용한다. 주자도 처음에는 고토회복(북벌)을 간언했지만 20년이 지난 뒤 다른 말을 한다.

'오직 바라건대 폐하께서 먼저 동남쪽(즉 남송 지역)을 다스리지 못한 것을 걱정하면서, 마음을 바르게 하고 사욕을 극복하여, 조정을 바로 잡으시면, 거의 진실한 공효(성과)가 점점 이를 수 있고, 별도로 걱정거리를 만들어서 원대한 계획을 해치는데 이르지 않을 것입니다.'

북벌 이전에 남송의 효종이 실제 다스리는 지역 남송 지역부터 잘 다스리라는 말이다. 쉬지 말고 분발하여 덕업(德業)을 높임으로써 황천(皇天, 하느님)의 분명한 마음과 선왕이 부탁하신 뜻에 부응하시면 매우 다행이

겠다며 글을 마무리한다.

　송시열은 실제로 효종이 추진한 북벌을 지지했을까? 현재 아니라는 주장도 많다. 그의 주장은 북벌은 옳지만 내부 개혁이 먼저라고 보는 것이 타당하다. 송시열은 이 상소를 제출하고 또 화양계곡 암서재로 돌아가 버린다. 답답한 효종이 2년 뒤 송시열을 다시 불렀고, 1659년(효종 10) 3월 11일 주변에 승지와 사관을 모두 내보내고 송시열과 '독대'한다. 공적 존재인 왕이 사사롭게 특정 대신과 독대하는 것은 조선에서는 거의 불법적인 일로 간주되는 사건이다. 이 자리에서 오고 간 이야기는 모두 송시열의 『송자대전』의 「송서습유(宋書拾遺)」 7권에 "악대설화(幄對說話)"라는 제목의 글로만 전한다. "독대설화"라고도 한다. 모두 송시열의 기록이다. 대강의 요지는 이렇다.

　효종은 "오늘 말하고자 하는 것은 오늘날의 대사를 말하자는 것이오.

화양계곡 암서재

저 오랑캐는 반드시 망하게 될 형편에 처해 있소. …… 그러므로 정예화된 포병(砲兵) 10만을 길러 자식처럼 사랑하고 위무하여 모두 결사적으로 싸우는 용감한 병사로 만든 다음, 기회를 봐서 저들이 예기치 못할 때 곧 장 관(關)으로 쳐들어갈 계획이오. 그러면 중원의 의사(義士)와 호걸 중에 어찌 호응하는 자가 없겠소. …… 하늘이 나에게 10년의 기간을 허용해 준다면 성패와 상관없이 한번 거사해 볼 계획이니, 경은 은밀히 동지들과 의논해 보도록 하오"라는 노골적인 청나라 공격계획을 털어놓는다. 하지만 송시열은 "제갈량(諸葛亮)도 (북벌을) 능히 성공하지 못하고 '마음대로 하기 어려운 것이 세상사다'라고 말하였는데, 만에 하나 차질이 있어 국가가 망하게 된다면 어찌하시렵니까? …… 예로부터 제왕들은 반드시 먼저 자신을 수양하고 가정을 다스린 뒤에야 법도와 기강을 세워 일에 순서가 있습니다"라는 말로 대답을 시작한다. 이어서 북벌정책을 이끌 대상자들도 거론하고, 이이(李珥)와 성혼(成渾)의 문묘종사(文廟從祀)를, 상소 때문에 죽은 김홍욱의 신원(伸寃, 가슴에 맺힌 원한을 풀어줌)도 요청한다. 마지막으로 군사력 준비와 관련한 대책을 제시한다.

"재력(財力)에 관계되는 것을 함부로 쓰지 말고 모두 군수(軍需)로 돌리면 군수가 점차 넉넉해질 것입니다. 그리고 보오법(保伍法)을 시행하여 누락되는 민정(民丁, 부역 대상 남자)이 없게 한 다음, 세 사람마다 그중에서 장정 한 사람을 뽑아 병사로 삼아서 활쏘기와 말타기를 익히게 하고, 나머지 두 사람은 베(布)를 내어 한 명의 병사를 양성하게 하여 오늘날 어영군

(御營軍, 국왕 호위와 도성 방어군)의 규례같이 한다면, 이는 병사로써 병사를 양성하는 것이어서 농민에게 피해를 주는 일은 없을 것입니다. 보오법은 곧 『주례』의 뜻입니다. 그러나 반드시 먼저 기강을 세운 뒤에라야 이 법을 시행할 수 있는데, 기강을 세우는 길은 전하께서 사심(私心)을 없애는 데 에 달려 있습니다."

내용을 보면, 앞의 상소와 달리 노골적으로 효종의 북벌을 거부하고 있다. 조선을 망하게 할 수 있는 망상(妄想) 같은 북벌은 때려치우고 조선 의 내부개혁이나 제대로 하라는 것이다. 이런 독대의 마무리는 효종의 비 밀 유지 당부였다. 그리고 효종은 그해 5월 4일 죽었다.

송시열의 북벌에 대한 생각은 분명하다. 북벌 이전에 먼저 국내 정치 개혁, 민생 개혁을 먼저하고, 그 탄탄한 기반 위에서 군사력을 양성하자 는 것이다. 또 총포(銃砲) 훈련강화를 주장하면서 여성들도 군인으로 모 집해 총포 사용을 가르쳐야 한다는 주장도 한다.(『송자대전』 131권) 실제로 평안도에는 여성 총포수가 있었다는 기록이 있다. 이런 것 중 많이 알려 진 것이 양반도 예외 없이 군포 납부를 해야 한다는 "사족호포론(士族戶布 論)"이다. 이러한 입장은 송시열뿐 아니라 서인 세력 전반의 견해이다. 조 선 중후기 정치를 주도했던 서인 세력(또는 그 후신)이 대동법과 균역법 개 혁에 나섰던 이유도 바로 국내 민생 개혁과 국방 강화에 있었다. 이 당시 먼저 국내의 정치부터 잘한 후 바깥의 오랑캐를 물리친다는 의미로, "내 수외양(內修外攘)"이라는 슬로건도 많이 사용되었다.

끝으로 송시열에 대한 비판 중 당시 조선을 "소중화(小中華)"로 이끌었다는 것에 대해 알아보자. 이런 주장의 진위를 알려면, 『송자대전』의 131권 「잡저(雜著)」 "잡록(雜錄)"에서 밝은 그의 입장을 볼 필요가 있다.

"중원(中原) 사람들이 우리나라를 동이(東夷, 동쪽 오랑캐)라고 하는데, 그 이름이 비록 좋지는 못하지만, 문제는 백성을 어떻게 진작흥기(振作興起)시키느냐에 달려 있을 뿐이다. 맹자(孟子)가 '순(舜)은 동이 사람이요 문왕(文王)은 서이(西夷) 사람이다.' 했으니, 진실로 성인(聖人)이 되고 현인(賢人)이 된다면 우리 동방이 추로(鄒魯, 맹자와 공자의 나라)가 되지 못함을 걱정할 것이 없다.

지난날 칠민(七閩, 현 복건성)은 실로 남이(南夷)의 구역이었지만, 주자(朱子)가 이 지역에서 난 뒤로는 중화(中華)의 예악(禮樂)과 문물(文物)이 번성한 지방들이 도리어 손색이 있게 되었다. 그러니 토지가 지난날에는 이(夷)였다가 오늘날에 하(夏, 중화)가 되는 것은 다만 변화시키는 데에 달려 있을 뿐이다."

오랑캐도 예악과 문물을 번성하게 한다면 중화가 된다는 말이다. 그가 든 사례가 주자의 고향 복건성(福建省)이다. 여기서 분명한 점은 오늘날 우리가 알고 있는 "중화"와 당시의 "중화"는 아주 다른 말이란 것이다. 중화는 한족(漢族)이란 혈통을 내세우는 민족주의가 아닌 고도로 발달한 인류 문명을 말하는 것이다.

『우서(迂書)』

농암(聾菴) 유수원(柳壽垣, 1694~1755)이 1737년 『우서』를 저술했다. 유수원은 소론 중에서도 준론(峻論, 강경파) 계열의 인물이다. 영조 즉위 과정에서 소론은 준론과 완론(緩論, 온건파)으로 분화된다. 소론은 경종을 지지한 세력이었는데, 형 경종을 죽이는 역모로 동생 영조가 즉위했다는 의심 때문에 분화되었다. 완론의 운곡(雲谷) 이광좌(李光佐, 1674~1740년), 기은(耆隱) 박문수(朴文秀, 1691~1756년) 등의 인물들은 영조를 지지하였고, 이들은 영조 치세 동안 부침이 있었다고 해도 고위 관직을 지낸다. 반면, 유수원의 큰아버지 약재(約齋) 유상운(柳尙運, 1636~1707년)과 그 아들 만암(晚庵) 유봉휘(柳鳳輝, 1659~1727년) 등은 모두 준론계 인사들로 영조 즉위에 적대적 입장이었다. 심지어 준론계의 일부는 남인 일부와 함께 1728년(영조 4) "이인좌(李麟佐)의 난"을 일으켜 영조를 왕위에서 끌어내리려고도 했다. 이런 과정에서 영조 집권 초기 준론계는 대거 제거되었다. 유수원은 큰아버지 유상운에게 글을 배웠다. 숙종 때 과거 급제를 하고, 경종 때는 병조정랑(兵曹正郞), 사간원(司諫院)의 정언(正言) 등의 관직을 역임했다. 영조 즉위 후 큰 화를 입지 않았지만 지방 관직을 전전하였다. 이 시기에 『우서』를 저술했다. 이후 그가 쓴 관제개혁론서 「관제서승도설(官制序陞圖說)」은 영조의 관심을 끌어 직접 알현할 기회를 잡는다. 유수원은 이미 귀가 먹어 대화가 어려워 영조는 필담(筆談)까지 해가며 유수원의 의견을 경청했다고 한다. 이후 영조의 『속오례의(續五禮儀)』 편찬에도 참여하지만 소론 준론계

인물이란 점은 계속 그의 약점으로 남았다. 『속오례의』는 『국조오례의』의 편찬 이후 변동된 국가의례 제도를 새로 정리한 책이다. 하지만 1755년(영조 31) 일어난 "나주괘서(羅州掛書) 사건"을 계기로 영조는 살아남은 소론 인물들을 모조리 죽이려 했다. 이때 유수원도 죽었다. 그가 복권된 것은 조선이 일본에 강제 병합되기 직전 1908년이었다.

『우서』는 전체 10권 9책으로 되어있다. 1권은 「기논찬본지(記論贊本旨)」, 「논동속(論東俗, 동국-조선의 풍속을 논함)」, 「논여제(論麗制, 고려의 제도를 논함)」, 「논본조정폐(論本朝政弊, 조선 정치의 폐단을 논함)」, 「논비국(論備局, 備邊司를 논함)」, 「총론사민(總論四民, 사민을 논함)」이 실려 있다. 이 1권만 읽어봐도 유수원의 저술 동기가 잘 드러난다. 이중 「기논찬본지」 편은 이 책의 취지라는 의미이다. 문답으로 정리된 내용을 보면 책의 제목인 "우서(迂書, 세상물정에 어둡고 삐뚤어진 책)"의 의미를 이해하게 된다.

問: 그대가 이 책을 저술한 내용이 세상에 시행될 수 있다고 생각해서인가.

答: 미쳐서 실성한 사람이 아니라면, 세상에 시행될 수 없다는 것을 모르겠는가.

問: 그러면 이 책을 저술하여 무엇하겠는가.

答: 천하의 모든 일은 그 이치가 있으면 반드시 그 말이 있는 것이다. 이 세상에 반드시 이치가 있으므로 부득이 말하는 것이니, 시행될 수 있고 없음은 논할 필요가 없다. …… 마음에 쌓이고 맺힌 바 있으나 이를 펼 수

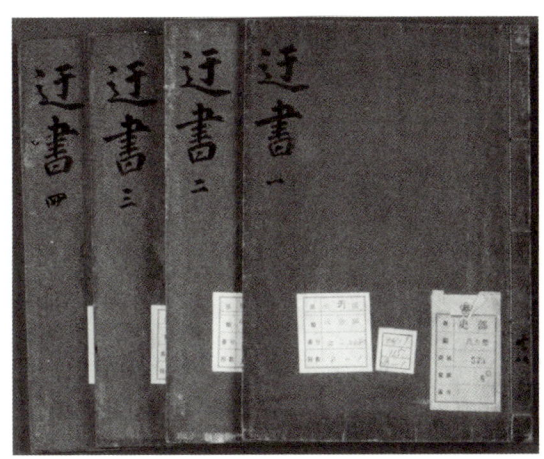

「우서」 (출처 : 한국민족문화대백과사전)

없어서 부득이 글로 기록하여 스스로 성찰하고자 했던 것뿐이다. 그런데 세상의 소견 좁은 무리는 이것을 보고 놀라 이상히 여겨 수군거리다가 떼를 지어 떠들어대기를 '저 사람이 이 책을 저술하여 무엇 하려는가. 이를 세상에 펴고 정사(政事)에 베풀고자 하려는 것인가.' 하며 서로 놀라니, 이는 대개 그 마음가짐이 자기의 명예를 꾀하는 데만 있고, 군자가 책을 저술하는 의의를 깨닫지 못한 까닭이다. …… 나는 항상 그 간악한 마음과 비열한 생각을 미워하여, 그들과는 상대할 필요가 없다고 여겼는데, 그대가 또 이런 질문을 할 줄은 몰랐다.

세상이 알아주지 않고 외면하더라도 "이치가 있으므로 부득이 말하는 것"이라는 저술 태도가 존경스럽고 슬프기도 하다. '때를 만나지 못했다'는 회재불우(懷才不遇)라는 말을 떠올리게 된다.

1권에서 또 눈여겨 볼만한 부분은 「총론사민」 편이다. 여기서 사민(四民)은 전통적으로 백성을 사(士)·농(農)·공(工)·상(商)이란 4가지 직업으로 분류한 말이다. 당시 그가 파악한 조선의 산업(농업 등) 현황 등을 정리하였다. 그리고 바로 문답으로 이어진 저자의 주장이 있다. 첫 질문부터 바로 조선 백성이 가난한 이유부터 따져 묻고 바로 저자의 강력한 주장이 이어진다.

조선은 "땅은 좁고 사람은 많아서 그 재산이 날로 궁핍해진" 것이냐고 단도직입적으로 질문하자, 곧바로 그런 말은 "참으로 근거 없는 이야기다"라고 답한다. 그리고 그는 이렇게 진단한다.

"오늘날 우리나라의 상판(商販 상업)을 보면, 말은 있으나 노새가 없고 배는 있으나 수레가 없으니, 선상(船商)보다는 마상(馬商)이 많고, 마상보다는 부상(負商)이 많다. 이것은 우차(牛車)를 사용할 줄은 알아도 마차(馬車)나 나차(騾車, 나귀가 끄는 수레)를 알지 못하고, 우마(牛馬)를 키울 줄은 알아도 노새를 번식시킬 줄은 모르며, 홀로 장사할 줄은 알아도 자본을 모아 힘을 합하는 것이 장사하는 데 가장 이익이 크다는 것을 알지 못하기 때문이다. 이러니 장사가 무엇으로 말미암아 성행될 것이며, 모든 물화(物貨)가 무엇으로 말미암아 널리 번창하겠는가. 또 광물(鑛物)을 녹이고, 바닷물을 졸이고, 물고기를 잡고, 김과 미역을 따고, 누에를 치고, 베를 짜고, 나무를 심고, 과일을 따고, 닭을 키우고, 돼지를 치는 것들이 모두 이 세상 자연의 물자로써 사람의 생활을 이롭게 하는 것들이다. 그런데 우리나라 사람은 이에 제대로 힘을 기울이지 못하고 있으니, 민산(民産)이 어찌 가난하지 않을 수 있겠는가."

즉, 상업과 운송업, 광업, 염전업, 어업, 방직, 과수, 축산 등 전 분야에 걸친 산업 발전의 부재가 조선 백성이 가난한 원인이라고 진단한 것이다. 이 주장을 뒷받침하기 위해 당시 중국 산업과 비교하기도 한다. 끝으로 양반이 산업(농업, 공업, 상업 등)에 진출하도록 국가가 유도해야 한다는 주장을 한다. 일부 표현과 주장이 지나친 것도 있지만 농업 국가 조선을 상공업 국가 조선으로 '대전환'이 필요하다는 주장이다. 조선 전기의 양반은 현직 관료 등 소수였지만 후기에는 그 수가 대폭 증가하여 관직을 얻지 못하고 생업이 없는 경우가 허다했다. 이 시절 선비들의 경세론에는 거의 예외 없이 '놀고먹는 양반'에 대한 해결책을 주장하고 있다.

2권부터는 여러 주제를 69개 조목으로 나누고 앞에는 전체 요약문 성격의 주장과 긴 문답으로 각 주제를 논리적으로 설명하고 있다. 문벌(門閥)과 과거제, 관직 제도, 호구(戶口)와 당시 여러 조세제도, 선혜청(宣惠廳)·상평청(常平廳)·진휼청(賑恤廳) 등 민생경제와 직접 관련 있는 관청들 등의 주제들이다. 그리고 8권의 화폐 유통상 문제, 어염(魚鹽)·철 생산·상업 판매에 대한 과세 문제를 논한 부분도 주목할 만하다. 이중 화폐 유통 문제는 "전폐(錢弊)"와 "전황(錢荒)"이라고 불렀다. 전폐란 당시 통용화폐인 상평통보(常平通寶)를 개인이 불법적으로 주조해 유통하는 "사주(私鑄)", 고

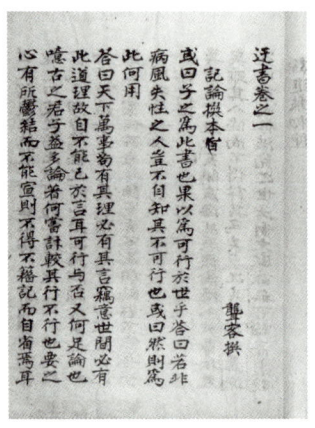

「우서」 (출처 : 한국민족문화대백과사전)

리대 성행, 농촌의 몰락과 빈곤의 증가 같은 의미로도 넓게 쓰였다. 전황이란 화폐가 유통되지 못하고 대부분이 저장 수단으로 이용되어 화폐가 사라지는 문제다. 새로운 화폐경제의 등장으로 나타난 사회적 폐해들이고 당시 이에 대한 사회적 논의가 분분했었다.

이 책의 결론에 해당하는 부분으로 볼 수 있는 10권의 마지막 편 「총론법도가행여부(摠論法度可行與否, 법도 시행이 가능한지 총론)」가 있다. 그런데 내용이 좀 알쏭달쏭하다. 약간 상반되게 보이는 두 가지 주장을 하고 있기 때문이다. 먼저 "만약, 그대에게 오늘날의 폐단을 구제하게 한다면, 그대가 논의한 법도대로 당장에 거행 조치하겠는가?"라고 질문한다. "그렇게는 시행할 수 없다"라고 대답한다. 그리고 그는 "노성(老成)한 사람에게 위임하고, 옛 법을 준수하여 신기하고 듣기 좋은 의논에 동요되지 말며, 유명무실(有名無實)한 일도 저지르지 않고, 옛 조정의 모습처럼 체통을 되찾도록 하는 것이다"라는 방안을 제시한다. 서둘지 말라는 의미이다. 둘째로 한 말은 이렇다. "말단만을 다스리고 근본을 다스리지 않는다면, 옛날 그대로 침고(沈痼, 오래된 고질병)해질 뿐인데 이것은 이른바 치표(治標, 현상에 대한 일시적 치료)일 뿐이다"라고 말한다. 내용에서 강조한 것처럼 근본적인 개혁을 말하는 것이다. 개혁은 집요하게 근본의 문제를 뜯어고치는 것이라고 말하고 있다.

『성호사설(星湖僿說)』과 『곽우록(藿憂錄)』

이 책의 저자 이익(李瀷)은 일생을 재야의 선비로 살았지만 그 명성은 조정 대신보다 더 높았다. 지금도 이익의 명성은 여전하다. 재야의 학자로서 많은 책과 제자를 남겼기 때문이다. 오늘날 이익과 이익의 제자, 그 후학들을 묶어 "실학(實學)", "실학자"라고 한다. 하지만 당시 이들은 자신들의 학문을 실학이라 부르지 않았다. 또 실학이란 말도 이 시대 처음 생긴 말도 아니다. 원래 실학이란 말은 성리학자들이 자신들의 성리학에 스스로 가치를 부여하며 만든 말이다. 불교 등 다른 사상과 학문은 모두 쓸데없는 허학(虛學)이지만, 자신들의 학문은 진실 되고 현실에 유용한 참된 학문이라는 의미로 실학이라 했다. 이 실학이란 용어를 지금의 의미로 쓰기 시작한 사람들은 일제 강점기 민족주의 사학자들이다. 유럽의 계몽주의처럼 무언가 자랑스러운 우리 역사의 사상적 흐름이 있다고 내세우기 위해 다시 만든 말이다. 실제로 실학자라는 학자들의 책을 읽다 보면 성리학의 경세론 또는 예론이라고 느끼게 된다.

이익의 집안은 당색이 남인(南人)이다. 정확히 말해 근기남인이다. 그의 부친 이하진(李夏鎭, 1628~1682년)은 1680년 숙종이 경신대출척(庚申大黜陟)을 일으키자 대사간(大司諫, 왕에게 간언하는 직책)에서 진주목사(晉州牧使)로 좌천되었다. 이후 평안도 운산(雲山)으로 유배를 떠나 그곳에서 죽었다. 부친 별세 후 이익은 고향인 경기도 안산으로 돌아와 홀어머니 밑에서 자랐다. 과거 초시에 나갔지만 답안지의 이름을 잘못 써서 불합격 처리가 되었다. 그 이듬해 둘째 형도 상소한 것이 문제가 되어 장살(杖殺, 매를 때려죽임) 를 당하자 조정 출사를 아예 단념한다. 이후 학문 연구와 저술, 제자 교육 으로 일생을 보내다가 83세에 죽었다. 그의 아들은 훗날 과거에 합격하여 만경현령(萬頃縣令)을 지냈다.

이제 『성호사설』을 살펴보자. 성호는 그의 호지만, 안산에 있었던 호수 가 성호이고 그 호숫가에 그는 성호장(星湖莊)이란 집을 짓고 살았다. 사설 은 소소한 이야기란 의미로 단편적인 주제에 대해 그때그때 떠오른 생각 을 기록했다는 것이다. 40여 년 동안 이익은 이런 메모, 비망록을 남겼다 가 나이 80세에 조카에게 정리하게 해서 한 권의 책으로 만든 것이다. 전 체 30권 30책으로 주제별로 5문(門), 총 3,007개 항목으로 구성되어 있다. 그럼 어떤 주제별로 나누었는지 보자. 먼저 「천지문(天地門)」은 천문(天文) 과 지리(地理) 그리고 귀신(鬼神)에 관한 것이다. 다음 「만물문(萬物門)」은 일 상생활과 관련된 사물에 대한 분석, 「인사문(人事門)」은 정치, 경제, 사회, 토지 제도, 노비제 등의 문제에 대한 경세론, 「경사문(經史門)」은 경전과 역사, 「시문문(詩文門)」은 시와 문장에 대한 고증과 비평이다.

이제 몇 가지 흥미로운 대목을 찾아보자. 「천지문」을 보면 가장 처음 등장하는 항목이 기지아동(箕指我東, 기자가 기나라 지역을 봉토로 받았다.)이다. 기자(箕子)와 그가 받은 봉토(封土)가 고조선 지역(기나라 지역, 우리나라 서쪽 지 역)이라고 주장하는 내용이다. 『서경』 등 유교 경전과 『삼국지(三國志)』 「위 지동이전(魏書東夷傳)」 등의 역사서를 보면, 기자는 은나라의 성인이다. 폭 군 주왕(紂王)에게 투옥되어 고통을 받다가 주나라 무왕(武王)의 방벌(放

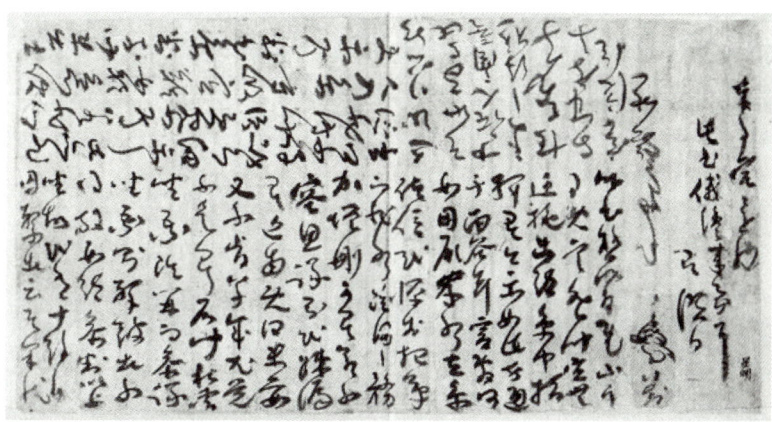

이익의 친필 편지 (출처 : 위키피디아)

伐, 폭군을 내쫓는 혁명)로 구출되었다. 그리고 무왕과 독대하며 고대 성군의 통치론인 "홍범구주(洪範九疇)"를 전해 주었다. 이후 조선에 봉(封)해졌고 단군조선(檀君朝鮮)을 이어서 기자조선을 열었다고 한다. 그 유명한 "팔조법금(八條法禁)"으로 인민을 교화했다고 쓰여있다. 오늘날 한국에서는 이 모든 것은 부정되고 있지만 고려와 조선의 왕과 선비들은 이 이야기를 진심으로 믿었다. 그리고 대단히 자랑스러워했다. 그것은 중국처럼 요·순과 같은 '성인'-기자가 있어서 우리 역사가 문명개화국(文明改化國)으로 출발했다고 믿었기 때문이다. 그리고 조상인 단군을 숭배하는 것은 당연하지만, 문명의 시조인 기자도 당연히 숭배해야 한다고 생각했다.

이익과 그의 제자 안정복도 마찬가지다. 이들은 우리 역사의 정통(正統)은 단군 - 기자 - 마한(馬韓) - 고려 - 조선으로 이어졌다고 역사를 정리

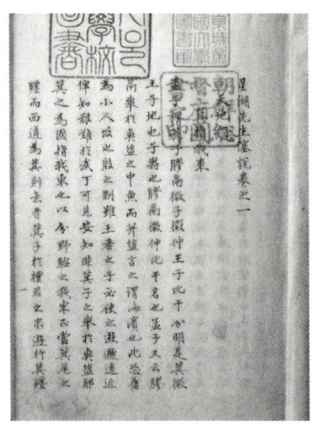

했다. 정통론은 역사를 유교의 춘추필법 (春秋筆法), 성리학적 정통과 이단을 구분 하는 사상으로 해석하는 사관이다. 삼한 (三韓) 중 마한이 정통인 이유는 기자조선 을 '도적'인 위만(衛滿)이 찬탈했고, 기자 조선의 마지막 왕 기준(箕準)이 남쪽으로 와 세운 나라가 마한이기 때문이다. 이후 삼국(三國)은 모두 멸망 전 마한의 예속 국가로 출발한 것으로 정리하였다.

그뿐 아니다. 조선 중·후기 많은 선비는 당시 날로 심각해지는 토지 소 유의 불평등에 주목해 토지개혁을 주장했다. 오늘날 이들을 실학자라고 한다. 그런데 이 선비들에게는 토지개혁의 실제 모델이 있었다. 기자가 당 시 수도 평양에서 고대의 이상적인 토지 제도인 정전제(井田制)를 실시했 고, 그 유적도 당시 찾았다고 한다. 정전제는 토지를 우물 정(井)로 나누 어 가운데는 공전(公田, 국유지)으로 나머지 8개는 8개 집에 분배해 경작하 게 한다는 것이다. 그리고 세금은 가운데 공전의 생산물로 한다는 것이 가장 기초적인 개념이다. 그중 널리 알려진 선비는 구암(久菴) 한백겸(韓百 謙, 1552~1615년)이다. 그는 평양성 남쪽에서 기자의 정전제 유적을 찾아보 고 「기전도(箕田圖)」, 「기전유제설(箕田遺制說)」을 저술했다. 정전제 연구의 선구자라고 할 수 있다. 또한 역사 지리지인 『동국지리지(東國地理誌)』도 저 술했다. 그 후 수많은 선비가 이 기자의 정전제에 대해 많은 연구와 답사한 후 토론을 거쳐 책을 썼다. 그런 결과물들을 모아서 금대(錦帶) 이가환(李家煥, 1742~1801년) 등이 『기전고(箕田考)』라는 연구 자료집을 발간했다. 이가환은 이익의 종손이며 훗날 가톨릭 신자로 박해받아 죽었다.

이왕 토지 제도 개혁 문제를 거론했으니 이익의 토지 제도 개혁 방안을 바로 보자. 이익은 많이 알다시피 균전제(均田制)를 주장했다. 이 책 「인사문」의 균전이란 항목을 보면 그의 생각이 잘 드러나 있다. 그는 이 세상 모든 토지는 왕의 땅이라는 "왕토(王土)사상"이 토지개혁에서 원칙이라고 밝힌다. 왕토사상은 오늘날 "토지국유화"와 유사한 개념이다. 그는 지금의 농지는 왕의 땅을 백성들이 잠시(감히) 점유한 것으로 보았다. 신(新)나라를 세운 왕망(王莽, 기원전 45~23년)을 거론하며, 이 원칙부터 다시 천명할 것을 주장한다. 그리고 북위(北魏)의 효문제(孝文帝, 재위 471~499년)가 실시한 균전제를 설명한다. 균전제란 기본적으로 토지를 공유로 하고, 백성의 성인 남자에게 농토를 공평하게 분배하여 경작하게 한 제도다. 여기서 강조하는 것은 한번 분배된 토지는 절대로 매매할 수 없도록 해야 한다는 점이다. 이 원칙이 무너지면 바로 농지 없는 집이 생긴다고 경고한다. 만약 부득이하게 팔더라도 최소한의 농지는 영업전(永業田)으로 묶어 두어야 한다고 주장하였다. 균전제에서 영업전이란 자손에게 상속만 가능한 농지를 말하며, 그 외의 토지는 관청의 감독하에 매매하도록 주장했다. 반면 구분전(口分田)은 소유주가 죽은 후 국가에 귀속되는 농지다. 덧붙여 토지대장인 양안(量案) 같은 곳에 농지의 등급과 주변 땅 소유주까지 다 적어 놓아야 한다고 주장한다. 이런 이익의 토지개혁 방안을 흔히 균전제의 차선책인 한전론(限田論)이라고 한다. 요지는 개인의 토지 사유를 인정하지만 일정한 규모로 제한하는 것이다.

다시 「천지문」에서 눈에 띄는 항목이 있는데, 그것은 울릉도(鬱陵島)에 관한 것이다. 위치와 연혁이 먼저 나온다. 안용복(安龍福)이 울릉도와 독도(獨島) 등 부속 섬들을 일본으로부터 지킨 역사상 유명한 사건의 전말을 길게 서술하고 있다. 이익은 안용복이 동래부(東萊府)의 노꾼(櫓軍)이었고 평소 왜관(倭館)을 출입해 일본어에 익숙했다고 한다. 1693년 숙종 19년 처음 울릉도에서 처음 일본인들과 처음 부딪치는 사건부터 기술하고 있다. 일행 40여 명과 일본의 오랑도(五浪島)와 백기도(伯耆島, 호키 현재 시마네현)로 끌려다니며 계속해 뜻을 굽히지 않고 '울릉도 등은 조선 땅'이라고 주장해, 끝내 에도 막부(江戶幕府)로부터 울릉도 등은 조선 땅임을 확인하고 앞으로 침략하지 않겠다는 약속을 문서로 받아낸다. 하지만 귀국길에 장기도(長碕島, 현재 나가사키)에서 쓰시마(對馬島) 도주(島主)의 농간으로 그는 다시 50일 동안 구금당한다. 이때 에도 막부의 문서를 빼앗겼다. 동래부의 왜관으로 이송되어 또 40일을 구금당한다. 이후 풀려났지만 그는 포기하지 않고 관에 호소했다. 하지만 보고하지 않고 타국의 국경을 침범했다고 곤장형이라는 처벌을 받는다.

1695년 안용복은 사람들을 모아 다시 울릉도로 갔다. 다시 일본인들이 몰려와 어로와 벌채 중이었고, 일본인들을 붙잡으려고 하자 도주를 시작했다. 도망치는 일본인들을 추격하여 다시 백기도에 가서 그곳 도주와 담판한다. 이때 안용복은 자신을 울릉도의 수포장(搜捕長, 범죄자 체포 관

안용복 동상 (출처 : 위키피디아)

리)이라고 속이고 가마를 타고 가 도주(島主)와 대등한 예로 만났다. 소장(疏章, 상소)을 지어 도주에게 제시하자, 그자는 애걸하며 '안용복의 말대로 따르기를 약속하고, 만약 약속을 어기면 모두 처벌하겠다'고 하였다. 아마도 이 소장은 에도 막부로 보내는 것이었을 것이다. 이후 안용복 등은 강원도 양양으로 귀국했다. 지방관은 이에 대한 장계(狀啓)와 안용복 등을 서울로 압송한다. 당시 법에 따라 타국의 국경을 침범해 분쟁을 야기하였다는 죄로 참형에 처하자는 주장도 있었다. 하지만 원로 대신들은 반대한다. 본질적인 문제는 조선과 에도 막부의 중간에서 사기 친 쓰시마라는 것이다. 처리 방향은 동래부에게 쓰시마로 서계를 보내, 안용복이 멋대로 글을 올린 것은 잘못이지만 쓰시마가 울릉도 등을 자기네 땅이라고 사기 친 것과 공문을 탈취한 잘못을 꾸짖는 것으로 정해졌다. 이에 쓰시마 도주는 전 도주에게 책임을 돌리기는 했지만 결국 굴복한다. 다시는 울릉도에 왕래하지 않게 되었다. 조정은 안용복을 감형하여 유배보낸다. 이후의 일은 모른다. 이 사건은 당시 조선인들이 지닌 영토수호 의식을 보여주는 것이다. 이 사건을 계기로 조선 조정도 울릉도, 독도 등에 대한 영토 의식을 확고히 다지는 계기가 되었다. 1694년부터 일본인들이 울릉도에서 도해(渡海)와 채어(採漁)를 하지 못하도록 금지하는 정책을 시행했고, 삼척첨사(三陟僉使) 장한상(張漢相, 1656~1724년)에게 울릉도 등에 대한 조사 보고서를 올리도록 명령한다. 이후 조선은 정기적으로 이런 국가적 차원에서 울릉도 등에 대한 조사 보고서를 작성했다. 이런 정책을 "수토(搜討)"라고 한다. 이 안용복의 울릉도와 독도 수호 사건은 이익도 자신의 생애에 일어난 사건이므로 상세히 기록하였다. 그리고 '안용복은 따질 것 없이 영웅과 짝이 될 사람이다. 미천한 일개 군졸로서 만 번 죽을 계책을 내어 국가를 위해 강한 적과 대항하였다. 그래서 그들의 간사한 마음을 꺾어버리고, 여러 대를 끌어온 분쟁을 그치게 했으며, 한 고을의 땅을 회복했다'고 격찬한다.

「인사문」의 육두(六蠹) 항목도 유명하다. 이익이 보기에 조선에는 '놀고 먹는' 자들이 있었다. 이자들을 "여섯 마리 좀 벌레(육두)"로 비유하며 비난하는 내용이다. 이 비유는 『한비자(韓非子)』 오두(五蠹)에서 유래한다. 이익이 지목한 그 여섯 부류는 노비, 과거시험 준비생(이익은 이들을 士라 함), 명문 가문, 예능인, 중과 비구니, 게으름뱅이다. 이해되는 면도 있지만 지나친 부분도 있다. 과거시험 준비생도 무작정 공부만 하지 말고 농사도 지으라고 하는 점은 일견 타당한 주장이다.

「인사문」의 항목에도 흥미로운 주장이 많다. 아악(雅樂) 연주에서 성음(聲音)이 촉박해지자 사람들이 근심하였는데 얼마 후 임진왜란이 일어났다는 국조악장(國朝樂章), 과거제는 문제가 많으니 천거제도를 시행하자는 과천합일(科薦合一), 노비였다가 양인이 된 사람을 심사해 다시 노비로 만드는 제도를 비판한 노비환천(奴婢還賤), 그가 존경했던 이황과 조식의 교훈을 소개한 퇴계남명(退溪南冥) 등이다. 전세와 공납을 합치는 것을 지지하는 대동(大同), 법을 세워 붕당의 폐해를 다스리라는 붕당(朋黨), 과거시험을 너무 자주 해서 임용 대기자가 많아서 당쟁이 심하다는 탕평(蕩平), 사대부만이 아니라 서인(평민)들에게도 통용되는 가례를 만들어야 한다는 서인가례(庶人家禮), 이이와 반계(磻溪) 유형원(柳馨遠, 1622~1673년)을 거론하며 개혁을 주장하는 변법(變法), 조령모개(朝令暮改)식의 잦은 당시 조정 지침 변경 등을 지적한 아조팔폐(我朝八弊), 일본의 역사와 충의지사를 평가한 일본충의(日本忠義) 등도 볼만하다.

그런데 이 『성호사설』은 대체로 단편적인 주장들이다. 저자 이익도 이 점이 아쉽다면 자신의 저서 『곽우록(藿憂錄)』도 함께 읽어보라고 권한다. 『곽우록』은 『성호문집(星湖文集)』 「잡저(雜著)」의 일부인 듯한데, 명확하지 않다. 별도의 책이라면 응당 있어야 할 서문이 없다.

다만 책의 맨 앞에 책 제목과 같은 편명의 「곽우록」이 마치 서문 같은 느낌을 준다. '나는 천(賤)한 사람이다'라는 첫 문장으로 시작한다. 그리고 이런 내용이 이어진다. 100무(畝, 1무는 현대 기준으로 약 30평)정도 농사짓는 일 이외에 감히 주제넘게 나랏일에 대해 말하겠다는 것이다. 동곽(東郭)의 백성 조조(祖朝)와 진헌공(晉獻公, ?~기원전 651년)의 고사를 인용하며 "고기를 먹는 자가 묘당(廟堂, 조정)에서 하루아침에 계획을 잘못하면, 콩잎 먹는 자의 간(肝)과 뇌(腦)가 (쏟아져) 중원 들판을 더럽히는 일이 어찌 없겠습니까?"라고 한다. 요즘 표현으로 고치면, 정부가 정책을 잘못 세우면 애

꽃은 서민(콩잎 먹는 자)이 죽는다는 말이다.

그리고 주된 내용은 「경연(經筵)」, 「육재(育才)」, 「입법(立法)」, 「치민(治民)」, 「생재(生財)」, 「국용(國用)」, 「한변(捍邊, 변경 방비)」, 「병제(兵制)」, 「학교(學校)」, 「숭례(崇禮)」, 「식년시(式年試)」, 「치군(治郡)」, 「입사(入仕, 벼슬길에 나감)」, 「공거사의(貢擧私議, 과거제 개혁안)」, 「선거사의(選擧私議, 천거제 개혁안)」, 「전론(錢論)」, 「균전론(均田論)」, 「붕당론(朋黨論)」, 「논과거지폐(論科擧之弊)」 등 19개이다. 모두 당시 조선의 중요하고 시급한 개혁의 문제들이다. 글의 성격도 논설문이다.

이 중 가장 유명한 「붕당론」을 보자. 첫 문장을 보면 "붕당은 투쟁하는 것에서 생기고, 투쟁하는 것은 이해(利害)에서 생긴다"이다. 즉, 붕당은 이해관계의 반영이라고 규정한다. 마치 밥 한 그릇을 두고 여럿이 다투는 것과 같다는 것이다. 문제는 밥이 적어서 싸우는 것이지 (싸우는 자들의) 말이나 행동 때문이 아니라는 것이다. 그러면 어떤 이해관계가 붕당을 만드는지 이익의 주장을 보자. "대개 과거를 자주 시행하여 사람을 너무 뽑았고, 총애하고 미워함이 치우쳐서 승진과 퇴직이 일정하지 못했기 때문"이라는 것이다. 그리고 거론한 것은 당나라의 우승유(牛僧孺, 779~849년) 등과 이종민(李宗閔, ?~846년) 등의 "우이당쟁(牛李黨爭)"과 송나라의 "정이(程頤, 1033~1107년) 등의 낙당(洛黨)과 소식(蘇軾, 1037~1101) 등의 촉당(蜀黨) 그리고 유지(劉摯, 1030~1097년) 등의 삭당(朔黨)이 싸운 원우삼당(元祐三黨)"의 당쟁, 마지막으로 선조 때 시작된 조선의 당쟁이다. 조선의 붕당은 "하나가 갈라져 둘이 되고, 둘이 갈라져 넷이 되고, 넷이 갈라져 여덟 당이 되었다.

이것이 여러 대로 전해지니 그들의 자손은 원수 사이가 되어서 혹은 죽이기도 하였다"고 말한다. 그런데 이익의 진단은 선조 때부터 과거 합격자 수가 점차 증가해 관직을 제수받아야 하는 자도 늘었다는 것이다. "의정부(議政府)의 자리는 셋인데, 정1품 대광대부(大匡大夫)는 여섯이 되었다. 판서(判書) 자리는 여섯인데, 정2품 자헌대부(資憲大夫)는 열이 나 된다. 초헌(軺軒)을 타고 조복(朝服)을 입은 자와 대관(臺館) 같은 중한 자리도 곱절의 사람이 있다"고 지적한다. 이 문제에 이익이 내놓은 대책은 "과거시험을 드물게 시행하여 잡스럽게 진출하지 못하도록 하고, 고적(考績, 관리 평가)을 철저하게 해서 용렬한 자는 도태하도록 하라"는 것이다.

이익의 진단은 동의할 수 있지만 대책은 많이 부족해 보인다. 당시 조선의 경국대전은 실제 녹봉을 정기적으로 받는 문·무반 정직(正職)은 510명으로 한정해 놓았다. 그러나 이 정직의 열 배 이상 규모의 임시직인 체아직(遞兒職), 무보수직인 무록관(無祿官), 실제 직무도 없는 산직(散職)과 각 관청의 하급 관리인 아전, 서리 등이 있었다. 조선의 경제 규모(생산력)를 볼 때 이 500여 명의 숫자는 적정해 보인다. 이 숫자 이상의 녹봉을 당시 국가가 조세로 마련하는 것은 어렵기 때문이다. 사회가 발달하면 할수록 국가의 기능은 확대되고 관료·공무원의 수도 따라서 늘어나는 것은 필연성을 가진다. 아마도 이 두 가지는 농업국가 조선의 태생적 모순일 것이다. 문제는 500여 명의 관리 임용과 그것이 가능하게 하는 조세수입을 위해 생산력을 높이는 것이 관건이지, 관리의 숫자를 억지로 억제해서 해결될 일이 아니다. 또, 과거 시행이 잦은 문제는 조선왕조의 정치적 필요

성도 있지만, 명예뿐인 관직이라도 사회적 수요가 많았기 때문이다. 과거 시행을 이익 주장대로 횟수를 줄이면 오히려 사회적 불만은 반비례하며 팽배해질 것이다.

오늘날 이익의 「붕당론」이 많이 인용되는 이유는 일제 식민사학자들이 만든 조선사에 대한 왜곡된 역사관을 반박하는 근거가 되기 때문이다. 식민사학자들은 조선의 붕당 현상을 조선 고유의, 또는 한민족의 고질적 "분열성"으로 규정했다. 그런데 치열한 붕당의 시대를 살았던 이익이 쓴 「붕당론」의 붕당은 단지 '이해관계의 반영'이고, 조선만의 문제가 아니라 사람이 사는 사회에서 어쩔 수 없이 나타나는 '사회현상'이라고 밝힌 것이 중요하다. 오늘날 관료제로 운영되는 정상적인 국가도 관료 안에 파벌이 나타나 경쟁과 알력을 일으키고 때로 국가정책을 왜곡하는 현상은 늘 존재한다. 오히려 근현대 일본사를 보면 일본보다 심각한 나라는 없을 것이다. 다만 중국과 한국은 선구적인 관료제로 국가를 운영했던 역사가 있기에 "당쟁"이란 현상도 오래전 나타난 것일 뿐이다.

『경세유표(經世遺表)』

저자인 다산(茶山) 정약용(丁若鏞, 1762~1836년)은 워낙 유명한 인물이라 모르는 사람은 거의 없을 것이다. 그를 소재로 만든 영화, 드라마, 소설도 참 많다. 물론 모든 것이 역사 기록에 충실한 것은 아니지만 말이다.

그래도 정약용의 간략한 소개를 한다. 오늘날의 경기도 남양주시에서 아버지 정재원(丁載遠)과 어머니 해남윤씨(海南尹氏)에게서 5남 3녀 중 넷째 아들로 태어났다. 그의 본가는 물론 외가의 당 색도 모두 남인이다. 그것도 근기남인이다. 외가 쪽 조상이 고산(孤山) 윤선도(尹善道, 1587~1671년), 공재(恭齋) 윤두서(尹斗緒, 1668~1715년)다. 최초로 "요한"이라는 가톨릭 세례를 받은 이벽(李檗, 1754-1758년)은 정약용의 누나와 결혼해서 그와는 처남 매부 사이다. 남인 중에 가톨릭 신자도 많았고 혼맥으로도 얽혀 있는 경우가 많았다. 이런 인연으로 이익의 제자 중 초기 가톨릭 신자 그룹인 신서파와 어울려 경기도 광주의 불교 사찰 천진암(天眞庵)에서 가톨릭 교리 연구를 함께했다.

정약용이 한때 가톨릭 신자인 것은 맞지만 배교(背敎)한 것도 맞다. 그러나 배교의 시점은 18001년 신유사옥(辛酉邪獄) 때인지 그 이전인지 알 수 없다. 신유사옥 때라면 고문의 결과이고 아니면 그 자신의 선택이었을 것이다. 신유사옥 때 정약용이 신자들을 밀고했고 심지어 체포 방법도 조언했다는 주장이 있다. 그런데 사후 무덤에서 십자가가 나왔다고 한다. 그가 내심으로 가톨릭을 믿는 진짜 신자였는지, 학자의 호기심과 단지 학맥과 혼맥에서 오는 인연에 불과한 것인지 확실하지 않다.

정약용 (출처 : 위키피디아)

그는 성균관 유생 시절부터 두각을 드러
냈고, 이후 과거에 합격하고 출사하여 정
조의 총애를 받았다. 이후 10여 년간 다
양한 관직을 경험했다. 잠시 가톨릭 신자
였던 이유로 유배도 간다. 관료 생활 중
한강에 배다리를 준공하고, 수원 화성(華
城)을 설계하고 거중기(擧重機)를 이용한
시공 등 기술적 업적으로 지금까지 많이
기억한다.

정조 사후, 신유사옥으로 전라도 강
진 등으로 유배를 떠났다. 장장 18년간의 유배 기간을 보내며 황상(黃裳,
1788~1863년) 등 많은 제자와 책을 남겼다. 이 시기 경전 연구 232권, 문집
260여 권을 저술했다. 지금도 학생들이 시험 때 달달 외는 "2서 1표(『목민
심서』, 『흠흠신서』, 『경세유표』)"가 이 시절 쓰였다. 유배에서 풀려 고향으로 돌
아왔다. 하지만 복직은 되지 않았다. 남은 생을 고향에서 보내며 자신의
인생을 스스로 기술한 「자찬묘지명(自撰墓誌銘)」과 전체 500여 권에 이르
는 자신의 저서를 모두 묶어 『여유당전서(與猶堂全書)』로 편찬하였다.

『경세유표』는 유배지에서 초고를 쓴 상태였는데 처음 이름은 『방례초
본(邦禮艸本)』이었다. 제목에서 알 수 있듯이 한 나라의 골격이 되는 예법
즉 제도에 대한 책이다. 정약용은 이 책의 앞부분에 『주례』가 천명한 원

리는 절대로 바꿀 수 없는(不可易) 근본 원리라고 규정했다. 조선의 제도는 대체로 초기에 만든 것으로 조선 후기는 새로운 상황에 맞게 새롭게 개혁할 필요가 있다는 주장한다.

정약용의 의도는 관제, 토지 제도, 부역, 군제, 과거제 등 오랜 조선의 제도를 새롭게 개혁해 나라를 새롭게 다시 만들자는 것이다. 이런 국가 제도개혁을 당시는 "유신(維新)"이라 많이 했다. 유신은 유교 경전인 『시경(詩經)』과 『서경』에서 유래한 말이다. 따라서 그 의미는 '조선개혁론' 정도로 이해하면 된다. 경세유표는 이후 다시 개정한 제목인데, 경세(經世)는 국가 경영이나 세상 경영 같은 말이고, 유표는 후세에 남긴 표문(表文, 제왕에게 올리는 글)이란 의미이다. 말년의 정약용도 생전에 자신의 개혁 구상이 실현될 가능성은 거의 없다고 생각했던 것 같다. 실제로 그의 사상과 학문이 다시 부각된 때는 1930년대 민족주의 역사학자들에 의해서이다.

서문(정확히는 「방례초본인(邦禮艸本引)」)은 고대의 성군이 만든 제도의 의의, 왕안석(王安石)이란 '간신'이 한 개혁에 대한 비판, 효종과 영조 때 개혁되어 제정되고 이후 지속이 된 대동법과 균역법 등의 법 제도에 대한 분석 등을 밝혔다. 본문은 먼저 『주례』의 규정과 『경국대전』의 6전(典)을 병용하여 「천관이조(天官吏曹)」, 「지관호조(地官戶曹)」, 「춘관예조(春官禮曹)」, 「하관병조(夏官兵曹)」, 「추관형조(秋官刑曹)」, 「동관공조(冬官工曹)」의 제도를 정리하였다. 그리고 6조(曹)의 개혁방안을 제시한다. 이조는 「천관수제(天官修制)」, 호조는 「지관수제(地官修制)」, 예조는 「춘관수제(春官修制)」, 병조는 「하관수제(夏官修制)」로 개혁 방안을 제시하였다. 다만 형조와 공조의 개

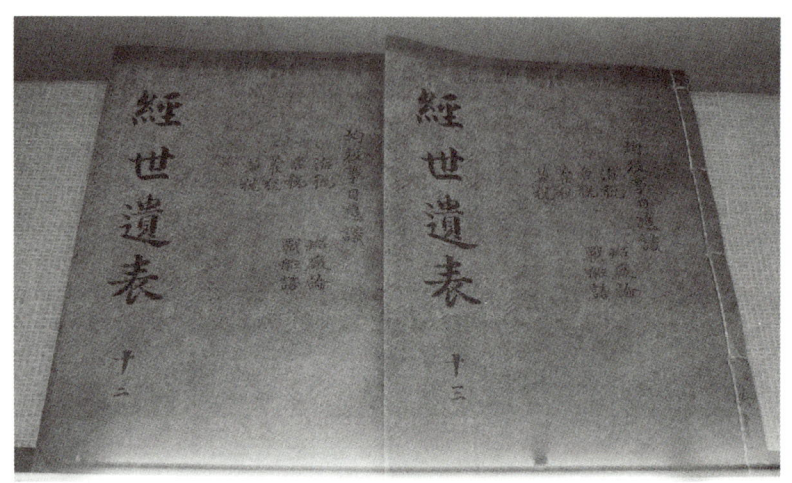

혁 방안은 미완이다.

　내용이 너무 방대하여 모든 내용을 소개하기 어렵다. 다만 저자가 가장 많은 분량을 할애한 호조의 전제(田制) 부분을 조금 보자. 역시 논의의 출발은 정전제다. 그는 기본적으로 정전제가 성인의 상법(常法)인 것은 맞지만 다시 실시하기는 지세나 인구 편중으로 어렵다고 판단했다. 그러나 정전제에 관한 긴 서술을 보면 정전제 실시 가능성을 먼저 꼼꼼히 따져 보는 자세를 성실히 취한다. 중국에서 진행된 정전제 논의의 긴 역사를 먼저 서술하고, 그가 파악한 정전제의 실체 모습을 서술한다. 또한 국내 학자로는 이익의 균전제-한전론을 분석한다. 이어서 중국의 균전제 실시 역사와 역대 토지 제도를 하나씩 사례를 들어 설명한다. 한백겸의 정전제 등과 당시 조선의 지세와 토지(농경지)를 비교하며 설명을 이어간다. 당시 조선에서 일어난 세금 부정의 실태, 궁방전(宮房田, 왕실 소유 토지로 면세지) 문제 등을 상세히 설명한다. 그가 긴긴 논의와 설명 끝에 내린 결론은 전국적이고 전면적인 토지개혁, 몰수와 재분배를 일시에 하는 것은 어렵다고 판단한다. 현실 가능한 개혁은 생산량의 1/9만 세금으로 걷는 것이고, 다른 세금들의 부담도 줄이자고 주장한다. 그런 방식으로 정전제의 이상을 살리는 타협안을 제시한다.

일반적으로 정약용이 제안한 궁극적인 토지 제도 개혁 방안은 여전제(閻田制)라고 한다. 먼저 전국 각지의 지세를 고려하여 약 30집을 한 개 단위의 생산공동체로 재편한다. 그리고 오직 이 생산자만이 토지를 공동소유하고, 생산물은 생산자 모두에게 공동 분배를 하는 제도이다. 이 부분은 『여유당전서』 「전론(田論)」에 나온다.

영조정순왕후가례도감의궤(英祖貞純王后嘉禮都監儀軌)

의궤(儀軌)란 왕실의 혼례, 장례, 제사, 잔치, 활쏘기, 태실(胎室, 왕실의 태를 안치한 항아리) 봉안, 행차, 궁궐 건설 등의 의식을 글과 그림으로 상세히 기록한 한 것이다. 먼저 행사를 위한 임시기구인 도감(都監)을 만들어 행사를 치르고, 행사가 끝나면 의궤청(儀軌廳)을 설치하고 그 행사를 기록한 의궤를 편찬했다. 모두 5~8부 제작하는데 초주지(草注紙, 고급 종이로 어람용 등과 같은 중요한 책자 및 문서에 사용)를 사용하고, 붉은 선을 두르고, 비단으로 표지를 장정한 어람용(御覽用) 의궤는 모두 국보로 취급되는 조선 최고의 보물이다. 반면 실무적으로 활용하려 여러 관청에 나누어 주는 분상용(分上用) 의궤가 있는데, 일반 저주지(楮注紙, 닥나무 껍질로 만든 하품 종이)에 검은 선을 두르고, 표지는 삼베로 감쌌다. 의궤를 제작해 궁중과 의정부, 예조 등에 비치하여 사용하였고, 다른 일부는 유사시를 대비하여 지방의 여러 사고(史庫), 강화도의 외규장각(外奎章閣) 등에 영구 보관하였다.

그런데 1866년 병인양요(丙寅洋擾) 때 프랑스가 강화도 외규장각에서 약탈한 문화재 중에 의궤만 191종 297권에 이른다고 한다. 『영조정순왕후가례도감의궤』의 어람용도 이때 프랑스에게 약탈당하여 파리국립도서관에 있었다. 그런데 145년이 흐른 2011년, 『영조정순왕후가례도감의궤』와 외규장각의 다른 의궤들이 한국으로 돌아왔다. 하지만 이들 의궤의 소유권은 여전히 프랑스에게 있고, 단지 5년마다 임대 기간을 갱신하는 형식으로 한국에 빌려준 것이다.

아마도 이 의궤가 지닌 가치는 지금이라도 이 의궤의 기록대로 따라하면 완벽하게 조선왕조의 어느 한때를 완벽하게 재현할 수 있는 것에 있다. 사라진 시간과 사람들을 완벽하게 기록하여 지금까지 남긴 것이다. 이런 의궤를 제작하는 것은 조선 만의 고유한 전통이다. 주변 동아시아는 물론 지구상 어디에도 이런 의궤 같은 기록물은 없다. 현재까지 남아 있는 의궤는 1,757종 2,751책이다. 이 중 왕실의 혼사를 기록한 『가례도감의궤』는 약 20종이 있는데 『영조정순왕후가례도감의궤』가 가장 완벽하다고 평가받고 있다.

1759년 6월 조선의 21대 왕 영조(재위 1724~1776년)는 계비(繼妃, 임금의 후취) 정순왕후(貞純王后, 1745~1805년) 김씨와 혼인을 하였다. 오늘날 조선의 역사를 오로지 궁중 암투와 음모로만 그리는 소설, 드라마는 물론, 역사평론 책들에서 이 시대 조선의 대표적 '악녀'로 묘사하는 인물이 이 정순왕후 김씨다. 정순왕후 김씨는 오흥부원군(鰲興府院君) 김한구(金漢耉, 1723~1769년) 딸이었고, 정성왕후(貞聖王后, 1692~1757년) 서씨가 1757년 세상을 하직하자 2년 뒤 계비가 된 것이다. 『대동기문(大東奇聞)』이란 야사에 따르면, 매우 현명하여 왕비로 간택(揀擇)이 되었다고 한다. 그녀가 간택장소에 들어섰을 때 다른 여인들과는 달리 방석에 앉지 않았다. 영조가 이유를 묻자 방석에 부친 김한구의 이름이 적혀 있기 때문이라고 했다. 이어서 영조가 세상에서 가장 깊은 것이 무엇이냐고 하자, 다른 여인들은 산이나 물이 깊다고 했지만 그녀는 사람의 마음이 가장 깊다고 했다. 물건

의 깊이는 측량할 수 있지만 인심은 결코 그 깊이를 잴 수 없는 법이다. 마지막으로 영조가 어떤 꽃을 제일 좋으냐고 하자 다른 여인들과 달리 그녀는 목화라고 대답했다. 다른 꽃들은 한 시절만 화사하게 피지만 목화는 백성들의 옷이 되어 평생 따뜻하게 해준다는 것이다. 현명한 여인을 바라는 것은 대부분의 남성이 바라는 바이다. 영조도 당연히 정순왕후 김씨를 간택했다. 그런데 당시 신랑은 66세였고 신부는 15세였다. 심지어 정순왕후 김씨는 혈연적으로는 무관하지만 법적으로 아들인 사도세자(思悼世子, 1735~1762년)와 며느리(혜경궁 홍씨) 부부보다도 한참 어렸다. 오늘날에도 부유하고 유명한 남성 노인이 젊은 여성과 결혼해 아들을 낳았다고 과시하는 TV 방송이 종종 있지만, 영조의 재혼도 그에 못지않게 놀랍고 조금은 슬픈 이야기이다. 늙은 왕과 결혼한 정순왕후는 일점혈육조차 남기지 못했다. 더욱이 1762년 사도세자의 죽음 이후 손자인 정조(正祖, 재위 1776~1800년)와 사이도 좋지 못했다고 한다. 그녀의 친정 집안이 사도세자의 죽음에 찬동했던 벽파(辟派)였기 때문이다. 그런데 시집온 지 불과 3년 차인 18세 어린 왕비가 감히 나서서 임오화변(壬午禍變) 같은 엄청난 사건을 주도했다는 엄청난 음모론이 있다. 만약 과거 문정왕후(文定王后, 1501~1561년)처럼 자신의 혈육 왕자를 낳았다면 사도세자-정조와 대립할

이유나 근거가 있겠지만, 그렇지 못한 그녀의 처지에서 사도세자 일가에게 위해를 가할 이유가 없다. 오히려 법적인 할머니(왕대비)로서 사도세자 사후 세손(정조) 보호에 그녀와 그녀의 친정 집안은 조력했다고 한다. 반면, 세손의 작은 외할아버지 홍인한(洪麟漢, 1722~1776년)으로 대표되는 풍산(豐山) 홍씨 집안은 가까운 친척임에도 정조 즉위를 막았다고 한다. 참으로 대비되는 이야기가 아닌가. 1800년 정조 사후 10세의 증손자 순조(純祖, 재위 1800~1834년)를 대신해 그녀는 수렴청정(垂簾聽政)에 나서 잠시 권력의 정점에 서기도 했다. 이 기간 천주교-남인 세력을 숙청했다고 비난받기도 한다. 심지어 그녀가 정조 독살의 배후라는 음모론도 기승을 부린다. 순조가 사도세자를 동정하는 시파(時派)의 김조순(金祖淳, 1765~1832년)의 딸과 결혼하자 불과 3년여 만인 1803년 수렴청정에서 물러났다. 이후 그녀의 집안과 벽파 세력도 몰락했다고 한다. 1805년 승하하였고, 현재 구리시 동구릉(東九陵) 내 원릉(元陵)에 남편 영조와 나란히 묻혔다.

조선왕실의 결혼은 왕과 세자가 각각 조금씩 다르게 『국조오례의(國朝五禮儀)』에 규정되어 있다. 먼저 가례도감(嘉禮都監)이란 임시기구를 설치하고, 왕은 납채(納采, 청혼), 납징(納徵, 예물 보내기), 고기(告期, 길일의 선택), 책비(冊妃, 왕비 책봉), 봉영(奉迎, 사자를 보내 신부를 맞이하는 의식), 동뢰연(同牢宴, 혼인 후 잔치) 등 육례(六禮)를 행하였다. 세자의 경우는 봉영대신 직접 신부의 집으로 가 맞이하는 친영(親迎)을 행하였다. 그런데 영조 때 국혼 규정인 『국혼정례(國婚定例, 1749년)』와 『상방정례(尙房定例, 1752년)』가 제정되어 보다 더 정밀한 절차가 제정되었다. 그러자 의궤의 내용도 상세해지고, 한

권에서 두 권 분량으로 늘어났다. 특히, 왕은 봉영에서 친영으로 바뀌었고, 친영 장소도 왕비의 친정집이 아닌 별궁(別宮)으로 하였다. 여기서 새신부 정순왕후 김씨는 입궁을 기다리며 궁중 법도와 혼인 의식을 익혀야 했다.

이제 『영조정순왕후가례도감의궤』의 방대한 내용을 잠시 보자. 맨 처음에는 「도청 의궤(都廳儀軌)」 건륭 24년 기묘(1759, 영조35) 6월 일이란 기록한 날짜가 있고, 이어서 담당 관리들의 명단인 좌목(座目)이 보인다. 좌목을 보면, 가례도감의 총 책임자인 도제조(都提調) 의정부(議政府) 우의정(右議政) 신만(申晩, 1703~1765년), 관련 관청에서 파견 나온 책임자인 제조(提調) 홍봉한(洪鳳漢, 1713~1778년) 등이 기재되어 있는 이조별단(吏曹別單)이 있다. 명단에 있는 홍봉한이 사도세자의 장인이며 앞서 거론한 홍인한의 이복형이다. 이어서 실무인원, 급료, 일 처리 규정 등을 정리한 도감사목(都監事目)이 이어진다. 이어서 신하가 왕에게 품의하는 문서철인 계사질(啓辭秩), 예조의 첩정(牒呈, 하급관리 관청에서 올리는 글), 계사(啓辭, 왕에게 아뢰는 글)를 모은 문서철인 예관질(禮關秩), 가례도감과 다른 관청이 주고받은 공문철인 이문질(移文秩)과 내관질(來關秩) 등 관련 행정문서철들이 이어진다. 그리고 봉명관(奉命官)의 복명서(復命書)인 서계(書啓), 행사에 공을 세운 사람들에 대한 포상인 논상(論賞) 등이 이어진다. 교명(教命, 왕의 명령)과 의대(衣襨, 복식) 등을 주관한 부서인 「일방의궤(一房儀軌)」와 수레와 깃발 등의 도구를 관장하는 「이방의궤(二房儀軌)」, 각종 그릇과 물품을 담당하는 「삼방의궤(三房儀軌)」가 있다. 그리고 각 방에서 부족한 물품을 추가로 지원하

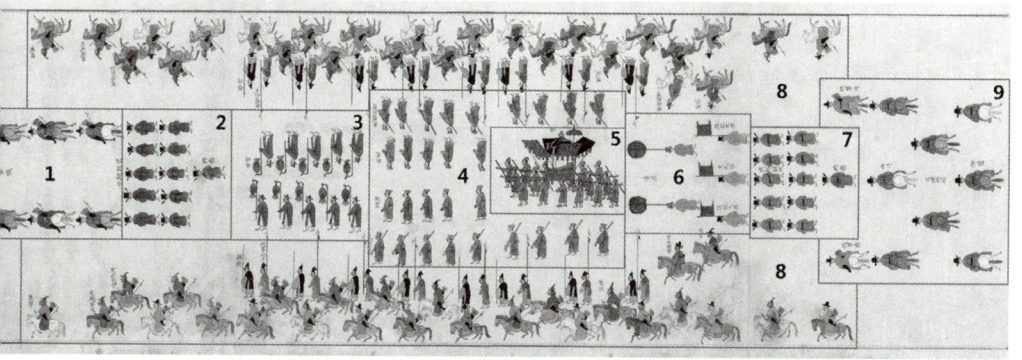

영조정순왕후가례도감의궤 궁중기록화 (출처 : 국립중앙박물관)

는 업무를 담당한 내역을 담은 「별공작의궤(別工作儀軌)」, 작은 규모의 건물 보수나 임시 건물제작의 공역을 담당한 내역을 담은 「수리소의궤(修理所儀軌)」, 사용된 그릇과 기물 등을 그린 「기명도(器皿圖)」, 영조의 이 혼인식에 참여하는 문무백관은 물론, 여러 기물의 정해진 위치와 행사 장면을 그린 기록화인 「반차도(班次圖)」의 순서로 구성되어 있다.

이 「반차도」는 1759년 6월 22일 인시(寅時, 오전 3시~오전 5시)에 별궁에서 친영의(親迎儀)를 마친 영조와 정순왕후 김씨가 대궐로 돌아는 장면을 화원(畫員) 현재항(玄載恒) 등이 그린 것이다. 이들 화원의 이름은 공장질(工匠秩)에서 확인할 수 있다. 모두 50면에 걸쳐 그려져 있으며 각 면은 45.8×33cm, 길이는 1,650cm에 달한다. 모두 1,188명의 다양한 인물(보행인물 797명, 기마인물 391명)과 수많은 기물 등을 세월이 많이 흘러도 변치 않는 천연물감으로 생생하게 그려져 있다. 반복적인 인물들의 경우, 목판에 새겨

종이에 찍고 그 위에 색을 칠하였다. 그림 속에서 흥미로운 부분에는 왕의 가마가 사방이 열린 개방형 구조(왕비의 가마는 반대로 폐쇄형)인데도 왕의 모습을 그리지 않았다는 점이다.

···

『만기요람(萬機要覽)』

『만기요람』은 죽석(竹石) 서영보(徐榮輔, 1759~1816년)와 두실(斗室) 심상규(沈象奎, 1766~1838년) 등이 1808년 순조의 명으로 편찬된 정무용 지침서다. 편찬자 서용보는 정약용과 질긴 악연으로 오늘날에 많은 흥미를 불러오는 인물이다. 사후 익헌(翼獻)이란 시호를 국가로부터 받은 것을 보면 그 당시 정조와 순조에게 좋은 평가를 받은 것 같다.

『만기요람』이란 책 제목을 보면 왕의 정무를 위한 책이라는 것을 알 수 있다. 온갖 정치적 사안을 직접 챙기는 것을 만기친람(萬機親覽)이라고 하는데, 왕이 수만 가지 정치를 펼치려면 꼭 필요한 것들만 모아 놓아 한 눈에 살펴볼 수 있다는 것이 제목의 의미이다. 책은 「재용편(財用篇)」 6권과 「군정편(軍政篇)」 5권으로 구성되어 있다. 국가 운영에 꼭 필요한 분야다. 오늘날에도 18세기 후반기부터 19세기 초의 조선 상황을 제대로 이해하기 위해서는 꼭 필요한 책이다.

이제 내용을 보자. 「재용편」을 보면 당시 국왕 순조의 거처인 대전(大殿)과 중궁전(中宮殿), 왕대비전(王大妃殿), 혜경궁(惠慶宮), 가순궁(嘉順宮)에 바치는 쌀 등 곡물과 각종 진상품의 목록과 수량, 가격과 비용을 정리한 "공상(供上)"부터 나온다. 중궁전은 세도정치로 유명한 영안부원군(永安府院君) 김조순(金祖淳, 1765~1832)의 딸이며 순조의 왕비인 순원왕후(純元

「만기요람」 (출처 : 한국민족문화대백과사전)

王后, 1789~1857년) 김씨, 왕대비전은 청원부원군(淸原府院君) 김시묵(金時默, 1722~1772년)의 딸이며 정조의 왕비인 효의왕후 김씨(孝懿王后 金氏, 1753~1821년)의 전각(殿閣), 혜경궁은 정조의 생모로 그 유명한 『한중록(閑中錄)』의 저자인 헌경혜빈 홍씨(獻敬惠嬪 洪氏, 1735~1816년)의 궁호(宮號)이다. 그리고 가순궁은 순조의 생모인 현목수빈 박씨(顯穆綏嬪 朴氏, 1770~1822년)의 궁호다. 모두 순조의 일가족이다.

이어서 전국에서 쌀 등 곡물과 각종 진상품을 수납한 선혜청(宣惠廳), 균역청(均役廳), 상평청(常平廳), 진휼청(賑恤廳)에서 각 궁과 여러 관청에 분배하는 "각공(各貢)"으로 이어진다. 「재용편」 2권은 전국의 토지(농토)와 생산량, 과세 기준(年分)과 각종 면세지 규정 등이 나온다. 참고로 1807년(순조 7년)의 총계(摠計)로 전국의 토지 규모는 1,456,592결(結)이다. 이중 한전(旱田, 물을 대지 아니하거나 필요한 때에만 물을 대어서 채소나 곡류를 심어 농사를 짓는 땅)은 927,602결, 수전(水田, 물이 늘 있는 논)은 528,990결이다. 1결의 규모는 대략 4,529평 정도이므로 당시 경작지 규모를 추산할 수 있다. 또한 수전이 한전보다 적은 것도 알 수 있다. 중요한 것은 앞서 밝힌 전체 1,456,592결의 토지 중 묘·능·원·묘(廟陵園墓)의 위전(位田, 관청에 소속된 사람의 생활 보장 등의 명목으로 지급된 토지) 2,016결, 각 궁방(宮房, 왕실 재정 운용 기관)의 면세(免稅) 37,926결, 각 아문(衙門, 관청)의 면세 46,102결 등은 면세지로서 빼야 한다. 그래서 실제의 결수(實結)는 810,819결(한전 464,991결, 수전 345,828결)이다.

과세 기준은 토지의 비옥도에 따라 기준이 다르게 했는데 시대별로 조금씩 다르다. 「재용편」 3권은 호조공물(戶曹貢物), 대동작공(大同作貢), 균역(均役), 결전(結田), 해세(海稅), 군관포(軍官布) 등 국가의 조세수입을 다루고 있다. 흥미로운 점은 이 시기쯤 화폐 사용량이 늘어서 일부 현물이 아닌 화폐로 조세의 납부 사항을 기술하고 있다는 것이다.

특히, 「재용편」 4권은 조선 화폐의 역사, 비철 귀금속인 금·은·동·납의 채굴 과정 그리고 그 당시 국가 소유의 공노비 현황 등이 나온다. 공노비 관련해서 노비가 바치는 신공(身貢, 노비에게 노역이 아닌 면포 등 현물납)을 여러 차례 감액한 사실과 1801년(순조 원년)에는 내수사(內需司)·각궁방(各宮房)·각사(各司)의 노비안(奴婢案, 노비 명부)을 돈화문(敦化門) 밖에 거두어서 모두 불태워 버린 사실도 눈에 띈다. 또, 영조·정조·순조 시기 세입 세출 규모를 비교할 수 있는 "호조일년경비(戶曹一年經費)"도 볼만하다.

「재용편」 5권에서는 "각전(各廛)"과 "중강개시(中江開市)" 등이 볼만하다. 각전에서는 육의전(六矣廛), 난전(亂廛), 향시(鄕市) 등에서 전국의 상업 활동을 알 수가 있다. 그리고 중강개시 등에서는 해외 무역 활동을 알 수가 있다. 또한 환곡(還穀)제도의 전국적 운용 규모를 알 수 있는 "환총(還總)", 호조와 각 군영 등이 관리하는 국가 창고 위치, 저장 품목 등을 알 수 있는 "제창(諸倉)"이 있다.

「군정편」 1권에서는 오위(五衛)·호위청(扈衛廳)·포도청(捕盜廳) 등 국가 보위를 위한 무력 기관들의 군영 위치, 임무, 규모, 진법(陣法) 등을 기술하고 있다. 또, 당시 군의 주요 신호체계인 깃발 제도인 "형명(形名)"과 군사 훈련 방법인 "조점(操點)"이 있다. 그 외에 "봉수(烽燧)", "순라(巡邏)" 그리고 중앙과 지방의 군국기무(軍國機務)를 주관하는 "비변사(備邊司)"의 연혁, 직제, 참석자, 업무 등을 정리하였다.

「군정편」 2권에서는 병조·용호영·(龍虎營)·훈련도감을, 「군정편」 3권에서는 금위영·어영청·총융청의 연혁, 임무, 규모, 훈련 방법 등이 나온다. 「군정편」 4권은 먼저 "관방(關防)"이 나온다. 관방은 말 그대로 변경의 관문을 방어한다는 의미다. 수도 한양을 비롯해 전국의 성곽 방어에 대해 소개하는 장이다.

"부관방총론(附關防總論)"을 보면, 류성룡과 유형원 등의 성곽 축성과 방어 주장들을 싣고 있다. 두 번째는 바다를 방비하는 "해방(海防)"인데, 대체로 해안과 섬들의 각 수군영에 관한 내용이다. 끝부분에 "일본상통해로(日本相通海路)"는 꼼꼼히 볼만하다. 앞부분은 『통문관지(通文館志)』를 인용하여 일본 각지와 거리 등을 기술하고 있다. 이어서 일본에 통신사로 파견된 경험이 있는 동명(東溟) 김세렴(金世濂, 1593~1646년)이 쓴 풍향기(風向之記)를 소개하고 있는데, 내용을 보면 부산에서 일본 에도(江戶, 도쿄)까지 각 구간별로 어떤 바람들을 이용해서 갈 수 있는지를 알 수 있다. 또한 김세렴과 백사(白沙) 이항복(李恒福, 1556~1618년)의 왜구대책(倭寇對策)을 소개하고 있다. 끝으로 "주사(舟師)"를 보면 당시 조선 수군과 전선 실태를 파악할 수 있다. 총례(總例)를 보면, 실제 모양에 대해 오늘날 논란이 많은 거북선(龜船)을 글로 설명한 부분이 나온다. 이 설명은 순조 당시 운용 중인 거북선이다. 임진왜란 때 전투에 나선 그 거북선과 같은 것인지는 알수 없다. 1740년 영조 때에 '해골선(海鶻船)을 창조하여 전라 좌수영에 두었다'는 기록이 있고, 모양에 대한 설명을 주(註)로 달았다. 일본과 전쟁도 없고, 새로운 해양 세력이 아직 등장하지 않았던 조선 후기에도 새로운 군선을 끊임없이 개발했다는 점이 중요하다. 이어서 "삼도통어영(三道統禦營)" 등 전국의 각 수군영에 속한 군인 수, 군선 등을 소개하고 있다. 마지막은 "전선의 개조와 개삭 연한(戰船改造改槊年限)"과 "분방법(分防法)"이다. 전선의 개조와 개삭 연한을 보면, 남쪽 바다는 대개 80개월에서 100개월마다, 북쪽 바다는 대개 10년 뒤에 새로 개조한다는 규정이 있다. 분방법은 노꾼 등 전선 승선 인원과 교대를 정한 것이다.

마지막 「군정편」 5권은 조선 개국 이래 북방의 전선과 관련된 주요 사항이다. 세종 때의 "육진개척(六鎭開拓)"과 단종과 세조 때 압록강 상류 지역인 여연(閭延), 자성(慈城), 무창(茂昌), 우예(虞芮) 4개 군을 폐지한 "폐사군(廢四郡)"에 대한 사실을 기술하였다. 그러나 이것은 조선이 영토를 포기했다는 것이 아니다. 개간도 어렵고 방어할 군사 주둔도 어려운 지역이기 때문에, 소수의 관리와 군사들을 이웃 지역 군현으로 옮겨 합치고, 지역민들을 보다 나은 후방지역으로 이주시켰다는 말이다. 다시 숙종, 정조, 순조 등의 노력으로 일부 재설치 되기도 한다. 이 내용을 기술한 부분이 "후주사실(厚州事實)"이다. 완전히 복구된 것은 조선 말 고종 때이다. 정복보다 어려운 것은 실질적인 영토로 만드는 사업이다. 마지막에는 "가도시말(椵島始末)"이 있는데, 압록강 하구 철산 남쪽의 가도를 둘러싸고 일어난 여러 사건 기록이다. 고려 몽골 간섭기 때 처음 등장한 사실과 광해군 때 명나라 모문룡(毛文龍, 1576~1629년)이 점거하였다가 병자호란 이후 청군에 토벌된 사건을 기술하고 있다.

참고자료(무순)

* 황현 저(허경진 역), 매천야록. 서해문집 초판 2006년
* 도학의 구성체계, https://terms.naver.com/entry.naver?docId=2424901&categoryId=51337&cid=41884, 2023년 1월 6일
* 金泰永 著, 朝鮮性理學의 歷史上, 경희대학교 출판국 초판 2006년
* 신두환 저, 선비 왕을 꾸짖다, 도서출판 달아 소 2014년 2판 2쇄
* 李成茂 著, 韓國의 科擧制度, 集文堂 2000년 1판 2쇄
* 개혁하는 사람 조광조, 시간여행 2022년 1판 1쇄
* 강명관 저, 책벌레들 조선을 만들다, 2013년 초판 10쇄
* 방각본, https://100.daum.net/encyclopedia/view/b09b0238a, 2023년 1월 9일
* 규장각 한국학연구원, 조선 전문가의 일생, ㈜글항아리 2011년 1판 3쇄
* 활자의 나라 조선(2016), https://www.museum.go.kr/site/main/exhiSpecialTheme/view/current?exhiSpThemId=108733&listType=list, 국립중앙박물관 영상게시물 2023년 1월 10일
* 규장각 한국학연구원, 조선 사람의 세계여행, ㈜글항아리 2014년 1판 5쇄
* 정광, 조선시대의 외국어 교육, 김영사 2014년 1판 1쇄
* 김지 외(조지만 역), 대명률직해, 아카넷 2020년 1판 1쇄
* 丁若鏞(박석무/정해염 역), 欽欽新書 原文 / 역주 1·2·3, 現代實學社 1999년 8월 초판
* 심재우, 네 죄를 고하여라, 산처럼 2013년 1판 2쇄
* 남병길/이준화(남종진 역), 국역 성경/신법보천가, 세종대왕기념사업회 2018년 12월 발행
* 홍정하(강신원 외 역), 구일집(천/지/인), 교우사 2006년 초판
* 반도체 칩에 활용되는 '마방진' 원리…최초로 개발한 건 조선 수학자?, https://science.ytn.co.kr/program/view.php?mcd=0082&key=201702231558467971, 2017년 02월 23일 15시 58분 YTN 방송
* 장혜원, 청소년을 위한 동양수학사, 도서출판 두리미디어 2006년 초판 1쇄
* 고미숙, 동의보감 몸과 우주 그리고 삶의 비전을 찾아서, 그린비 2011년 초판 3쇄
* 안도균, 양생과 치유의 동의보감, 작은길 2019년 초판 5쇄
* 李濟馬 著(李民樹 譯), 東醫壽世保元, 乙酉文化社 1990년 6판
* 전의순, 食療纂要, 진한엠앤비 214년 초판
* 퇴계 이황(이윤희 역), 활인심방-퇴계선생의 마음으로 하는 몸공부, 예문서원 2008년 초

판 3쇄
* 최형국, 조선군 기병 전술 변화와 동아시아, 민속원 2015년 초판 1쇄
* 한교(노영구 역), 연병지남, 아카넷 2017년 1판 1쇄
* 노영구(국방대학교 군사전략학부 교수) 저, 《계축진설》 편찬의 배경과 내용상의 특징, 2016 여주대학교 산학협력단 세종리더십연구소
* 朴淸正 주해, 무예도보통지주해, 동문선 2007년 초판
* 정해은, 한국 전통병서의 이해 (II), 국방부 군사편찬연구소 2008년 발행
* 정초 외(이병희 역), 농사직설, 아카넷 2018년 1판 1쇄
* 서종학, 구황촬요, 채륜 2012년 1판 2쇄
* 조신(김문웅 역주위원), 역주 이륜행실도, 세종대왕기념사업회 2013년 초판 2쇄
* 이황(이광호 역), 성학십도, 도서출판 홍익 2021년 개정판 4쇄
* 이정철, 왜 선한 지식인이 나쁜 정치를 할까, 너머북스 2016년 1판 1쇄
* 심경호, 내면기행, ㈜민음사 2018년 1판1쇄
* 조식(경상대학교 남명학연구소 역), 남명집, 한길사 2020년 1판 9쇄
* 허권수, 조선의 유학자 조식, 뜻있는도서출판 2022년 4월 10일
* 율곡 이이(김태완 역), 성학집요 ㈜청어람미디어 2011년 1판 4쇄
* 이이(강세구 역), 만언봉사, 꿈이있는세상 2007년 초판 1쇄
* 이정철, 대동법, 역사비평사 2014년 초판 4쇄
* 한국철학사상연구회, 논쟁으로 보는 한국철학, 예문서원 2009년 초판 13쇄
* 윤국일 역, 신편 경국대전, 신서원 2005년 초판 2쇄
* 지재희·이준영 역, 주례, 자유문고 2002년 초판 1쇄
* 성현(김명준 역), 악학궤범, 지식을만드는지식 2013년 초판 1쇄
* 송지원, 조선왕실의 음악문화, 세창출판사 2020년 초판 1쇄
* 이우성 외 편, 한국의 역사인식, 창작과비평사 1984년 11판
* 유영옥, 『東國通鑑』史論 분석, 부산경남사학회 역사와 경계 2003년
* 김종권, 동국병감, 명문당 1987년 중간
* 최명길(신해진 역), 병자봉사, 도서출판 여락 2012년 초판
* 김상헌(신해진 역), 남한기략, 도서출판 박이정 2012년 초판
* 송시열(김성기 외 역), 송자대전, 한국고전번역원 2021년 초판 1쇄
* 백승종, 중용 조선을 바꾼 한 권의 책, 도서출판 사우 2019년 초판 1쇄
* 조선시대사학회 역주, 국역 윤지당유고, 원주시장 한상철 2001년 1월 발행
* 이혜순, 조선조 후기 여성 지성사, 이화여자대학교출판부 2007년 1판 1쇄
* 이익(최석기 역), 성호사설, 한길사 2004년 1판 3쇄

* 이익(이익성 역), 곽우록, 한길사 1993년 1판 3쇄

* 정약용(이익성 역), 경세유표 I II III, 한길사 2015년 1판 5쇄

* 한형조 외, 심경 주자학의 마음 훈련 매뉴얼, 한국학중앙연구원 출판부 2023년 1판 5쇄

* 민족문화추진회 편, 국역 영조정순왕후가례도감의궤, 편집부 2006년 초판

* 한국고전종합DB한국고전종합DB https://db.itkc.or.kr/dir/item?itemId=BT#/dir/list?itemId=BT&gubun=book

* 우리역사넷 사료로 본 한국사 http://contents.history.go.kr/front/hm/main.do

* 조선왕조 실록

https://sillok.history.go.kr/main/main.do

* 조선왕조실록 전문사전 위키

http://dh.aks.ac.kr/sillokwiki/index.php/%EB%8C%80%EB%AC%B8

조선을 밝히는 특별한 책들

"고전을 읽으면 반드시 이로움이 있다"의 2편이 조만간 나올 것이다.

먼저 고대일록 등 전쟁을 기억하고 기록한 책들, 청령국지 등 당시 조선인이 만난 동아시아 세계를 보고서들, 심양장계 등 치열한 외교현장을 증언하는 비망록들, 남환박물 등 조선의 삼천리 강토의 여러 면모를 차곡차곡 정리한 박물지들, 미암일기 등 조선을 이끈 사대부들의 하루하루를 기록한 평범한 일상사, 음식디미방 등을 통해 쩝쩝 입맛 다시게 만드는 진미의 요리를 소개하고, 규원사화와 당의통략 등 조선인들이 인식하는 고대사와 그 당시의 현대사, 육신전 등 조선이 탄압한 책들 40여 권을 읽고 정리하였다.

모두 특별한 조선을 밝히는 특별한 책들입니다. 별전(別傳)!

고전을 펼치면 반드시 이로움이 있다

초판 1쇄 발행 2024년 9월 25일

지은이 홍성준
펴낸이 곽유찬

이 책은 **편집 손영희 님, 표지디자인 디자인_k 님,
본문디자인 곽승겸 님**과 함께 진심을 다해 만들었습니다.

펴낸곳 레인북
출판등록 2019년 5월 14일 제 2019-000046호
주소 서울시 서대문구 홍은중앙로3길 9 102-1101호
이메일 lanebook@naver.com
*시여비는 레인북의 브랜드입니다.

인쇄·제본 (주)갑우문화사

ISBN 979-11-93265-56-7(03010)